엄마라서 행복해,
내 아이라서
고마워

엄마라서 행복해, 내 아이라서 고마워

초판 1쇄 발행 | 2014년 6월 27일
초판 3쇄 발행 | 2014년 12월 5일

지은이 | 임영주
펴낸이 | 박영욱 · 정희숙
펴낸곳 | 깊은나무

편 집 | 지태진
마케팅 | 최석진 · 김태훈
디자인 | 서정희

주 소 | 서울시 마포구 서교동 468-2
이메일 | deeptreebook@naver.com
페이스북 | bookocean
전 화 | 편집문의: 02-325-9172 · 영업문의: 02-322-6709
팩 스 | 02-3143-3964

출판신고번호 | 제313-2007-000197호

ISBN 978-89-98822-06-4 (13370)

*이 도서의 국립중앙도서관 출판시도서목록(CIP)은 e-CIP홈페이지(http://www.nl.go.kr/ecip)와 국가자료공동목록시스템(http://www.nl.go.kr/kolisnet)에서 이용하실 수 있습니다.
 (CIP제어번호: CIP 2014016363)

엄마라서 행복해, 내 아이라서 고마워

임영주 지음

깊은나무

사랑해, 사랑해!

'늘 행복하세요.'

제가 책에 저자 사인으로 쓰는 말입니다. 가능한 말일까요? 부모가
되어 아이를 키우면서 어떻게 늘 행복하란 말인가요. 아이 덕분에 웃
을 일이 많은 만큼 아이 때문에 힘들고 괴로운 일들이 얼마나 많은지
요. 그래도 제 '행복 소망' 사인은 앞으로도 계속될 것 같습니다.

"부모라는 이름으로…… 늘 행복하세요."

부르기만 해도 가슴 벅찬 이름, 엄마

몇 년 전부터 친구 같은 아빠를 뜻하는 '프렌디(Friend+Daddy)', 북
유럽 아빠처럼 육아에 적극적인 '스칸디 대디(Scandi Daddy)', '헬리
콥터 대디', '딸 바보 아빠', '슈퍼 대디' 같은 신조어가 생길 만큼 육
아와 자녀교육에 관심을 쏟는 아빠들이 늘어나고 있습니다. 그러나 여

전히 우리 아이들을 열 달 동안 배 속에 품고, 아이에 대한 꿈을 안고 키우는 것은 역시 엄마입니다. 그래서인지 부모교육을 하고 아빠 교육과 조부모 교육을 하면서도 육아의 중심에 '엄마'를 놓아야 안심이 됩니다.

아이는 아빠를 보며 사회성을 기른다고, 육아가 더 이상 엄마들의 성역이 아니며 아빠의 권리를 되찾아야 한다고, 아이를 키우는 기쁨을 왜 엄마들에게만 누리게 하느냐고 말하면서도 제 마음엔 여전히 '아이에게 최선은 엄마'라는 생각이 자리 잡고 있음을 고백합니다. 우리 아이들에게 신이 주신 분이 엄마이기 때문입니다.

어머니, 엄마……. 부르기만 해도 가슴 벅찬 이름, 우리 아이들에게 엄마가 그런 엄마였으면 좋겠습니다.

은사님이 제게 다탁에 놓을 예쁜 헝겊 탁자보를 사서 건네준 일이 있습니다. 거기에는 "세상에서 제일 좋은 이름 어머니"라고 씌어 있었습니다. 손을 가슴에 얹으며 감동을 어쩌지 못한 것은 '어머니'라는 글자 때문이었을 겁니다. 그러다 문득 지금 아이들에게 '엄마'는 어떤 이름일까 생각했습니다. 우리 아이들에게 엄마가 듣기만 해도, 부르기만 해도 주체할 수 없는 감동이 밀려오는 이름이면 좋겠습니다.

저는 선물받은 탁자보를 사진으로 찍어 부모교육 특강 자료로 넣었

습니다. 특강 때 이 사진을 화면에 띄워 놓고 이런 질문으로 시작합
니다.

"우리는 어떤 엄마입니까?"

아직은 누구의 엄마보다 누구의 딸로 불리는 게 더 익숙한, 젊고 아
름다운 엄마들은 '어머니'라는 말을 들으면 아마 자신들의 엄마를 먼
저 떠올리지도 모릅니다. 그러나 이제, 아이 엄마로서 우리 자신에게
진지하게 물어봐야 합니다.

나는 어떤 엄마인가요?

나는 내 아이에게 어떤 엄마로 보일까요?

내 아이가 엄마를 보면 뛰어와 안기고 싶은 엄마일까요?

내 아이가 엄마 목소리를 들으면 '아, 행복해' 하며 엄마를 바라볼
까요?

아이가 엄마의 그림자만 비쳐도 너무 기뻐서 팔짝팔짝 뛰면 좋겠습
니다.

혹시 내 아이가 "엄마는 아무것도 모르면서……" "엄마가 뭘 알아
요?" "왜요? 또 왜요? 뭘요?"라며 볼멘소리를 하며 쳐다보면 어쩌지
요? 엄마의 그림자만 비쳐도 너무 싫어서 얼른 방문 걸어 닫고 싶어

하는 건 아닐까요?

아이를 아프게 하는 사랑은 이제 그만

엄마는 아이를 사랑합니다. 더 말할 나위 없습니다. 부모가 되는 순간 아이는 부모의 모든 것을 장악합니다. 심지어 아이를 생각해 주거지를 옮기기도 하고, 아이가 좋아하는 음식으로 식탁을 차리고, 엄마 아빠는 대충 입고 다니더라도 아이는 더 좋고 멋진 옷을 입힙니다. 의식주뿐 아니라 모든 것을 구입, 선택, 결정할 때 아이를 최우선적으로 고려합니다. 아이는 가정에서 해 줄 수 있는 최선의 대접을 받습니다.

아이가 시험공부를 할 때 거실을 어슬렁거리는 남편을 밖으로 내보낸 사람도 엄마였습니다. "이제 초등학생인데 시험이 중요하면 얼마나 중요하냐"고 툴툴거리며 나가는 남편의 뒤통수에 대고 아내는 "당신이 뭘 알아. 지금이 얼마나 중요하다고……" 하며 아이밖에 모르는 외사랑, 옹고집 사랑을 택했습니다. 심지어 나(엄마)보다 더 너(아이)를 사랑했지요. 너무 사랑해서 아이가 엄마인지 엄마가 아이인지 분간할 수 없을 정도로 합심일체로 사랑합니다.

그런데 아이도 엄마의 사랑을 따뜻한 사랑으로 느꼈을까요?

청마 유치환의 시 〈행복〉의 한 구절입니다. 사랑하는 것은 행복입니다. 부모가 자녀를 사랑하는 것은 더 큰 행복입니다. 사랑은 주는 것도 받는 것도 행복하지만, 주는 사랑이 더 행복함을 부모가 되면 여실히 실감합니다. 그런데요, 그 사랑을 받는 자녀 또한 행복해야 합니다. 그 사랑이 부담스럽고 도망치고 싶게 만드는 사랑, 아이를 아프게 하는 사랑은 혹시 아니었을까요?

엄마의 사랑과 열정이 있어야 아이를 잘 키울 수 있습니다. 그러나 과유불급이라고 사랑과 열정도 지나치면 아이를 아프게 할 수 있습니다. 너무 뜨거운 열정과 사랑은 아이의 마음에 화상을 입힐 수 있습니다.

저는 그것을 어느 초등학생의 간절한 말 덕분에 깨달았습니다.

"저희는 아파요. 엄마들 극성 땜에 우리는 언젠가 죽을지도 몰라요."

울먹거리는 아이의 말을 듣고, 우리가 지금 아이들을 아프게 하고 죽고 싶게 만드는 아주 위험한 아픔을 주고 있을지도 모른다는 생각이 들었습니다. 아이가 이어서 말했습니다.

"차라리 사랑하지 말라고 그래요. 제발 '다 너희를 위해서야' 라고 말하지 말라고 전해 주세요. 그건 저희를 위하는 게 아니라고요. 저희

를 위한다면 차라리 무관심하라고 해 주세요.”

아이는 ‘엄마들 극성’이라고 표현했습니다. 도대체 우리 엄마들이 무얼 어떻게 했기에 아이는 엄마의 극성 때문에 죽을지도 모른다고 했을까요. 우린 단지 아이를 사랑했을 뿐인데 말이지요. 엄마의 사랑이 아이를 고열에 들끓게 한다면, 엄마의 열정이 끝내 아이를 아프게 한다면 아이는 잘 클 수 없습니다. 어떻게 하면 엄마의 사랑이 아이에게 제대로 전해질까요?

너무 잘 키우려는 마음, 내려놓아요

너무 잘 키우고 싶어 모든 걸 희생하려는 희생정신도 내려놓아요. 다른 엄마들만큼 노력하지 못해 미안하다는 죄책감도 갖지 않는 게 좋아요. ‘그냥 네가 내 아이라서 좋아. 난 네 엄마라서 행복해…….’ 그러면 되거든요. 아이를 편한 마음으로만 키울 수 없다는 건 알지만, 지나치게 부담을 갖는 건 아이와 엄마 모두를 힘들게 할 뿐이에요.

어린 시절 어떤 엄마가 내 엄마였으면 좋겠다고 생각했는지, 엄마가 어떤 눈길과 표정으로 나를 대하면 좋았는지 가만 떠올려 보세요.

시험 치고 온 날, 성적표 드리던 날 엄마가 어떤 반응을 보였으면 했는지 가만 떠올려 보세요.

‘나보다 내 아이가 더 나을 것’이라는 막연한 믿음으로 아이들을 키운 우리 어머님들이 온갖 육아 이론으로 무장한 지금 엄마들보다 오히려 아이를 더 잘 키웠다는 것을 기억해 보세요.

내가 엄마한테 바라던 대로만 내 아이에게 해 주세요. ‘잘한다’ ‘기특하다’ ……, 이렇게 따뜻한 격려와 신뢰를 아이에게 보내 주세요. 물론 동요하는 마음을 추스르고 아이를 대해야 할 때도 있습니다. 그럴 땐 이성적인 어른답게 의젓한 태도를 보이세요. 이 또한 부담 갖지 마세요. ‘상식적인 부모’의 태도면 충분합니다.

엄마의 사랑이 아이에게 그대로 사랑으로 전해지길 바라는 마음을 담아 이 책을 썼습니다. 아직 부화 준비도 안 된 알을 부리로 쪼면 병아리는 끝내 부화하지 못하고 죽습니다. 아이의 발달을 도와주려고 아직 준비가 덜 된 아이를 채근하면 아이는 아플 수밖에 없습니다. 지나친 기대와 욕심을 내려놓고 아이를 있는 그대로 사랑하길 바라며 한 꼭지 한 꼭지 마음으로 썼습니다. 부모교육은 이론이 아니라 ‘마음’이 우선해야 한다고 믿기에 저 또한 제 온 마음으로 이 글을 썼습니다.

기다려 주는 미덕을 이 책에 담았습니다. 부모가 되어 아이의 발달을 느긋이 기다리는 것은 참으로 어렵다는 걸 알기에 ‘기다리기’에 대한 이야기를 많이 언급했습니다. 엄마라면 어떻게 해야 아이를 좀 더

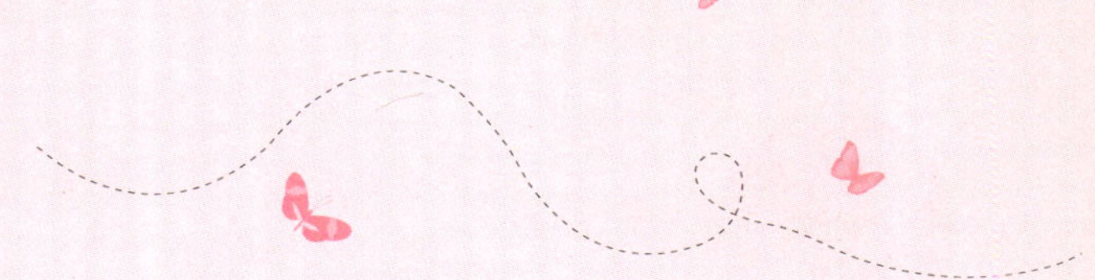

잘 키울지를 고민할 수밖에 없기에, 아이의 발달을 기다리기보다는 앞당겨 주는 것이 엄마의 역할이라고 믿기에 기다려 주기는 더더욱 어렵습니다. 그래서 아이에게 너무 부담을 주지 않는 선에서 발달을 도와주는 적절한 방법도 보여 주려 했습니다.

많은 부모들과 만나며 깨우침을 얻은 부모교육 전문가로서 진심을 담아 쓴 이 책이 부디 가슴으로 전해지길 바랍니다.

아이가 잘 자라야 엄마들도 행복합니다. 엄마의 사랑이 아이를 행복하게 하는 데 이 책이 조금이라도 도움이 되었으면 합니다. 이 글을 마치며 모든 엄마의 바람을 다시 두 손 모아 또박또박 전합니다.

"부모라는 이름으로…… 늘 행복하세요."

2014년 초여름
임 영 주

차례

발달 순서 바꾸는 엄마,
아이 망치는 엄마

아이가 어릴 때는 그냥 물고 빨며 '예쁘다', '잘한다', '어이구, 대견하다' 는 눈길과 손길로 보듬고 사랑하면 된다. 그게 전두엽을 발달시키고, 아이의 정서지능을 높이며, 아이의 자존감을 키우고, 아이의 의욕을 북돋우며, 자신감을 탄탄하게 한다.

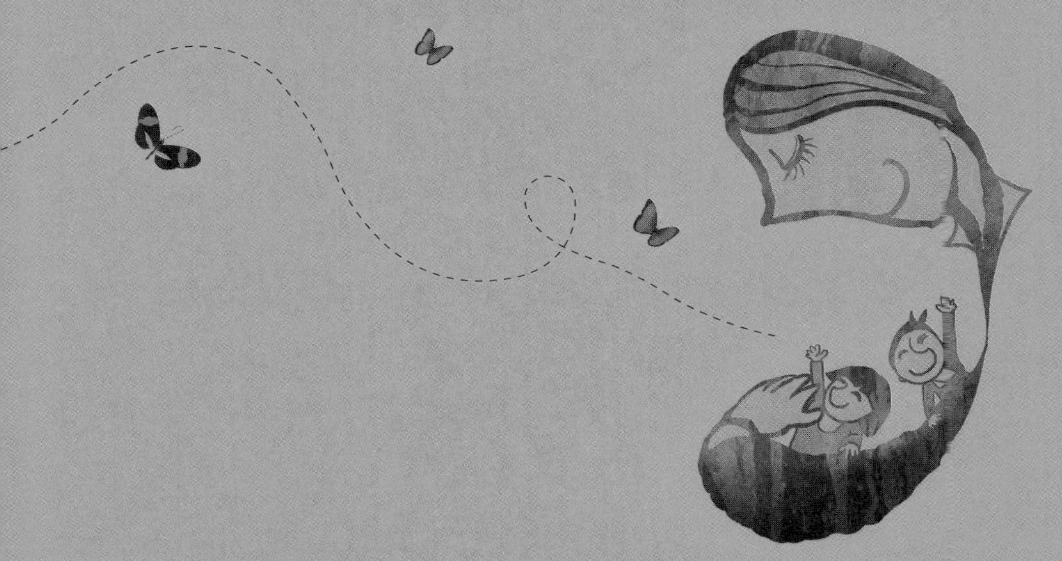

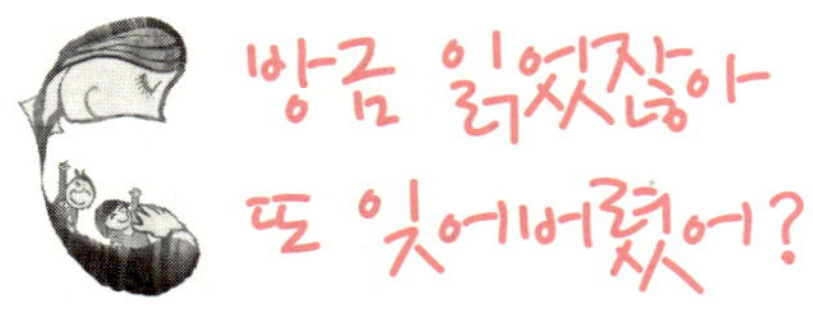

꽁꽁 언 겨울날, 밖에서 놀고 들어온 남동생에게 "추운데 나가 놀아 꽁꽁 얼었다"고 엄마가 꾸중을 하자 할머니가 남동생의 손을 따뜻이 녹여 주며 하신 말씀이 있다.

"놔둬라. '애하고 장독대는 얼어터지지 않는다'는 말도 있잖니. 애들은 놀면서 크는 건데 칭찬할 일이지."

그렇게 말씀하시며 동생을 안아 주던 장면이 기억난다.

눈 내리는 날, 아이들이 창밖에 내리는 눈을 보며 이렇게 말한다.

"선생님, 언제 눈싸움해요?"

선생님은 추워서 밖으로 나가기 싫을 때도 있다. 그러나 유아교육에서 가장 중요한 원칙이 '여기서 지금(here and now)' 아닌가. 지금 여기서 아이들이 관심을 기울이는 것을 소재로 교육하는 게 가장 효과적이다. 그러므로 '지금 여기'에 눈이 내리고 '지금 아이들의 관심'이

내리는 눈에 있다면 눈을 소재로 교육을 하는 것이 가장 효과적이다. 만약 오늘 교육계획안에 다른 교육적인 것이 들어 있더라도 당장 '눈'으로 바꾸어도 무방하다. 또한 아이들이 눈을 맞고 싶어 하고, 눈사람을 만들고 싶어 한다면 눈에 관한 영상물을 보여 주며 열심히 학습을 시키기보다, 눈을 한번 맞게 하는 것이 좋다. "눈을 굴려서 눈을 굴려서 눈사람을 만들자……" 같은 눈과 관련된 노래를 부르며 실제 눈을 굴려 눈사람을 만들어 보면 이게 살아 있는 교육이 된다.

아이들은 보고 만지고 느끼며 가장 잘 배운다. 그래서 스스로 무언가 만지거나 느끼고 싶어 할 때 얼른 그 욕구만 들어줘도 아이들은 스스로 지식을 형성해 나간다. 이를 인지학자 장 피아제(Jean Piaget)는 아이들 스스로 경험을 통해 지식을 구성해 나간다고 하여 '구성주의' 또는 '구조화'라고 불렀다. 피아제는 아이들이 어른이 주는 지식을 수동적으로 받아들이는 존재가 아니라 능동적으로 구조화해 나가는 능동적 주체라고 했다. 부모나 교사가 아이들이 지금 무엇을 원하는지 주의 깊게 관찰해서 제공해 준다면 아이들은 동화(assimilation)와 조절(accommodation)을 통해 지식을 확장해 나간다고 했다. 유아에게 다양한 만질 거리를 제공하고 체험 학습을 할 기회를 주는 것, 교구를 제공하는 것은 이런 이론을 토대로 하고 있다. 유아 스스로 만지고 느끼면서 이미 얻은 지식과 조합하여 새로운 지식을 확장해 가는 것이다.

우리가 자주 이야기하는 '아이들은 일상생활을 통해 가장 잘 배운다'는 논리도 유아교육의 '여기서 지금' 원리와 능동적 구성주의에 바탕을 둔 것이다. 요컨대, '아이는 자신이 현재 흥미로워하는 것과의 경험을 통해 가장 잘 배운다’는 것이다.

'놀면서 배운다’는 이론을 아이의 학습에 구체적으로 대입해 볼 필요가 있다.

아이는 관심이 있어야 호기심과 흥미를 느낀다. 영유아는 무엇에 관심이 있을까. 바로 ‘놀이’다. 유치원이나 어린이집 교육과정을 보면 놀이를 통해서 학습한다는 말을 실감한다. 교실을 봐도 온통 놀이를 위한 장난감들이다. 물론 그것은 교구(敎具)라는 이름의 교육적인 장난감으로서 아이들의 발달단계에 맞는 것이기도 하다. 아이들은 이것들을 만지고 조작하며 또래와 즐겁게 놀면서 배우는 것이다.

학습지 좋아하는 엄마가 아이 학습 망친다

지금 밖에 나가 맘껏 놀고 싶어 하는 아이가 있다. 그런데 엄마는 아이를 책상 앞에 앉혀 놓았다. 책상은 아이의 키와 발달 정도에 맞는 맞춤식 책상이다. 남자아이에게 효과가 더 높다는 책상으로 논현동 가구거리에서 특별히 맞춰 온 것이다. 아이 방에 놓인 가구는 핀란드산이다. 피톤치드를 발생시켜 아이의 건강에 도움이 됨은 물론 두뇌도 쉽게 지치지 않게 한다는 가구들이다. 벽지도 친환경 제품이고, 방 색깔은 아이가 좋아하는 파스텔 톤의 푸른색으로 꾸며 놓았다.

엄마는 몇 달 전부터 불어온 ‘스칸디 육아’에 매료되었고, ‘프랑스 아이처럼’ 아이를 키우고 싶어 때론 “안 돼, 기다려”라는 말도 단호하게 썼다. 친구들도 시댁에서 아이 영어유치원(영어학원 유치부)비는 받아 쓴다기에 엄마도 시댁 어른들이 손주 교육비에 보태라고 주신 돈을 이제는 자연스럽게 받게 되어 아이 교육비도 부족함이 없다.

아이만 잘 따라와 주면 만사 OK. 그러나 다섯 살 아들이 문제였다. 도무지 책상 앞에 앉으려 하지 않았다. 책상 앞은커녕 방 안에 앉아 있는 것도 못 견뎌 했다. 아이는 틈만 나면 밖으로 나가려 했다. 오냐오냐하는 할아버지와 아빠를 지원군 삼아 막무가내였다.

아이가 다섯 살이 되기 전까지는 아들이 예쁘기만 했다. 아들이 섭섭해할까 봐 싫은 소리 한 번 하지 않았고, 아들의 행동 하나하나가 모두 신기하고 귀엽기만 했다. 작년까지만 해도 이렇게 조급하지는 않았다. 그러나 아들이 다섯 살이 되자 무슨 약속이라도 한 듯이 주변에서 '한글 뗐다'는 이야기들이 여기저기서 빗발치게 들려왔다. 옆집 아이, 아는 언니의 아이 모두 동화책을 읽는단다. 띄엄띄엄 읽는 것도 아니고 '술술' 읽는다고 했다.

처음에는 '이제 겨우 40여 개월 안팎의 아이들이 책을 술술 읽을 필요까지야……' 라고 별생각 없이 넘겼는데, 내 아이만 못 읽는다는 생각을 하니 슬그머니 걱정이 되고 점점 걱정이 커져 더럭 겁까지 났다. '시아버지는 손자가 당신의 자랑거리이자 사는 보람이라고 하셨는데……. 아이를 잘 키워야 며느리로서 체면이 설 텐데…….'

엄마는 《프랑스 아이처럼》이라는 책을 읽고 '단호함'에 매료되었다. '그래, 아이를 잘 키우려면 단호할 줄 알아야 해.' 누가 뭐래도 절대로 '안 돼' 라는 말을 하지 말자고 결심했던 엄마는 드디어 아이의 학습에 '단호함'을 적용하기로 했다. 그런데 이게 웬일인가. 보통 아이 아니니 잘 키우라는 시아버지의 말씀처럼 영재 비슷한 모습을 보이던 아이가 책상 앞에 앉히면 3분을 못 버티는 게 아닌가. 이뿐 아니다. 아이는 학습지를 펼치면 고래고래 울기부터 했다.

엄마는 "부모는 아이 못 가르친다"는 말이 맞나 보다 생각하고 선생님이 방문해서 가르쳐 주는 학습지를 신청했다. 자분자분, 차근차근 사랑으로 공부시키겠다는 엄마의 고운 마음이 상처를 입기 시작했다.

윤제 엄마는 아이들은 만지고 뛰어놀며 오감을 통해 배운다는 사실을 누구보다 잘 알았다. 그런데 정작 아이가 나가서 맘껏 소리치고 놀이터를 뛰어다니며 놀고 싶어 하는 것을 막고 있었다. 윤제 엄마는 이론으로 알고 있는 것을 자신의 머릿속에 가두어 놓고, 실제로는 아이에게 적용을 하지 않았다. 주변에서 들려오는 온갖 정보들이 엄마의 육아 철학이며 지식을 무용지물로 만들었기 때문이다.

"다섯 살이면 늦어. 이때 한글 안 떼면 여섯 살에 일, 하나, 한 개 같은 숫자 이름을 어떻게 이해하겠어? 게다가 수 단위, 묶음, 집 한 채 같은 얘기 알아듣기나 하겠느냐고. 우리가 몰라서 그렇지 놀이터 나가 봐, 윤제 엄마. 어디 노는 애들 있어? 없잖아. 말로는 애들은 놀려야 한다고 하면서 놀리는 애 없잖아."

적기교육은 시키지만 조기교육은 시키지 않겠노라고 다짐했건만, 물거품이 되고 말았다. 그러고 보니 밖에서 노는 애들을 볼 수 없었다. '모두 책상 앞에 앉혀 놓은 게 분명해.' 윤제 엄마는 그때부터 아이 전용 책상을 사고 윤제와 본격적으로 학습을 시작했다.

육아 이론에서는 '놀려라' 하는데 그게 안 되는 엄마들

이게 오늘날의 현실이라면, 비록 육아 이론은 모르지만 아이들을 놀이터에서 맘껏 놀리는 조부모님들의 양육 방식이 훨씬 바람직하다. 유아교육기관의 자문을 맡고 있어 컨설팅이나 교사 교육도 많이 하지만 다섯 살, 교육기관으로 보면 만 3세반 아이들 중에서 동화책을 술술 읽는 아이를 나는 보지 못했다. 그런데 수천 명의 아이를 접하는 내가 알지 못하는 세계가 몇십 명의 아이를 접한 엄마들 세계엔 있으니, 참 아이러니하다.

아이러니는 이뿐만이 아니다. 나는 대학에서 '유아언어교육'을 강의하고 있다. 현재 우리나라 유아교육과정인 '누리과정'의 의사소통 영역에는 '술술 읽기'가 없다. '읽기'의 세부 사항에 '읽기에 관심 가지기'가 있을 뿐이다. 이것은 일곱 살, 만 5세 아이에게도 해당된다. '쓰기'도 '쓰기에 관심 가지기' 또는 '여러 가지 쓰기 도구에 관심 가지고 사용하기'가 있을 뿐 능숙하게 쓰도록 가르치라는 내용은 없다. 그런데 엄마들이 말하는 이웃집 아이는 도대체 어느 나라에서 왔기에 동화책을 술술 읽고 제 이름은 물론 받아쓰기도 척척 한다고 하는지 이해를 할 수 없다.

지금까지 내가 만나본 유아들은 지극히 정상적인 발달을 하고 있는 아이들이다. 물론 만 3세에 읽고 쓸 수 있는 아이들도 있다. 그러나 만 3세는 동화책을 막힘없이 읽거나 글씨를 제대로 써야 마땅한 나이가 아니며 그럴 필요도 없는 시기다.

그러면 무엇을 잘하면 될까?

잘 놀면 된다. 친구와 의사소통하며 '역할놀이'를 잘하면 된다. 역할놀이 같은 상상놀이를 잘하는 아이라면 감정이입을 잘하고 정서가 발달한 아이다. 친구가 이웃 아주머니 역할을 하면 자신도 아주머니가 되고 엄마 놀이를 할 때는 엄마도 될 줄 아는 아이는 두뇌 발달이 잘된 아이고, 언어 표현이 원활하고 친구와 소통을 잘하는 아이다.

놀이터에서 잘 놀면 된다. 미끄럼틀 올라갔다 쭉 미끄러져 내려오고 또 올라가고 또 내려오고, 정글짐 올라가고, 그네를 타며 멀리멀리 나아가기 위해 발을 힘차게 구를 줄 아는 아이라면 공간 감각이 발달한 아이고, 대근육이 발달한 아이다. 차례를 지키며 놀이를 한다면 또래 관계가 건강한 아이, 사회성이 발달한 아이다.

엄마가 요리를 하면 "나도 할래. 나도 해 볼게" 하며 귀찮게 하는 아이면 된다. 호기심 많고 하려고 하는 의욕이 넘치며 쉼 없이 무언가를 탐색하는 아이는 과학적 탐색 능력과 관찰력을 발달시키고 있는 중이다.

마트에 가는 엄마를 따라가려고 현관에서 부지런히 신발을 신는 아이면 된다. 제 몸에 걸치는 옷과 신발을 입고 신을 줄 아는 것은 소근육이 발달했다는 증거며, 눈과 손의 협응력과 조응력이 발달했음을 보여주는 지표다. 그런 능력이 있는 아이이니 앞으로 글씨를 쓰는 데 필요한 손힘을 잘 기르고 있는 중이며, 종이에 글씨를 쓸 때도 배치 능력이 뛰어나 반듯하고 예쁘게 쓸 것이다.

이런 것들이 지금 유아들이 배워야 할 공부다. 아직 바르게 앉아 있을 능력도 기르지 못했고 마음의 준비도 안 된 아이가 엄마의 압력에 못 이겨 몸 배배 틀며 책상 앞에 앉아 있다면 성장하면서 앉는 자세가 삐뚤어질 것이고, 아이의 척추옆굽음증(척추측만증)은 엄마가 준 선물이 될 것이다. 그뿐만이 아니다. 아이에게 '학습은 지겹다'는 선입견을 심어 준 것은 어떻게 책임질 것인가.

몇 년 전 감자 싹을 처음 심었을 때 겪은 일이 떠오른다. 꽃샘추위가 한창일 때 감자 싹을 심었는데, 처음 해 보는 일에 대해 꼼꼼하게 알고 싶었던 과도한 호기심이 문제였다. 감자를 심고 이튿날부터 파헤치고 덮고 또 이튿날 파헤치고 덮기를 수차례. 그 감자 싹은 결국 죽고 말았다. 이것이 아이를 키우는 부모들에게 시사하는 바는 무엇일까? 발달에는 때가 있다는 것과 기다릴 줄 아는 지혜가 필요하다는 것이다.

아이 키우기에는 때가 있다. 발달 시기에 따라 발달한다는 것이다. 이를 모르는 부모는 없다. 또한 아이 키우기에는 기다림이 필요하다. 때가 되기를 기다리면 아이는 옹알이를 하고, 한 단어로 말하다가 두세 단어, 문장으로 발전한다. 다 아는 발달 과정이다. 그런데 이제 겨우 옹알이를 시작한 아이에게 "엄마, 밥 주세요"라는 세 단어로 된 문장을 가르친다고 아이가 이 문장을 말할 수 있을까? 불가능하다.

도와주는 것에도, 자극을 제공하는 것에도 적절한 시기가 있다. 아기 병아리가 알을 깨고 나올 때 어미 닭이 부리로 함께 쪼아 주면 아기 병아리가 알을 깨고 나오는 데 도움이 된다. 그렇지만 부화 시기도 안 된 알을 어미 닭이 성급하게 부리로 쪼면 병아리는 부화하지 못하고 죽고 말 것이다.

부모라면 모름지기 자신이 언제 어떤 역할을 해야 할지를 알고 적시에 알맞은 역할을 해야 한다. 그런데 안타깝게도, 많은 엄마들이 학습에도 때가 있다는 사실을 알면서도 조바심 때문에 서둘러 아이에게 공부를 시켜 아이를 망치고 있다. 그러면서 본인도 힘들어한다.

엄마들이 때를 기다리지 못하는 이유는 많다. 아이의 학습 능력을 좀 더 일찍 키워 주려면 더 많은 학습적 자극을 주어야 한다는 잘못된 정보들, 불안감을 불러일으키는 옆집 아이 엄마의 이야기, 아이 또래의 신화 같은 이야기들이 엄마를 초조하게 만들기 때문이다. 그러나 때를 무시하고 엄마가 나서면 병아리가 죽듯 아이의 학습 의욕도 죽는다. 유아기에는 노는 것이 공부이며 학습이다.

놀면서 학습하기

'노는 것이 학습'이라고 아무리 말해도 '우리 아이만 뒤처지는 것은 아닐까' 불안해하는 엄마들이 많다. 또한 머릿속으로는 이해하면서도 실천을 못하고 편한 학습지만 시키는 엄마들도 많다. 이런 엄마들을 위해 놀면서 학습하는 구체적인 방법을 제시해 볼까 한다. 여기서 제시하는 방법들은 '아이의 관심에 초점을 맞추는 것이 유아기 학습'이라는 탄

탄한 철학을 바탕으로 하고 있다.

유아기에도 아이들이 배워야 할 것이 있다. 중요한 건 아이가 흥미를 느끼도록, 학습이라는 부담을 느끼지 않고 즐겁게 배울 수 있도록 도와주는 것이다. 놀면서 한글과 수를 익히는 몇 가지 방법을 제시하므로 아이의 연령과 상황에 맞게 응용했으면 한다.

먼저, 아이가 일상생활을 하면서 학습을 할 수 있도록 도와주자. 집 안의 모든 살림살이를 활용해 놀 수 있도록 해 준다. 주방의 냄비를 꺼내 두드려 보게 하고, 목욕탕에서는 다양한 페트병을 가지고 놀아 보게 하자. 페트병에 구멍을 뚫어 주어 구멍이 아래에 있을 때와 위에 있을 때 물이 나오는 세기 등도 놀면서 경험하게 한다. 그 자체로 훌륭한 과학 실험이 될 수 있다. 냄비에 맞는 뚜껑을 찾아 닫기, 반찬통 뚜껑 닫아 보기 같은 놀이는 분류 및 탐색 능력, 손힘을 기르는 데 도움을 준다.

만 3세 이후에는 아이들의 소근육이 부쩍 발달한다. 빨래를 함께 개 보자. 양말을 같은 색 또는 같은 짝으로 찾아보게 하고(짝짓기, 분류) '한 짝' 또는 '한 켤레'라는 말을 들려주며 어휘를 자연스럽게 확장할 수 있도록 해 준다. 젓가락으로 반찬이나 과자를 집어 보도록 하는 것도 소근육 발달에 좋다. 엄마와 함께 요리하며 재료를 분류하고 재료가 음식으로 변하는 과정을 지켜보는 것도 아이의 과학적 호기심을 일깨울 수 있다. 또한 아이는 자신이 조리 과정에 참여한 음식을 대체로 잘 먹으므로 편식하지 않고 음식을 골고루 먹게 하는 효과도 거둘 수 있다.

한글을 재미있게 익히는 방법으로 과자 상자와 봉지에 적힌 이름 읽기, 동네 산책하며 간판 읽기 등이 있다. 주의할 점은 엄마가 모든 놀이를 지나치게 학습과 연결시키려고 하면 아이가 흥미를 잃을 수도 있다는 것이다. 놀듯이 하라. 아이 손을 잡고 다정히 걷다가 문득 생각난 듯이 간판 이름 읽기를 하거나, 열 걸음 걷다 눈을 들었을 때 보이는 것 읽기 등을 즐겁게 하라.

"저건 뭐지? 읽어 봐. 방금 읽었잖아, 또 잊어버렸어? 이제 잊어버리면 안 돼. 알았지!" 이런 말로 아이에게 부담을 주지 말자. 그냥 또 읽어 주면 된다. '이렇게 해서 한글을 익히면 좋고 아니어도 좋고'라는 마음으로 하면 된다. 그렇게 마음을 비우면 아이를 윽박지르지 않고 여유 있게 미소를 지을 수 있다.

아이는 눈치 백 단이다. 엄마가 뭘 원하는지 빤히 안다. 아이도 잘 읽고 싶고 잘 쓰고 싶다. 아이는 더 잘 안다. '우리 엄마가 내가 잘 읽고 잘 쓰는 걸 바라시고 좋아할 거야.' 좋아하는 엄마가 바라는 걸 아이도 잘하고 싶다. 만약 잘 못한다면, 못하는 아이 맘이 오죽할까.

아이가 좋아하는 만화영화를 함께 보며 줄거리를 이야기하는 것도 언어 능력과 기억력을 기르는 데 좋다. 아이와 가고 싶은 곳을 이야기하며 대화를 나누거나 지도를 그려 보고 그 위에 엄마가 글씨를 써 주는 것도 좋다. 아이들은 모방의 귀재니까 "나도 쓸래" 하며 삐뚤빼뚤 써 보는 시도를 할 수 있다.

사실 이러한 방법들이 눈이 번쩍 뜨일 만큼 획기적인 것은 아니다. 이미 알고 있는 엄마들도 많을 것이다. 그런데 이러한 방법들을 실천에 옮기는 엄마들은 그다지 많지 않다. 많은 엄마들이 일단 아이를 책상 앞에 앉히려 한다. 한꺼번에 빨리 학습시키려는 부모의 욕심과 '이렇게 하다 언제 가르치겠어'라는 불안이 작용한 때문인지도 모른다.

일상에서 아이와 학습하는 이런 방법들은 아주 쉬운 것 같지만 실천하기란 쉽지 않다. 엄마의 인내와 무던한 사랑, '기다려 주는 여유'가 없다면 불가능한 까닭이다.

이러한 방법을 실천할 시간도 없고 인내심도 없다면 차라리 아무것도 시키지 않는 편이 낫다. 오히려 믿음을 갖고 기다려 주는 것이 다섯 살짜리가 비명을 지르며 책상 앞에서 경기를 일으키게 하는 것보다 백번 낫다. 아이가 싫다고 할 때는 분명한 이유가 있다. 게다가 다섯 살 아이에게 학습지 공부는 꼭 필요한 게 아니라 오히려 하지 않아야 할 일인데 왜 엄마가 아이를 괴롭히는가. 만약 학습지 공부나 기타 이유로 아이를 책상 앞에 앉히려면 아이가 재있게 몰두할 방법을 엄마가 연구한 다음에 해야 한다.

지금, 밖으로 나가 뻘뻘 땀 흘리며 놀게 하자. 놀이가 답이다. 한여름 뙤약볕도 아이의 놀고 싶은 욕구를 방해하지 못하고, 온 천지를 꽝꽝 얼게 하는 맹추위도 놀이터에서 맘껏 뛰놀고픈 의욕을 막지 못한다. 그러는 시기도 잠깐이다. 아이가 초등 고학년만 되어도 더는 이런 놀이를 하려 하지 않는다. 춥다고, 덥다고 온갖 핑계를 대며 방에서 꼼짝하지 않을 것이다.

유치원에 오면 교실 구석에 앉아 아무것도 하지 않는 아이가 있었다. 할아버지는 연구원이고 아빠 엄마는 모두 박사 출신으로 대기업과 공직에 있다. 아이는 우리 나이로 세 살 때부터 한글에 관심을 보여 주위 엄마들이 부러워한 '어린 엄친아'였다. 그러나 '천재'라고 칭송받던 이 아이는 이제 일주일에 두 번 병원에서 치료를 받아야 하는 아이가 되었다. 유사자폐로 불리는 아스퍼거증후군(asperger disorder) 진단을 받은 것이다. 이 증후군이 있는 아이는 행동이나 관심 분야, 활동 분야가 제한되는 특징을 보인다. 언어 발달 등에서 지체를 보이지는 않지만, 사회적 상호작용에 어려움을 보이므로 유아기에 친구들과 잘 어울려 놀지 못한다.

이 아이는 다섯 살이 될 때까지 오로지 앉아서 그리고, 읽고, 쓰는 행동들에만 집중했다고 한다. 어른들의 시각에서는 기특하기 이를 데 없었지만, 아이는 나이에 맞는 발달을 못하고 있었던 것이다. 그것도 모른 채 할아버지, 엄마 아빠는 이를 대견해하고 오히려 격려했다고 한다. 몸을 맘껏 움직이고 친구들과 부딪치며 놀아야 할 시기에 자신만의 세계에 갇혀 지내는 것이 얼마나 심각한 문제인지를 미처 몰랐던 것이다.

만 3세가 되어 유치원에 들어간 아이는 친구들과 어떻게 놀아야 할지 몰라 두려워하고 자신만의 세계에 갇혀 지냈다. 아이를 놀이에 참여시키려고 할수록 아이는 몸을 움츠리고 책만 읽었다. 선생님이 다른 활동을 권해도 아이는 구석에 가서 웅크리고 앉아 있기만 했다. 그런 아이를 몇 달 지켜보다 면담 요청을 한 유치원 선생님의 얘기에도 아이 엄마는 '별걱정을 다 한다'는 반응을 보이다 2학기가 되어서야 문제를 느끼고 병원을 찾았다가 유사자폐 진단을 받은 것이다.

책을 읽으면 다 좋은 것이라고 안심하지 말자. 건강하게 노는 것이 영유아들이 잘 배우고 있음을 보여 주는 가장 확실한 증거다. 놀게 하자. 놀이를 가장한 학습도 아이가 싫어하면 하지 말자. 엄마라 할지라도 아이의 욕구를 무시하거나 억누를 권리는 없다.

자신의 기준으로 아이에게 학습을 강요하는 엄마는 아이의 발달을 망치는 엄마다. 가르치려면 아이의 관심(흥미)에 초점을 맞춰라. 학습 주체는 엄마가 아니라 아이다.

누리과정
살펴보기

유아기 아이를 잘 가르치고 싶다면 먼저 누리과정(교육과정)을 살펴보는 것이 좋다. 유아기부터 사교육 광풍에 아이를 몰아넣어 휘청거리게 하고 싶지 않다면 누리과정의 범주에서 도와줄 방법을 모색해야 한다. 아니면 유아교육기관을 믿고 '기다려 주기'도 좋은 방법이다. 흔들리지 말자. 너무 지나치지 말자. 지나침은 모자람만 같거나 못하다.

현행 유아교육기관의 교육과정(누리과정)에서 '읽기', '쓰기'

1 읽기

- 읽기에 흥미 가지기

  주변에서 읽어 주는 글의 내용에 관심을 가지고 읽어 본다.

- 책 읽기에 관심 가지기

  책 보는 것을 즐기고 소중하게 다룬다.

  책의 그림을 단서로 내용을 이해한다.

  궁금한 것을 책에서 찾아본다.

2 쓰기

- 쓰기에 관심 가지기

  자신의 이름과 주변에서 친숙한 글자를 써 본다.

  말이나 생각을 글로 나타낼 수 있음을 안다.

  자신의 느낌, 생각, 경험을 글자와 비슷한 형태나 글자로 표시한다.

- 쓰기 도구 사용하기

  여러 가지 쓰기 도구에 관심을 가진다.

  쓰기 도구의 바른 사용법을 알고 사용한다.

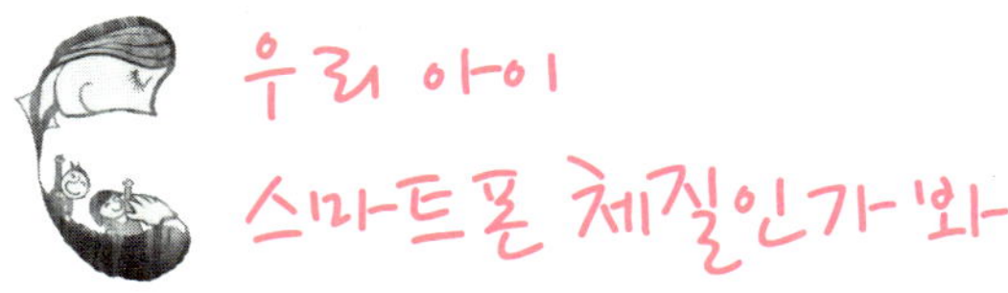

바람도 좋고 햇살도 좋은 '지구 제 2의 허파'라고 불리는 보르네오 섬, 코타키나발루. 새 책 출간 기념으로 지인들이 휴식 겸 독서 여행으로 준비한 여행지였다.

휴양지에서 맞는 아침 식사 시간은 풍요롭고 여유 있는 시간으로 행복하다. 낯설지만 행복한 여행자들과 섞여 맞이하는 아침의 그 느낌을 나는 좋아한다. 그날도 아름다운 날씨에 황홀하게마저 느껴지는 아침 바람을 맞으며 식사를 시작했는데, 중국인으로 보이는 가족이 맞은편 테이블에 자리를 잡았다. 서너 살쯤 된 남자아이와 중년 부부였다. 늘 그렇듯 얼굴을 마주치면 미소로 답하며 식사를 했다. 그러다 문득 아이 앞에 태블릿 PC가 놓여 있는 것이 눈길을 사로잡았다. 아이는 몸을 앞뒤로 흔들며 신 나 하고, 아빠와 엄마는 아이 입에 음식을 부지런히 넣어 주며 그런 아이를 기특하게 바라보았다. 아이와 함께 화면을 보고 몸도 함께 흔들며 그 흥에 맞춰 주는 듯했다.

얼핏 보면 다정한 가족, 아이에게 상냥한 부모로 보인다. 나는 그들 가족을 바라보았다. 엄마가 내게 눈인사를 다시 건넨다. 나도 미소로 답하는데, 그때 아이가 엄마를 툭툭 건드렸다. 아이가 가리킨 화면엔 싸이의 〈강남스타일〉 뮤직비디오가 나오고 있었다. 아이는 엄마랑 춤 추자고 하는 듯했다. 엄마가 박수를 쳐 주자 아이는 엉덩이를 들썩들 썩하며 춤을 추었다. 다른 때라면 나는 애국심이 불타올랐을 것이다. '2012년 전 세계를 뒤흔든 싸이가 여전히 중국인 혹은 싱가포리언에 게, 게다가 미래의 주인공인 아이에게 인기라면…… K-pop은 영원 하리라.' 뭐 이런 식의 해석을 하면서 좋아했을 것이다. 세 식구는 음 식을 먹고 몸을 흔들며 행복해했다. 식사 내내 세 사람의 시선은 태블 릿 화면에 고정되어 있었다.

바다가 바라다보이는 자리에 앉았기에 바다를 바라보노라면 저절 로 그 가족들이 시야에 들어왔다. 레스토랑에서 보이는 바다 풍경 사 진을 찍다 그들 가족이 사진에 찍혔다. 내친김에 나는 카메라 각도를 맞춰 그 가족을 찍었다.

여행에서 돌아와 그 사진을 보면서 몇 해 전부터 빈번하게 눈에 띄 는 우리의 젊은 엄마들, '카페맘'이 떠올랐다. 그 카페맘 옆에서 고개 를 숙이고 스마트폰으로 동영상을 보거나 만화영화를 보는 유아들, 아 니 아직 유아라 부르기에도 어린 보행기 탄 아이들도 떠올랐다.

여보, 우리 아이 스마트폰 체질인가 봐

주말에는 작업을 위해 카페를 자주 찾는다. 그곳에서 요즘 세상 돌아가는 모습을 보고 느낄 때가 많다. 다른 테이블의 대화도 간간 들리니 요즘 사람들이 관심 있어 하는 화제도 듣게 된다. 의외의 기쁨도 있다. 주말에는 젊은 부부 혹은 젊은 부모와 아이들이 동행하는 모습을 자주 보게 된다. 아이를 데리고 브런치를 먹으러 오는 모습은 행복이 넘친다. 부부의 밝은 표정과 그들이 아이를 대하는 모습을 보고 있노라면 '저 아이는 정말 행복하겠구나' 라는 생각이 들어 나도 모르게 미소가 지어진다.

그런데 늘 행복한 미소만 지어지는 건 아니다. 젊은 부모가 아이는 안중에 없는 것처럼 행동할 때는 얼굴이 찌푸려진다. 대표적인 행동이 아이에게 스마트폰을 건네주고 부부가 대화하거나, 두 사람이 하나의 스마트폰에 이마를 맞대고 다정하게 무언가를 검색하는 것이다.

남편이 아내에게 스마트폰을 조작하는 아이를 가리키며 말하는 소리가 들린다.

"여보, 쟤 좀 봐. 제법 스마트폰을 아는 것처럼 하는 것 좀 봐."

엄마가 아빠의 말에 얼른 화답한다.

"나보다 더 잘해. 남자애라 그런가?"

"우리 민규 완전 스마트폰 체질인가 봐."

내가 잘못 들은 게 아니라면 이 젊은 부부는 뿌듯해하는 게 분명했다. 나는 생각했다. 저 부부가 아들이 스마트폰을 만지작거리는 모습을 보며 뿌듯해하는 시간이 앞으로 얼마나 될까. 몇 년 후에는 저 스마트폰 때문에 부부 모두 불행한 표정을 짓지 않을까.

아이의 눈동자가 스마트폰의 영상을 따라가느라 얼마나 재빠르게 움직이고 있는지 들여다봐야 한다. 눈동자를 많이 굴릴수록 아이의 두뇌 회전이 빨라지는 게 아니라는 걸 정확히 알아야 한다.

영유아기는 기계에 몰입하여 눈만 굴려서는 안 되는 시기다. 온몸으로 움직이며 오감을 통해 배워야 하는 시기다. 아이는 지금 기계와 마주할 시간이 필요한 게 아니라 엄마 아빠와 까꿍 놀이라도 하면서 눈 맞춤을 하며 정서지능을 발달시켜야 할 발달단계에 있고, 손가락으로 스마트폰을 터치해야 할 때가 아니라 손 전체로 뭔가를 만지며 탐색해야 할 시기에 있다.

아이에게 스마트폰을 쥐어 준 부부 또한 다정하게 스마트폰을 보고 있었다. 아이는 손으로 스마트폰과 교감하고, 부모 역시 스마트폰과 소통하고 있다. 아이가 초등학교에 입학하자마자 부모는 고민에 빠질 것이다. 스마트폰과 너무 친한 아이를 어떻게 스마트폰과 떨어뜨려놓아야 할지 하는 고민 말이다. 그러므로 이제 서너 살 된 아이에게 부모가 친절하게 스마트폰을 쥐어 주고 대견해하는 건, 그 폐해를 아직 몰라서일 것이다.

어느 날 식당에 갔다가 경험한 일이다. 앞 테이블에서 다섯 식구가 함께 식사를 하는데, 모두 테이블 위에 스마트폰을 올려놓고 화면을 쳐다보고 만지작거리며 밥을 먹더니, 식사가 끝난 후에는 다섯 사람 모두 고개를 숙이고 스마트폰만 쳐다보았다. 다섯 식구가 함께 식사하는 것이 아마도 자주 있는 일은 아니었을 것이다. 그러나 가족은 식사하는 시간 20여 분 동안만 함께했을 뿐이다. 식사 중에도 각자의 스마트폰을 들여다보고 뭔가 보내느라 '따로 또 같이'였다. 그들의 마음은 가족보다는 다른 곳과 소통하느라 분주했다. 이들 가족은 마음은 나누지 않고 몸만 함께한 것이다. 어느 식당을 가도 이런 장면은 흔하게 볼 수 있다.

부부가 침대에 누워 SNS로 소통하는 사진을 신문에서 보고는 독특하다 느낀 게 불과 1년 전이었다. 같은 침대에 나란히 어깨를 대고 누웠는데 다정히 말로 대화하는 게 아니라 휴대전화로 대화를 나누는 장면이 당시에는 낯설고 신기했다. 그러나 이젠 어떤 소식이 전해져도 놀라거나 낯설지 않을 것 같다. 이번 추석 명절의 풍속도를 전하는 뉴스를 볼 때도 그러려니 했다. 추석 명절에 가족과 함께하려 교통 체증을 무릅쓰고 서너 시간씩 달려와서 모였지만 모두 각자 방에 웅크리고 앉아 스마트폰을 하느라고 정작 가족들 간의 진정한 만남은 없었다는 기사들이 넘쳐났다.

요즘 사람들은 지하철 의자에 앉자마자 모두 고개를 숙여 경건하게 스마트폰을 바라본다. 아픈 아이 진료를 위해 온 소아과 병동 대기실에서도, 길을 걸어가면서도, 밥을 먹으면서도 스마트폰을 손에서 놓지 못한다.

지금 우리가 살아가는 스마트한 시대의 풍속도다. 어른은 그래도 스스로 통제가 가능한 인격체고, 각자 인생을 책임질 수 있는 성숙한 존재이므로 그나마 낫다. 그러나 조절 능력이 떨어지는 아이들, 특히 유아들에게는 심각한 문제를 일으킬 수 있다.

육아 정보 공유하며 아이 망치는 엄마

아이의 울음을 그치게 하려고, 아이가 어른들 대화에 자꾸 끼어들어서, 아이가 칭얼대는 걸 달래려고, 아이를 얌전하게 앉아 있게 하려고……

부모들은 자발적으로 아이에게 선심 쓰듯 스마트폰을 쥐어 준다. 산책을 하면서도 손에서 놓지 못하는, 식사를 하면서도 자주 들여다보는, 심지어 강의를 들으면서도 보게 되는 이 기계는 '사람이 기계의 노예가 될지도 모른다' 는 우리 어린 시절의 막연한 우려를 현실로 가져왔다.

'스칸디 육아' 에서 나온 용어 가운데 '라테파파' 라는 말이 있다. 유모차에 아이를 태우고 카페에 삼삼오오 모인 아빠들이 라테를 마시며 아이를 돌보는 모습을 빗댄 말이라고 한다. 아빠 육아의 원조라고 할 만한 북유럽 아빠들의 모습을 부러워하며 우리에게 이 용어가 확산되었다.

아직 우리나라에서 라테파파는 드물지만 아이를 데리고 카페에 오는 '라테 부부' 와 '라테맘' 은 늘어나고 있다. 아이와 엄마가 각각 친구들과 만나 욕구를 충족할 수 있는 키즈카페도 곳곳에 있다. 그곳이 어느 곳이든 엄마들이 모이는 주목적은 '육아 정보' 를 교류하는 것이며 화제 역시 대부분 그에 관한 것이다.

아이 잘 키우려는 엄마들의 열의는 부모교육 전문가인 나도 깜짝 놀랄 만큼 뜨겁다. 이런 모습을 볼 때면 반갑고 고마운 생각마저 든다. 그런데 아이들이 엄마들끼리 대화를 하도록 가만 놔둘 리가 없다. 엄마에게 뭐해 달라 요청도 하고, 유모차에서 내려 달라고 소리도 지른다. 내려놓으면 왔다 갔다 뛰어다니니 엄마는 아이 따라다니기에 바쁘다. 잠시 후 아이들이 조용하다 싶으면 거짓말처럼 아이들 손에 스마트폰이 쥐어져 있다. 그리고 그것들이 또 다른 소음을 발생한다. 만화나 영어 동영상 소리들이다. 그 소리들이 카페의 음악과 섞여 묘한 소음을 자아낸다. 그러나 이 정도 문제는 우리가 조금씩 이해하고 양보하면 된다. 아이 키우는 일이 어디 부모 힘만으로 되는 것인가. 남 아이, 내 아이 할 것 없이 '애들이니까……' 하고 여기면 다 이해할 수 있는 일이다. 진짜 문제는 그게 아니다. 아이들의 관심과 집중을 온통 빼앗아 버린 스마트폰의 역기능이 진짜 문제다.

언젠가 스마트폰의 한글 이름을 공모한 적이 있다. '똑똑이폰' 운운하는 이름이 당선된 걸로 안다. 스마트폰은 확실히 똑똑한 기능들이 있다. 어떤 때는 사람이 기계 못 따라가지 싶을 정도로 엄청난 아이디어와 다양한 기능들에 매료되기도 한다. 그러나 지나치게 좋은 것에는 지나치게 나쁜 뭔가가 있다는 것을 잊어서는 안 된다. 영유아에게 스마트폰이 특히 그렇다.

똑똑이폰이 내 아이를 바보로 만든다

스마트폰은 어른에게도 호기심을 자아내는 대상이다. 호기심은 대체로 길게 가지 않는 특성이 있지만 요즘 기계들, 특히 스마트폰에 대한 호기심은 그렇지 않다. 익숙해질 만할 때 새로운 기능을 추가한 더 좋은 제품이 나오기 때문이다. 이것은 어른에게도 유혹이다.

영유아는 어른보다 훨씬 호기심이 많다. 아이들과 스마트폰의 만남은 그래서 더 위험하다. 아이들이 이 유혹에 빠지면 중독되기 쉽다. 조절 능력을 발달해 나가는 단계라서 더 그렇다. 감정 조절, 욕구 조절, 자기 조절 등이 가능한 어른도 유혹해서 의지를 마비시키는 스마트폰이, 조절 능력을 채 갖추지 못한 아이를 유혹할 때 어떤 일이 일어날지 상상해 보라. 긴 설명이 필요 없다. 스마트폰을 아이 손에 넘기면 안 되는 이유가 바로 이것이다. 스마트폰을 갖고 놀 때 아이가 왜 조용한지를 알면 이해하기 좀 더 쉽다. 아이가 스마트폰에 빠져 있는 것이다. 아이가 스스로 빠져든 몰입이 아니라, 아이도 모르는 사이에 빠져 버려 그 기계에 지배당하고 있는 것이다. 스마트폰이 내 아이의 뇌를 조종하고 있는 것이다.

이런 질문을 받곤 한다.

"스마트폰을 갖고 노는 것이 아이의 두뇌를 발달시키는 데 도움이 될 수도 있지 않나요?"

그럴 수도 있다. 그런데 문제는 두뇌 발달 순서를 마구 섞어 놓는다는 데 있다. 뒤죽박죽된다는 표현이 적당할 것이다. 아이의 뇌는 정상적인 순서를 거쳐 발달해야 '성장' 할 수 있는데 뇌 발달이 뒤죽박죽된 다면 어떤 일이 벌어질지 생각해 보자.

뇌는 연령에 따라 발달하는 부분이 있고, 시기별로 발달시켜야 하는 부위가 있다. 아기가 태어나 걷게 되기까지 순서가 있고 치아가 나는 순서가 있듯, 뇌 발달에도 순서가 있다. 영아기에 유치가 나고 일정 시기에 영구치가 난다. 만약 영구치가 치아를 제대로 관리할 수 없는 영아기부터 난다면 치아의 수명이 지금만큼 될까. 마찬가지로 뇌 발달에도 순서가 있고, 시기별로 자극을 받아 발달시킬 뇌 부위도 다른 것이다.

유아기는 정서와 사회성을 담당하는 '전두엽' 이 발달하는 시기다. 전두엽은 인간을 인간답게 만드는 기능을 담당하는 곳이다. 전두엽은 공감과 직결되는 곳이며, 공감은 정서 발달의 지표가 된다. 전두엽이 발달해야 감정을 조절하고 정서를 안정시킬 수 있어, 분노도 잘 다스릴 수 있다. 화가 났을 때조차 자신의 감정을 회피하는 것이 아니라 조절할 줄 알고, 어려운 상황이 닥치더라도 타인을 원망하기보다는 상황을 돌아볼 줄 알며, 어려움에 부딪치면 좌절하기보다 현명하게 극복하려는 등, 인간의 삶을 행복하게 해 주는 기능을 하는 곳이 전두엽인 것이다. 전두엽의 이런 기능들을 알고 난 후 나는 전두엽을 '행복 뇌' 라는 별칭으로 부른다. 이 부위의 발달 여부에 따라 삶을 행복하게 느낄 수도 불행하게 느낄 수도 있다고 믿기 때문이다.

그런데 스마트폰은 전두엽의 발달을 방해한다. 스마트폰 영상을 보는 아이의 눈동자는 재빠르게 돌아간다. 하나라도 놓칠세라 쉴 없이 돌아가는 아이의 눈동자를 움직이는 것은 바로 시각을 담당하는 후두엽이다. 아이가 스마트폰의 화려한 영상을 접할 때 시각적 자극을 많이 받으므로 당연히 후두엽이 발달한다. 후두엽 발달도 뇌 발달이니 나쁘진 않다고 생각할 수도 있지만, 유아가 발달시켜야 할 뇌 부위는 앞서 말했듯 '전두엽'이고, 게다가 후두엽 발달이 오히려 전두엽 발달을 방해한다.

좀 더 자세히 살펴보면 후두엽에서 받아들인 시각적 정보는 전두엽으로 전달되어 생각하고, 판단하게 한다. 그러나 스마트폰의 영상이나 게임은 생각할 시간을 주지 않는다. TV, PC, 스마트폰의 영상은 시각적 자극으로 그칠 뿐, 생각하도록 놔두지 않는다. 생각하는 순간 다음 장면으로 넘어가 장면을 놓치거나 게임에서 뒤처질 수밖에 없으므로 단지 시각적으로만 집중하도록 만든다. 시각적 정보를 전두엽으로 전달할 틈을 주지 않는다. 즉 보기만 하고 생각하지 않으니 전두엽은 거의 사용하지 않게 된다. 게임을 할 때 전두엽을 거의 사용하지 않는다는 것을 입증한 실험 결과도 있다. 전두엽 기능이 약한 사람은 생각하고 판단하는 능력이 약할 수밖에 없다. 후두엽 기능만 필요한 작업을 계속 반복한다면 전두엽은 도태될 수밖에 없다. 이를 '솎아 내기'라고 한다.

우리 아이 뇌가
'솎아내기' 당한다고?

뇌의 '자동 솎아 내기 이론'을 알면 정신이 번쩍 든다. 인간의 뇌는 자주 사용하는 뇌신경회로를 발달시키고 그렇지 않은 신경회로는 발달시키지 않아 없어지게 한다는 이론인데, 이런 과정을 '솎아 내기'라고 부른다.

이 과정을 좀 더 쉽게 이해하기 위해 과일을 솎아 내는 작업을 예로 들어보자. 복숭아꽃이 지고 나면 꽃이 진 자리에 복숭아가 다닥다닥 많이 열린다. 그런데 이 많은 열매들을 그냥 놔두면 안 된다. 열매를 과감하게 솎아 내는 작업을 해 주어야 품질 좋은 복숭아를 수확할 수 있다. 열매가 다 자라기 전 이 작업을 하지 않으면 풍작을 기대할 수 없다. 이를 '적과(摘果)'라 한다. 과일뿐 아니라 채소도 솎아 내는 작업이 필요하고, 불필요하다고 생각하는 가지를 쳐 내야 나무가 제대로 성장을 한다. 키울 것을 제대로 키우기 위해서는 너무 많은 것을 허용하면 안 되기에 솎아 내는 작업이 필요한데, 우리의 뇌는 스스로 이 작업을 한다.

뇌는 그것이 중요한지, 필요한지를 판단해서 가지치기를 하는 것이 아니고, 현재 많이 사용하는 것을 선택해 발달시킨다. 즉 전두엽을 발달시켜야 할 시기에 이 부위를 사용하지 않고 후두엽을 자주 사용하면 뇌는 자주 사용하지 않는 전두엽 발달과 관련된 것은 불필요한 것으로 알고 스스로 이들을 쳐 낸다. 쓰면 발달하고 안 쓰면 잃는다는 신경 가소성(Neuroplasticity)이 적용되는 것이다.

이 작업은 만 3세경부터 진행된다. 유아기에 전두엽 발달이 지체되면 뇌는 '전두엽 솎아 내기' 작업을 시작한다. '음, 불필요한 것이로 군. 그렇다면 없애야지' 이런 식이다.

태어나서 만 3세경까지 양육자와 애착을 형성하는 것이 아이의 인성에 영향을 미치고 오감을 자극하는 활동이 두뇌 발달에 필요하다는 것을 알고 열심히 시간과 돈을 투자해 기초공사를 해 놓았다면, 만 3세부터는 이러한 기초를 바탕으로 정말 필요한 뇌신경회로를 발달시켜야 한다. 아이는 아이대로 '내가 지금은 이 부위를 발달시켜야 해' 하며 열심히 전두엽을 발달시키려는 의지가 있다. 그걸 도와주는 것을 '적기교육'이라고 할 수 있다. 부모도 이를 도와주려고 많은 교구를 사 주고, 다양한 조기교육을 시도하고, 유아교육기관을 보내고, 이런저런 체험학습을 시키는 것이다.

이렇게 아이의 자발적 의지와 양육자의 도움으로 이 시기에 가장 발달시켜야 할 전두엽을 발달시켜야 한다. 그런데 오히려 시각적 · 청각적 자극으로 후두엽만 자극한다면 정말 튼실할 열매로 자라야 할 전두엽은 '적과 대상'으로 솎아져 땅에 떨어지는 열매처럼 버림받게 된다. 정서 발달과 사회성 발달에 필요한 뇌 부위는 쇠퇴하고 오히려 그렇지 않은 부위가 발달하니 아이는 불균형한 뇌를 가진 채 성장하므로 정서와 사회성 발달에 문제가 생긴다. 정서와 사회성을 담당하는 전두엽이 제 기능을 못하게 되었기에 나타난 예정된 결과인 것이다.

이런 아이가 학습인들 제대로 할 수 있겠는가. 흥미롭고 자극적인 스마트폰에 익숙해진 아이가 지루하기 이를 데 없는 공부에 흥미를 느끼지 못하는 것은 당연한 일이다.

《게임 뇌의 공포》의 저자 모리 아키오(森昭雄) 교수는 "초등학교 1학년 때부터 6학년 때까지 일주일에 3일, 하루에 1시간 이상 게임을 하면 중학교에 가서 깊이 생각하는 것이 불가능하고 사물을 이해할 수 없게 된다"고 했다.

반면 공부를 하거나 책을 읽을 때는 듣고 이해하고, 읽고 생각하고, 이해하고, 판단해야 하므로 전두엽 발달이 활성화된다. 학습은 생각하고 판단하는 것이 기본이다. 정서와 사회성, 학습을 위해서는 전두엽을 활성화시켜야 한다.

전두엽은 인간의 정서와 인지를 관장하는 곳이니 인간을 인간답게 하는 중요한 뇌 부위인 것이다. 그런데 부모가 영유아에게 이처럼 중요한 뇌 부위를 망가뜨리는 기계를 주고는 잘한다고 대견해하며 웃는 장면을 뭐라 표현하는 게 적절할까.

명약관화라는 말처럼 그 결과는 불 보듯 뻔하다. 결과를 확실히 예측할 수 있는 경우에 사용하는 이 말은 자녀교육에서는 함부로 사용해서는 안 되는 말이다. 낙인 효과를 일으킬 수도 있기 때문이다. 그러나 감히 불 보듯 뻔하다고 확신하건대, 스마트폰에 일찌감치 노출된 아이는 티격태격할 수밖에 없는 친구와의 놀이보다 자신의 맘대로 조작하고 제 뜻대로 할 수 있고, 엄청난 오락거리와 현란한 자극을 주는 기계와 노는 것을 선호할 것이다. 양보도 하고 배려도 해야 하는 타인과의 관계를 피하려고 할 것 또한 당연하다. 게다가 유아기와 초등 저학년 시기는 여전히 '저만 아는' 자기중심적인 시기다. 그런 아이들에게 스마트폰은 얼마나 매력적이겠는가. 아이에게 양보도 바라지 않고, 늘 손에 잡고 있을 수 있으며, 힘들게 하기는커녕 신 나게 하며, 한시도 심심하게 놔두지 않으니 말이다.

요컨대, 스마트폰은 뇌의 발달 순서를 바꿀 뿐 아니라 그 시기에 발달해야 할 것을 방해하거나 도태시켜 정서와 사회성 발달을 지연시키는 건 물론이고 아이의 학습까지 망친다.

즐거운 스마트폰과 지루한 학습

"학습과 정서 사이에 어떤 관계가 있을 것 같기는 한데 정확하게 어떤 연관이 있는 건가요?"

이런 질문을 한 아빠가 있었다. 정서를 '감정'과 동일시하는 질문을 많이 받아 왔기에 금방 수긍이 되었다. 그러나 정서는 다양한 느낌과 감정을 포함하며 나아가 감정 조절과 연결된다. 공부는 머리로만 하는 게 아니다. 공부를 잘하려면 엉덩이가 무거워야 한다.

공부는 엉덩이가 얼마나 들썩거리는 일인가. 신 나서가 아니라 지루해서 오래 앉아 있기 힘들다는 말이다. 당장이라도 책상 앞에서 벗어나고 싶게 만드는 게 공부다. 정서는 이를 인내하도록 도와준다. 참고 기다리는 것의 의미를 정서는 알려 준다. 지금 먹고 싶지만 기다렸다 두 개를 얻어야겠다는 마음으로 꾹 참는 능력, 즉 '조절력'이 훗날 성적과 삶의 질을 결정한다지 않는가.

그 유명한 '마시멜로 실험'이 우리에게 시사하는 바도 바로 정서 조절 능력의 중요성이다. 하고 싶지 않지만 해야 하는 것이라면 참고 하는 능력, 이것도 정서와 관련된다.

세계적인 스테디셀러 《마시멜로 이야기》의 토대가 된 마시멜로 실험은 '정서' 중에서도 절제와 조절 능력의 중요성을 이야기할 때 곧잘 인용되며, 나아가 그 후속 연구는 정서와 학습의 관계, 정서와 삶의 질의 연관성에 대해 진지하게 고민하게 한다.

스탠퍼드 대학의 월터 미셸(Walter Mischel) 박사가 진행한 '만족 지연 연구' 는 우리에게 잘 알려져 있다. 참고 기다리면 마시멜로를 더 주겠다는 약속에 먹지 않고 기다린 아이들과 참지 못하고 먹어버린 아이들의 이야기다. 15년이 지난 1981년, 이 실험의 참가자들을 대상으로 몇 가지 조사를 했다. 그중 하나가 SAT 점수였다. 15분을 참고 기다렸던 아이들은 30초를 못 넘긴 아이들에 비해 SAT에서 뛰어난 성취도를 보였다.

정서가 영향을 미치는 것이 어디 학습뿐이랴. 후속 연구는 '정서와 학습의 긴밀한 연관성' 과 아울러 '정서와 삶의 질의 상관성' 을 보여준다. 시사주간지 《뉴요커》는 마시멜로 후속 연구에 대해 언급했다. 기다린 그룹은 성공한 중년의 삶을 살고 있었다. 참고 기다리면 두 개를 먹을 수 있다는 믿음으로 한 개를 얼른 먹고 싶다는 순간의 욕구를 참아 낸 아이들은 청소년이 된 후에도 자신을 유혹하는 것(TV 시청 등)들을 뿌리치고 공부를 하고 직장인이 되어서는 이것저것 구입하고 싶은 욕구를 참고 은퇴 자금을 모으는 등 행복한 미래를 위해 현재의 유혹을 참아 내며 살아왔다. 반면 순간의 욕구를 참지 못한 그룹은 약물

중독과 비만 같은 문제들을 안고 있었다. 《뉴요커》에 따르면 “이러한 결과는 지능지수를 통한 구분보다 정확했고 인종이나 민족에 따른 차이도 나타나지 않았다”고 한다.

후속 연구 결과에서 가장 눈길을 끄는 것은 한 남매의 이야기다. 마시멜로 실험에 참여해서 참고 기다린 동생 캐럴린은 프린스턴 대학에서 사회심리학 박사 학위를 받아 퓨젯사운드 대학 교수가 되었고, 참지 못하고 마시멜로를 먹은 한 살 위 오빠 크레이그는 안 해 본 일이 없을 정도로 힘든 삶을 살고 있다고 했다. 이러한 연구 결과는 정서와 조절 능력이 문제 해결 능력, 계획 수행 능력에 영향을 미칠 뿐만 아니라 ‘자기 이해 능력’과도 연관이 있다는 걸 보여 준다.

‘내가 무엇을 해야 할 것인가?’ ‘나는 어떤 삶을 살 것인가?’ ‘현재 내가 해야 할 일을 미룬다면 어떤 결과가 나타날 것인가?’ 이러한 생각은 자신에게만 도움이 되는 것이 아니라 나와 타인의 관계도 바람직하게 형성하게 할 것이다. ‘내가 지금 공부를 하지 않는다면 어떤 결과가 있을 것인가?’ 이러한 고민을 해 본다면, ‘학습에 흥미를 잃어 점점 더 힘들어질 것이고, 자신감을 상실할 것이며, 부모에게 공부하라는 잔소리를 끊임없이 들어 관계가 왜곡되고……’ 등의 결과들을 예측할 수 있는 것이다. 그러므로 TV를 보고 싶은 욕구를 참고, 게임을 하고 싶은 유혹도 뿌리치며, 하고 싶지 않고 힘들지만(마시멜로를 먹고 싶지만) 더 좋은(지금보다 더 많이 가질 수 있는) 미래를 위해 참고(먹지 않고) 공부를 하는 것이다(기다림).

이와 반대로, 조절 능력이 떨어지는 아이들은 커 가면서 먹고 싶은 대로 먹어 비만이 되고, 약물의 유혹도 뿌리치지 못하며, 힘든 것을 참아 낼 자기통제 능력도 없으니 '학습'이라는 어렵고도 힘든 과제를 감당하지 못한다.

정서가 발달한 아이는 당연히 사회성도 좋다. 상대의 마음을 알아주고 공감해 주는 사람이 좋을까, 아니면 자기 마음대로 하며 상대의 마음은 안중에도 없는 사람과 가까이하고 싶을까? 정서가 발달한 아이는 상대방의 마음을 헤아리고 공감하는 능력이 뛰어나기 때문에 사회성이 좋을 수밖에 없다.

사회성과 학습 능력은 얼핏 보면 관련이 없어 보이지만 사회성이 좋은 아이가 공부도 잘한다. 학습도 궁극적으로는 자신뿐만 아니라 다른 사람에게도 이로운 것이다. 이것을 아는 사람이 공부에도 의미를 둔다. 아이는 사랑하는 엄마에게 잘 보이려고 공부를 한다. 엄마가 좋아하니까, 엄마를 기쁘게 하려고 등등 타인을 위한 마음도 공부를 하는 이유가 되는 것이다.

사회성은 남을 위한 배려다. 초등학교 교실을 연상해 보자. 선생님이 열심히 공부를 가르치고 계신다. 사회성이 좋은 아이는 떠들지 않는다. 다른 사람(학급 친구들)을 방해하면 안 된다는 것을 알기 때문이다. 선생님께 집중한다. 선생님의 처지를 헤아리는(역지사지) 능력이 뛰어나기 때문이다. 사회성이 발달한 아이는 선생님이 지금 무엇을 위해, 누구를 위해 열심히 가르치시는지를 안다. 알기에 집중할 수 있는 것이다.

사회성이 좋은 아이는 현재 자신의 위치에서 무엇을 어떻게 해야 하는지, 왜 그렇게 해야 하는지 안다. 그런 학생은 선생님께 사랑받는다. 그리고 당연히 엄마에게 받는 피드백도 긍정적일 것이다. 따라서 자존감이 높으며, 그런 태도로 주변 사람을 대하므로 친구들에게도 인기가 있다. 자신감이 있고 삶에 활력이 있다. 두뇌는 즐겁고 행복할 때 더 활발히 활동한다고 하니 학습의 효율성도 높을 것이다. 지적 장애 같은 특별한 문제가 있는 게 아니라면 정서와 사회성은 그대로 학습과 직결된다.

아이에게 현란한 즐거움을 선사하는 스마트폰은 정서 발달의 원천인 전두엽의 발달을 방해한다. 정서 발달은 조망 수용 능력(타인을 이해하는 능력)과 연결되며, 이는 사회성과 직결되고, 사회성은 학습 능력과도 밀접한 관련이 있는데, 스마트폰이 바로 이 부분을 망가뜨린다.

스마트폰이 아이의 발달을 즐겁게 망친다

스마트폰은 약이 될 수도 있고 독이 될 수도 있다. 약은 용법대로 써야 하고 연령에 따라 복용량을 달리해야 한다. 용법과 용량을 무시하고 오랜 기간 약을 먹으면 약이 독이 된다. 유아에게 스마트폰을 쥐어 주고 대견해하는 것은 영유아에게 성인 분량의 약을 먹이고는 아무 일 없기를 바라는 것과 다를 바 없다.

태어나서 만 3세까지는 정서 조절 능력과 사회성을 막 기르기 시작하는 시기다. 이 시기에 충동 조절과 본능에 관여하는 변연계를 맘껏 발달시켜 주고, 이후부터는 튼튼하게 열매 맺도록 해 주어야 한다. 이 중요한 부위가 '가지치기'의 대상이 되어서는 안 되는 이유며, 스마트폰을 아이의 손에 쥐어 주면 안 되는 이유다.

지하철 광고판에서 잡곡을 넣은 이유식 광고를 본 적이 있다. 아무리 좋은 것도 때가 있는 법이다. 스마트 기기는 인간에게 필요하니까 등장했고 앞으로도 인간의 삶에 기여하는 바가 있을 것이다. 그러나 아무리 영양가 높은 잡곡일지라도 아직 곡물을 소화할 능력이 없는 아기에게는 오히려 해롭고 위험할 수 있듯, 모든 게 때가 있다.

잘 자라고 있는 아이를 방해하지 말아야 한다. 아이는 스스로 필요한 것을 찾아 제 나이에 맞는 발달을 하고 있다. 아이가 무언가를 자꾸 쥐고 만지려 할 때는 아이 발달에 그것이 필요해서다. 그럴 때 아이가 오감을 통해 배울 수 있도록 아이가 맘껏 만지고 놀 수 있는 장난감을 쥐어 주자. 아이는 그것을 탐색하고 만지며 노는 동안 대소근육을 발달시키고 눈과 손의 협응력을 발달시킨다. 아이가 밖으로 나가자고 하는 것은 아이의 신체 발달상 바깥 놀이가 필요하기 때문이다.

아이가 스마트폰을 자유자재로 작동하는 것을 흐뭇하게 바라볼 일이 아니다. 아이가 스마트폰의 기능을 부모보다 일찍 습득하는 것을 대견해할 일이 아니다. 그만큼 모든 기능을 자유자재로 이용할 수 있기 때문에 더 위험한 것이다. 유아가 스마트폰 게임을 접하는 순간, 그야말로 '게임 끝'이다. 아이 손에 스마트폰 쥐어 주고 아이를 바라보며 '잘한다'는 흐뭇한 눈길을 보내지 마라. 그 눈길이 아이를 망치는 눈길이다. 그 시선을 거두고 아이 손에서 스마프폰을 가져오라. 그것이 아이를 살리는 길이다.

아이가 스마트폰을 잘 다룬다 해서 결코 빈말로라도 격려하지 마라. "우리 아들, 천재 아냐? 아빠보다 더 잘하네." 이런 무시무시한 칭찬을 거둬라. 어느 날, 그런 말을 한 아빠가 아들 손에서 휴대폰을 빼앗아 변기통에 버릴 날이 올지도 모른다. 스마트폰 혹은 디지털 기기에 빠진 아들과 씨름하느라 아빠도 아프고 아이도 아플 날이 올지도 모른다.

아이를 잘 키우고 싶어서 만난 엄마들이 아이 손에 스마트폰을 쥐어 주고 아이 잘 키울 방법을 논의하는 것은 아무런 의미가 없다. 엄마가 아무리 좋은 육아 정보를 수집한들 무슨 소용이 있는가. 지금 아이의 뇌가 망가지고 있는데.

아이를 데리고 만날 때는 공원이나 놀이터에서 만나는 것이 좋다. 아이를 잘 키우고 싶어서 만나는 거라면, 먼저 아이를 고려한 장소를 정해야 한다. 그리고 아이와 함께 있는 시간에 기계에 아이를 맡기는 일도 그만둬야 한다.

현명한 엄마는 아이의 입장에서 아이를 먼저 생각한다.

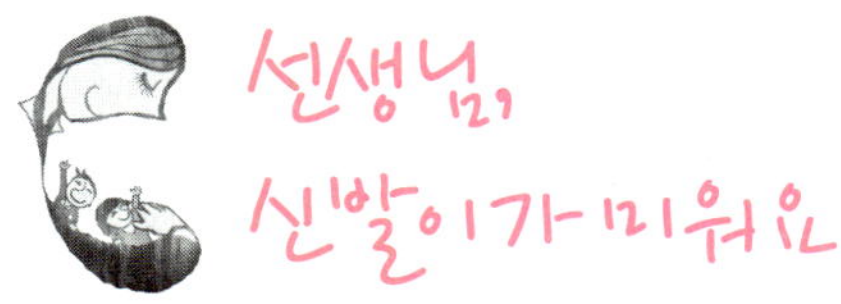

유치원에서 바깥 놀이를 하러 가는 시간. 아이들이 신 나게 바깥 놀이를 하려고 신발을 신고 깡충거리며 나갔는데, 민준이는 신발을 신느라 애쓰며 울고 있었다.

"선생님, 신발이가 미워요. 이거 안 신을래요."

민준이가 신으려고 애쓰는 신발은 롱부츠였다. 롱부츠 옆에 지퍼가 달려 있었는데, 지퍼가 중간에서 올라가질 않았다. 민준이는 얼굴이 벌게진 채로 울먹거리고 있었다.

민준이는 패셔니스타다.

"우리 민준이는 아빠를 닮아서 패션 감각이 뛰어나요. 애가 아무거나 입으려고 하지 않아서 걱정이에요."

원장님이 입학 원서를 쓰는 민준 엄마에게 원 방침을 전달하던 중 민준 엄마가 한 말이었다.

"저희 원은 편한 옷과 신발을 신는 것을 중요하게 생각해요. 평소에는 고무줄 바지 입혀 주시고, 신발은 찍찍이 달린 운동화 신기시면 좋을 것 같아요."

"우리 민준이는 고무줄 바지가 없는데, 새로 사야 할까 봐요."

"마침 우리 원 체육복이 고무줄 바지니까 그걸 자주 입히시면 좋을 거예요. 체육 하는 날이나 견학 가는 날 말고도 매일 입히시는 부모님도 계세요. 바깥 놀이 때도 편하고, 다른 활동을 할 때도 편해요."

"그럼 너무 획일적이지 않을까요? 요맘때가 제일 예쁠 땐데……."

그렇기는 하다고 인정을 하면서 원장님은 다음과 같이 조언했다.

"그럼 주말이나 부모님과 함께 있을 때는 멋진 옷 입혀 주시고 원에 올 때는 입고 벗기 쉬운 바지로 입혀 주세요. 신발도 신고 벗기 편한 걸로 신겨 주시면 좋고요."

그러나 민준이는 이틀에 한 번 꼴로 멋진 부츠를 신거나 구두를 신었다. 등원 시간엔 엄마가 신발 벗는 것을 도와주었고 민준이는 발을 내밀고 있으면 되었다. 심지어 엄마는 민준이의 신발을 신발장에 올려놔 주기도 했다. 다섯 살 원아들은 신발을 신고 벗는 일과 신발장에 신발을 올려놓는 일을 스스로 했지만 민준 엄마는 아이에게 기회를 주지 않았다. 그래도 다행히 민준이는 엄마가 안 계시면 스스로 하려고 노력했다.

그런데 이날은 바깥 놀이를 하러 가는데 부츠가 잘 안 신겨진 것이다. 아이들이 하나둘 나가자 민준이가 울기 시작했다. 아마 '나만 놀이터 못 나가면 어쩌지' 하는 불안감이 들었을 것이다. 선생님이 달래 주고 신발 신기도 도와주었지만 평소에도 예민하고 자존심 강한 민준이는 자신이 울었다는 이유만으로도 속이 상한지 바깥 놀이를 신 나게 즐기지 않았다.

엄마는 멋쟁이, 아이는 울기쟁이

귀가 시간이었다. 아이들이 신발을 신고 하나둘 줄 맞추어 버스에 오르는데 지아가 울고 있었다. 도와주려고 온 선생님께 지아가 말했다.

"선생님, 제 신발이 저를 미워해요."

지아는 지퍼가 달린 구두를 신으려고 낑낑대고 있었다. 선생님이 지퍼를 올려 주려고 해도 뭐가 잘못되었는지 잘 올라가지 않았다. 운전 선생님께 도움을 요청했는데, 운전 선생님이 신발을 고쳐 주려다 그만 지퍼가 망가졌다. 그때부터 지아가 더 큰 소리를 내며 울기 시작했다. 다른 친구들이 기다리고 있었기에 유치원 버스를 출발시켜야 했지만 지아는 끝내 버스에 오르지 않았다. 엄마가 새 신발을 가지고 마중 나온다고 했는데도 지아는 신발 신기를 거부했다.

"신발 미워. 신발이 고장 났잖아요. 못 신잖아요."

원에 방문한 다른 엄마들은 지아가 우는 이유를 몰랐지만 현관에 앉아 우니까 달래 줄 요량으로 이렇게 말했다.

"왜 울어? 집에 가야지. 어~ 버스 출발하겠다."

그런데 이 말이 오히려 지아를 더 불안하게 만들고 말았다. 가뜩이나 신발이 안 신겨져서 불안하고 자기만 두고 버스가 떠날까 봐 조바심 나던 지아는 그 말을 듣고 더 크게 울기 시작했다.

"엄마가, 엄마가, 엄마 맘대로 신발 신기고……. 버스 가잖아."

엄마가 지아의 신발을 가져올 때까지 30분 동안 지아는 교무실에서 울기만 했다. 엄마가 신발을 가지고 와서 신기는 동안 지아는 반복해서 말했다.

"엄마가 미워. 신발이 미워. 엄마가 이거 신겼잖아."

지아는 이튿날 등원하지 않았다. 이유를 물어보자 지아 엄마는 지아가 이렇게 대답했다고 했다.

"친구들이 안 놀아 줘."

그렇지만 지아는 친구들과 잘 노는 아이였다. 점심 무렵 엄마가 "내일은 유치원 갈 거지?" 하고 물으니까 "운전 선생님이 날 미워해. 신발도 고장 냈잖아"라고 대답했다고 한다.

저녁 무렵, 지아가 드디어 엄마와 약속을 했다. 유치원에 갈 때는 지아가 스스로 편하게 신고 벗을 수 있는 신발을 신기로 했다. 선생님은 이번 일을 계기로 지아 어머니께 부탁을 드렸다. 신발은 물론 하의도 입고 벗기 쉬운 것으로 입혀 달라는 부탁이었다. 지아는 화장실에서 소변을 보다가 실수를 한 적이 두 번이나 있었다. 지아 엄마는 아이가 두 번째로 실수했을 때 선생님 탓을 했다. 담임선생님이 지아에게 관심이 없어서 그런 것 아니냐고 원장님께 넌지시 얘기한 것이다.

아이들은 놀이에 몰입하기 때문에 요의를 느끼지 못하다가 거의 쌀 정도로 급할 때 화장실로 달려가는 일이 많다. 그런데 그날 지아는 멜빵바지를 입고 있었다. 소변은 급한데 멜빵바지를 내리려니 시간이 걸려 오줌을 바지에 싼 것이다.

오후에 선생님과 통화를 하던 지아 엄마는 이렇게 말했다.

"선생님, 지아가 멜빵바지를 한두 번 입은 게 아니에요. 지아가 워낙 그런 바지를 좋아해서 세 살 때도 입혔는데 스스로 잘 내리고 입었거든요. 또래보다 워낙 잘 입어서 제가 안 도와줘도 될 정도인데요."

지아 엄마 말인즉, 지아가 오줌을 싼 건 지아 탓도 아니고 멜빵바지를 입은 탓도 아니라 다른 이유나 담임선생님의 무관심 때문이 아니냐는 것이었다. 평소 선생님이 지아를 예뻐하는 것을 아는 원장님은 선생님을 위로해야 했다.

엄마의 패션 열정이 아이를 힘들게 한다

유치원이나 어린이집에서는 아이들이 화장실에 갈 때 담임선생님께 "화장실 다녀올게요" "다녀왔습니다"라고 알리도록 지도한다. 유아들이 소변보러 갔다가 대변을 볼 수도 있는데, 그때는 선생님이 뒤처리를 도와주어야 하기 때문이다. 아이가 화장실에 간 것을 몰라 아이가 선생님을 불러도 금방 달려가지 않으면 아이는 두려움에 울 수도 있다. 그러나 아이가 화장실을 간 것을 알면 선생님은 다른 아이들을 돌보다가도 화장실에 간 아이를 챙길 수 있다.

이렇게 선생님이 세심하게 도와준다 해도 아이가 소변을 볼 때만큼은 스스로 옷을 입고 벗을 수 있도록 입히는 게 좋다. 집에서는 멜빵옷을 입혀도 상관없다. 유치원에서만큼 다양한 활동을 하는 것도 아니고 친구들도 없으니 소변을 참을 정도로 몰입할 일도 많지 않다. 그래서 집에서는 웬만큼 소변이 마려울 때 알아서 화장실에 간다. 게다가 엄마한테 알려드리러 갈 필요도 없다. 뒤처리가 필요하면 “엄마~” 하고 소리쳐 부르기만 하면 된다.

그렇지만 단체 생활을 할 때는 다르다. 우선 활동이 너무 재밌다. 그래서 대소변이 급해야 화장실을 간다. 너무 급할 때 화장실을 가므로 빨리 바지를 내릴 수 있어야 한다. 게다가 원칙을 잘 따르는 아이는 막 쌀 것같이 급해도 선생님께 알려 드리러 갔다 화장실에 가니 더 급하다. 일곱 살만 되어도 융통성이 생기지만 5세반 아이들은 선생님 말씀을 철저하게 지킨다. 아무리 급해도 선생님한테 가서 “화장실 다녀오겠습니다”라고 한 후 화장실에 간다.

그러니 화장실에 가면 변기에 바로 앉을 수 있게 쉽게 벗을 수 있는 바지를 입혀야 한다. 단추 풀고 지퍼 내리는 하의가 아니라 그냥 죽 내릴 수 있는 고무줄 옷을 입히는 게 좋다. 아이들의 옷과 신발을 고를 때 부모의 패션 감각을 고집하려 해서는 안 된다. 아이들 옷을 고를 땐 ‘보기에 좋은지’가 아니라 ‘입고 벗기가 편한지’, 그리고 ‘활동하기 편한지’에 초점을 맞춰야 한다.

단체 생활을 하며 배우고 신 나게 놀라고 유아교육기관에 보내는 것이다. 친구들과 잘 어울려 지내면서 신 나게 활동에 참여하길 바란다면 부모님이 최소한의 도움을 주어야 한다. 아주 사소한 것이 아이에 겐 중요하다. 그중 하나가 입고 벗기 쉬운 옷 입히고, 신고 벗기 쉬운 신발을 신기는 것이다.

원에서 잘 적응하지 못하는 유아들은 대개 원에서 불쾌한 경험을 한 적이 있다. 그 가운데 앞서 예로 든 사례가 빈번하다. 생각해 보라. 남들 다 나가는데 내 신발만 나를 괴롭힌다. 안 신겨지고 나를 낑낑거리게 한다. 집에 가는 시간, 다른 아이는 신 나게 하원 버스에 올랐는데 나는 현관에서 신발도 못 신고 있다. 나만 떼어 놓고 버스가 출발할 것 같아 두렵다. 선생님이 도와주었지만 두려움과 슬픔이 이미 아이를 사로잡았다. 아이에게 이건 단순히 신발을 신고 벗는 사소한 문제가 아니다. 무섭고 불쾌한 경험으로 남는다. 이런 경험을 한 아이는 자신을 불쾌하게 만든 유치원이, 어린이집이 싫다.

신 나게 소풍을 갔다. 그런데 소변보러 갔다가 바지 단추가 열리지 않아 그만 오줌을 쌌다. 체육복을 입고 있었다면 얼른 바지를 내릴 수 있었을 텐데, 엄마는 사진 예쁘게 찍으라고 멋진 바지를 입혀 주셨다. 선생님이 위로하며 다른 친구들 몰래 옷을 갈아입혀 주셨지만, 아이는 수치심에 사로잡혔다. 유치원에 가기도 싫고 선생님 보기도 민망하고 친구들도 싫다. 부끄럽고 수치스러운 마음에 두려움까지 더해지면 단체 생활이 즐거울 리 없다.

그럼 어떻게 해야 할까? 유아교육기관에서 알려 주는 방법을 고지식할 만큼 따르면 된다. 유아교육기관은 단순히 유아들만 교육하는 게 아니고 유아들을 잘 자라게 하기 위해 부모들이 알아야 할 점, 협조해 줘야 할 사항을 상세히 알려 준다. 일종의 '부모교육' 형식이든 오리엔테이션 형식이든 가정통신문을 통해서든 최선을 다하고 있다. 부모는 따르는 게 좋다.

날씨도 화창한 가을날, 유치원에서 소풍을 간다. 엄마는 아이가 예쁘게 사진이 찍히길 바란다. 통신문에는 편한 옷을 입히라고 적혀 있다. 되도록 원 체육복을 입히는 게 좋다고도 써 있다. 그러나 엄마는 단체복 느낌이 나는 체육복보다 예쁜 옷을 입히고 싶다. 아이가 바지에 오줌을 싸게 할 의도는 없었다. 그저 예쁜 옷과 멋진 신발로 엄마의 사랑을 표현하고 싶었던 것뿐이다. 그러나 원에서 그런 부탁을 하는 데는 분명히 이유가 있다. 민준이나 지아도 유치원에서 부탁한 대로 했으면 아무런 문제도 없었을 것이다.

아이에게 멋진 옷과 신발을 입히고 신기고 싶은 마음은 부모와 아이가 함께 나들이할 때 맘껏 표현하면 된다. 엄마 아빠와 함께 외출할 때는 맘껏 꾸며 주고 아이가 입고 싶다는 대로 혹은 부모가 원하는 것을 아이와 잘 대화해서 입히고 신기면 된다.

내 아이를 사랑하는 표현은 여러 관점에서 생각해 보고 실천하는 게 좋다. 아이에게 예쁜 원피스를 입히고 싶은 엄마의 사랑 때문에 아이는 미끄럼틀도 맘껏 타지 못해 힘들어할 수도 있다. 물론 엄마는 아이를 사랑하는 마음에 예쁜 옷을 입힌 것이지만 아이는 그 때문에 놀이터 한구석에서 치맛자락만 붙들고 있어야 할 수도 있다. 엄마의 뛰어난 패션 감각이 아이의 몸을 움츠러들게 하고, 아이의 맘을 위축시킬 수 있다. 아이의 입장에서 옷과 신발을 선택하는 엄마가 아이를 진짜 사랑하는 엄마다.

아이에게 입히는 옷도 엄마의 사랑 표현이다.

엄마의 사랑도 받는 아이의 입장에서 주어야 한다.

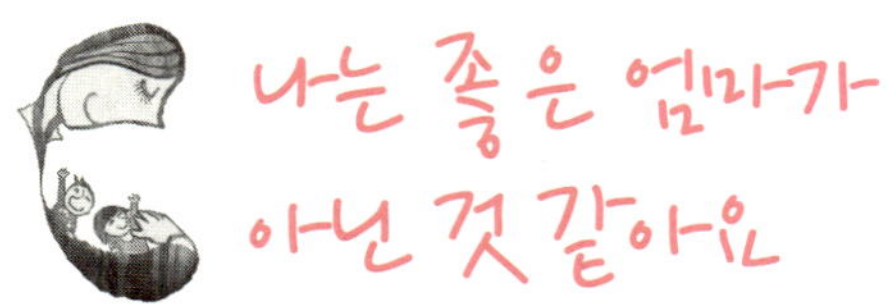

출근 준비를 할 때 팟캐스트 라디오를 즐겨 듣는다. 강의를 하는 사람으로서 좋은 정보와 느낌을 공유할 이야깃거리가 참 많기 때문이다. 비가 내리는 초겨울날 아침, 법륜 스님의 〈즉문즉설〉을 들었다.

그날의 '즉문'은 결혼한 지 1년 된 새내기 주부의 고민이었다. 자신은 내조도 잘하고, 음식도 맛있게 잘 만들고, 아이도 낳아 정말 잘 키우는 '슈퍼맘'이 되고 싶은데 마음먹은 대로 잘 안 돼서 어떻게 해야 할지 모르겠다고 했다.

완벽한 아내, 완벽한 엄마가 되고 싶다는 즉문에 스님이 즉시 대답했다.

"그런 생각하면 안 돼. 그럼 인생이 괴롭게 되는 거지. 그냥 재밌게 살아."

이렇게 명쾌할 수가. 즉설을 여는 첫마디가 시원스런 일갈인 것이

스님의 매력이지만, 그날따라 "그런 생각하면 안 돼"라는 말이 어찌나 속 뻥 뚫리게 시원하게 들리던지……. 그리고 바로 그 말이 부모교육에서 가장 강조해야 할 핵심 화두가 아닐까 하는 생각이 들었다.

나는 그즈음 자녀교육 책을 쓰면서, 일생을 통틀어 가장 열심히 독서를 하고 있었다. 대부분 자녀교육서, 부모교육에 관한 책이었다. 컨설팅해 주는 교사들과도 부모교육서를 읽고 토론하기까지 하니 '자녀와 부모, 교사, 그리고 그에 관련된 책'이 인생의 전부였던 때였다. 그래서일까? 오히려 딜레마에 빠진 시기이기도 했다.

과연 어떻게 하는 것이 아이를 잘 키우는 것일까? 부모교육 책이 길을 제시해 주는 걸까? 부모들이 아이를 키우는 데 도움을 주기는 하는 걸까? 오히려 어떤 틀이나 정형을 만들고 있는 것은 아닐까? 아이들은 어떤 엄마를 원할까? 많이 아는 엄마? 자녀교육서를 많이 읽어 아이를 그 이론에 따라 양육하는 엄마? 감정 코칭이 중요하다는 것을 배우고는 '그렇구나' '힘들었겠구나' '화가 났구나'라고 말끝마다 '~구나, ~구나'는 하는 데 단지 거기까지인 엄마? 과연 육아서가 아이와 엄마가 모두 행복해지는 데 도움이 되는 걸까? 가뜩이나 많은 육아 이론 때문에 가슴이 아니라 머리로 키우려는 엄마들이 늘어나고 있는데, 나 또한 그 이론 창고를 채우는 데 일조하고 있는 건 아닐까? 어떻게 하면 아이와 엄마 모두를 행복하게 하는 부모교육서를 쓸 수 있을까?

길을 걸으며, 계단을 오르며, 들판을 바라보며 생각하고 또 생각했다. 온통 그런 생각만으로 가득 차 있던 때, 마침 이 방송을 들은 것이다. 그리고 명쾌한 대답에 속이 뻥 뚫리는 듯했다.

(배 속 아이에게 가장 좋은 건) 엄마가 편안하게 있는 것이다. 어떻게 키울까 너무 신경 쓰지 마라. 자연스럽게 놔둬라. 대신 엄마가 옆에 있어 줘라. 자꾸 뭘 이렇게 해라, 어떻게 해라 하니까 아이도 힘들다. 엄마가 맘을 편안하게 하고 자연스럽게 아이를 키워야 좋은 사람 된다. 책 보고 잘하려고 하니까 정신병자 되고, 잘해야겠다고 했다 안 되면 자기 자신을 탓하게 되고 마음 우울해지는 거다. 너무 신경 쓰고 키워서 정신질환 걸린 아이들 많다. 자꾸 그러면(엄마가 민감하면) 아이도 민감해진다.

남편에게는 완벽한 아내가, 아이에게는 완벽한 엄마가 되고 싶은데 어떻게 하면 좋겠는지 물었던 새내기 주부는 스님의 즉설에 "알겠습니다. 감사합니다"라고 대답했지만, 스님의 즉설로 속이 시원해졌던 나는 여러 가지 생각으로 머릿속이 다시 복잡해졌다.

새내기 주부는 스님의 말씀에 그 순간 모든 고민이 해결된 듯했을 것이다. 그러나 그의 말대로 '자신은 그렇게 하고 싶어도 주변에서 가만 놔두지 않을 것'이다. 완벽해지라고 부추길 것이다. 자연스럽게 아이를 키우려고 마음먹더라도 "그렇게 해서는 안 돼, 안 돼……" 하며 주변 사람들이 그런 마음을 마구 흔들어댈지도 모른다. "한글은 언제 떼고, 영어는 언제가 좋고……." 어느 날 아이와 놀이터에 놀러 갔다 텅 빈 놀이터를 보고 서둘러 아이를 데리고 들어와 책상 앞에 앉힐지도 모른다. 남편에게 잘하려고 했지만, 남편이 시큰둥한 반응을 보일 때면 자신의 노력이 아무 소용도 없었노라고 회의를 할지도 모른다. 남편의 사랑을 의심하고 자신의 노력이 부질없었음을 느껴 우울할 수도 있다. 책에 나오는 여러 육아 이론을 실천해 보지만 아이가 기대와 다른 반응을 보일 때면 젊은 엄마는 또 흔들릴 것이다. 나는 주변 사람들의 이야기와 온갖 정보들이 예비 엄마를 괴롭히지 않기를 바랐다.

이 젊은 새내기 주부가 엄마가 되었을 때 정말 '완벽한 엄마'가 되려는 '과도한' 욕심이 아니라 '좋은 엄마'가 되려는 '편안한' 욕심을 부리면 좋겠다. 그래서 엄마와 아이 모두 행복하면 좋겠다. 남편의 반응 여하에 따라 남편에 대한 사랑과 존경이 쉽게 변하지 않아야 할 텐데……. 아이에게 섣부른 육아 이론을 적용하기보다 그냥, 편안하게 엄마의 온유함으로 키우면 좋을 텐데…….

이튿날, 마침 부모교육 특강이 있었다. 나는 먼저 경험한 선배로서, 부모교육 전문가로서 가슴 먹먹해지는 진지함으로 '좋은 엄마란 어떤 엄마일까'라는 주제로 부모교육 특강을 했다.

자신을 사랑하는 엄마가 아이도 사랑할 수 있다

그날은 엄마들이 가장 궁금해하는 질문에 답하는 것으로 강의를 시작했다. 엄마들의 질문에 모두 답하려면 90분 강의 시간이 부족할 터. 그래서 사전에 미리 질문을 받아 요약, 정리했다.

"어떻게 하면 아이한테 엄마 말이 잔소리로 들리지 않을까요?"

"한 번 말하면 잘 들어서 두 번 얘기 안 하면 좋겠는데 어떻게 하면 좋을까요?"

"떼 부리기 시작하면 누구도 못 말려요. 아무리 남자애라도 이건 너무하다 싶은데 좋은 방법이 없을까요?"

"아침에 깨워도 잘 못 일어나서 한 번도 기분 좋게 어린이집에 간 적이 없어요. 바로바로 일어나게 하려면 어떻게 해야 할까요?"

"동생만 좋아한다고 불평하며 자꾸 동생을 꼬집는데 어떻게 해야 할지 고민이에요."

"부모교육 책을 읽을수록 나는 좋은 엄마가 아닌 것 같다는 생각만 들어서 오히려 힘들 때가 있어요. 어떻게 해야 좋은 엄마가 될 수 있을까요?"

영유아를 둔 부모를 대상으로 부모교육을 하면 나오는 질문 몇 가지다. 그러한 질문 속에는 엄마들이 아이를 키우면서 느낀 어려움과 좌절, 더 잘 키우고 싶은 간절한 바람이 들어 있다. 나는 강의를 할 때만큼 정성을 다해 엄마들의 질문에 답한다. 이는 부모들뿐만 아니라 강의를 하는 내게도 아주 유익한 시간이다. 수많은 생생한 사례를 얻을 수 있기 때문이다.

"이 질문들에 답하려면 몇 시간도 부족하겠지요. 요약해서 세 가지 비법을 전하는 것으로 답변을 대신하겠습니다."

엄마들의 뜨거운 눈빛이 내게 쏠린다.

"부모교육에 정답이 없다는 제 지론은 이미 블로그나 제 책을 통해 많이 접하셨죠? 대신 뭐가 있다고요? 맞습니다. 현답을 찾아가는 것이지요. 그런데 우리는 자신의 생각이 정답인 양 아이에게 들이댑니다. '잣대' 또는 '기준' 이라고도 할 수 있겠지요. 그러면 아이들이 어릴 때는 부모가 두려워 듣는 척하다가 점점 도망가요. 부모와 함께 있으면 질식사할 것 같다는 아이들도 있어요. 이제부터 머릿속 이론을 가슴으로 내려오게 하기, 그리고 그중에서 몇 가지만 실천하기! 제가 강의를 하는 동안 이것만 생각하세요. 오늘 또 다른 육아 이론을 머릿속에 넣어가겠다는 생각으로 들으시면 아무것도 얻지 못할 거예요. 오히려 '내 지식은 오히려 아이에게 무용지물일지도 몰라' 라는 회의로 지금 이 시간을 시작하시기 바랍니다."

무언가를 적으려 했던 엄마들이 필기하려던 것을 멈추고 나를 바라본다. '적는 사람이 생존한다' 는 뜻의 '적자생존' 이라는 약어도 생겼지만, 엄마들이 강의 시간에 들은 것을 열심히 적은들 그것을 다시 들여다볼 일도 거의 없을 뿐 아니라, 가슴으로 느끼는 데는 오히려 적는 것이 도움이 안 될 때도 많다.

엄마들은 '어떤 굉장한 말을 하려나?' 궁금해하는 표정으로 쳐다보았다. 나는 그들에게 어디서나 들을 법한 말, 어디서든 이미 들은 평범한 말, 그러나 참으로 실천하기 힘든 말들을 '비법' 이라 말하며 질문에 대한 답을 시작했다.

세 가지 비법은 '엄마 자신을 사랑하자', '남편을 존중하자', 그리고 '아이를 가슴으로 사랑하자' 였다. 아울러 실천의 중요성도 잊지 않고 말했다. 부모교육은 실천 학문이다. 실천하지 않는 자녀 양육 이론은 오히려 해악을 끼친다. 아이를 숨 막히게 하고 부모를 절망하게 할 뿐이니까.

나는 먼저, 엄마들에게 가슴을 두 손으로 가만 안듯이 도닥이며 마음속으로 이렇게 속삭이라고 했다.

'난 소중한 사람이야. 나를 사랑해.'

나를 사랑해야 다른 모든 것에 관심을 기울이고 사랑할 수 있는 법이다. 엄마란 얼마나 위대한 존재이고 소중한 존재인가. 한 인간으로 소중하고, 또 하나의 다른 인간을 인간답게 살 수 있도록 '키워 주는' 위대한 사람이 아닌가. 이보다 더 큰일을 하는 사람을 말해 보라. 이렇게 위대한 일을 하는 엄마가 스스로를 사랑하지 않으면 누구를 사랑할 수 있으며, 아무리 자식이라도 사랑할 수 있을까.

특강 전날, 폭설이 내리고 강추위에 눈이 얼어 교통마비가 예상된다는 일기예보를 들었다. 무시무시한 예보를 듣고도 감행한 의정부로의 특강 길. 사실, 폐강을 해도 괜찮을 것 같다는 생각도 들었고 그즈음 새 책 출간으로 여러 스케줄이 맞물려 있기도 해서 일기예보를 빌미로 폐강을 하고 싶다는 강한 유혹을 받았다. 그러나 내게 부모교육만큼 소중한 일이 없고, 엄마들과 만나는 일이 얼마나 소중한 일이던가.

나는 엄마들이 얼마나 소중한 사람들인지 말하고 그래서 이 길을 열심히 달려왔노라고 고백했다. 인류의 미래는 엄마들한테 달려 있다는 거창한 말과 아울러 내가 아무리 아름다운 청년들과 노후를 함께하고 싶어도 엄마들이 아이를 잘 키워야 가능한 일임도 얘기했다.

내가 아무리 육아 이론을 잘 안다 한들, 아이를 키우는 것은 엄마들 몫이다. 결국 엄마들만이 인류의 미래를 아름답게 만들 수 있는 것이다. 엄마들과 만나는 시간을 가장 소중하게 여기는 것도, 어떤 일이 있어도 부모교육 특강을 취소할 수 없는 것도 그 때문이다.

그런 위대한 일을 하는 엄마가 얼마나 소중한 사람인가. 그 소중함을 엄마가 먼저 알고 인정해야 한다. 그래야 가족이 제대로 보인다. 가슴을 도닥이며, 자신이 얼마나 괜찮은 사람인지 자주 인정해 주자. 자기를 인정하는 부모를 보는 아이는 자기긍정을 배우지만, 자기를 부정하는 부모를 보며 자라는 아이는 자기부정뿐 아니라 타인 부정을 배운다. 이런저런 이유를 다 떠나 엄마는 그 자체로 사랑받아 마땅하다. 스스로에게나 가족들에게나.

남편이 도와주지 않으면 좋은 부모 아니라고?

그다음으로, 남편을 존경하고 존중하며 사랑하라고 얘기했다. 사랑의 또 다른 이름이 존경이며 존중이라고. 쉬워 보이지만 결코 쉬운 일이 아니기에 존중할 거리, 존경할 구석을 찾아야 한다는 말도 덧붙였다. 아이는 부모가 서로 사랑하며 지내는 것을 보는 것만으로도 '행복'을 느낀다는 사실을 나는 현장에서 너무도 많이 보고 듣고 느꼈다. 엄마가 행복해하면 아이도 행복해했다. 엄마가 웃으면 아이도 웃었다. 엄마가 평화로울 때 아이도 평화로웠다. 엄마 아빠가 다투지 않고 사랑할 때 아이는 사랑을 느꼈다.

엄마와 아빠는 아이의 세계다. 아이의 세계가 전쟁터가 될지 지상 낙원이 될지는 바깥세상이 아니라 엄마 아빠에게 달려 있다. 세상이 어떻든 가정이 평화롭고 사랑이 가득하면 아이의 내면은 평화롭고 사랑으로 가득하다. 내면이 그렇게 건강하게 발달한 아이는 뇌 발달은 물론 전반적으로 신체 발달이 조화로운, 우리의 교육 목표 그대로 '전인 발달'이 되는 것이다.

남편을 존경해야 할 이유는 너무도 많다. 엄마 혼자 아이 키우기는 역부족이다. 특히 아이가 열 살 넘어 사춘기에 접어들면 "여보, 애 좀 어떻게 해 봐. 내 말은 안 들어" 하고 하소연할 때가 많아진다. 그럴 때 아빠의 말 한마디가 아이에게 효력이 있기를 바란다면, 엄마는 아빠를 존경하고 존중해야 한다.

존경하고 존중할 구석이 없다고? '거리'를 찾으면 무궁무진하다.

"민재야, 아빠는 음식을 참 맛있게 드신다. 그렇지?"

남편이 우걱우걱 음식을 먹어서 밥상머리 교육이 안 된다는 엄마한테 이렇게 말해 보라고 조언을 해 준 적이 있다. 남편이 음식을 먹는 모습을 보면 식탐하는 것처럼 여겨지지만, 이를 다른 관점에서 보면 맛있게 먹는다고 생각할 수도 있다.

"여보, 음식 좀 천천히 먹어. 애 앞에서 도대체 교육이 안 돼. 민재야, 아빠처럼 먹으면 안 돼! 알았지?"

이런 말은 남편과 아이 모두에게 좋지 않다. 아빠는 아이 앞에서 식사하다 흥을 잡혀 민망하고 기분이 나쁠 것이다. 아이는 '아빠가 엄마한테 혼났다'고 여기고 식사 자리가 불편할 뿐, 절대 '아빠처럼 먹지 말아야지' 하고 배울 수 없다. 이런 말을 자주 들은 아이는 아빠를 존경하는 마음을 품기는커녕, 아빠를 음식을 우걱우걱 먹다 엄마한테 야단이나 맞는 못난 사람이라고 생각하게 될 것이다. 남편을 고치려 말자. 고칠 점을 아이 앞에서 들추지 말고 칭찬할 거리를 찾아내어 아이 앞에서 이야기하자.

남편이 육아에 적극적으로 참여하는 세상이 되었다. 아빠들을 대상으로 강의하러 가면 이러한 사회적·문화적 변화 때문에 부부 사이가 더 안 좋아졌다는 얘기도 듣는다.

"당신같이 애한테 무관심하면 애는 부성이 결핍돼. 엄마 혼자 아이 키우는 시대가 아니라고!"

아내에게 이런 말을 듣는 아빠도 많다. 어떤 아빠는 내 책《아이의 사회성 아빠가 키운다》를 예로 들며 아빠의 역할을 강조하는 육아서들 때문에 아빠 노릇 하기가 더 힘들어졌다고 호소하기도 했다. 이 책을 읽은 아내가 아빠가 육아에 참여하지 않으면 아이가 사회성이 결핍된다고 따지고 들었다는 것이다.

아빠가 육아에 무관심한 것도 문제지만, 그걸 아이 앞에서 채근하고 몰아붙이는 것은 아이 교육에 더 안 좋다. 남편이 부족한 점이 있더라도 그걸 아이 앞에서 들춰 내지 말자. 아이 앞에서 그러는 것은 정말 비교육적인 행동이다.

남편의 장점을 찾아 아이 앞에서 자주 이야기해 주자. "남편이 아이 같다"고 서슴지 않고 표현하는 우리 아내들 아닌가. 아이에게 칭찬과 격려를 아끼지 않듯이 남편을 칭찬으로 치켜세워 으쓱거리게 해 주자.

"민재야. 아빠는 무거운 것도 잘 드신다. 그렇지?"

"아빠는 운전도 정말 멋지게 잘하시지. 그렇지?"

"엄마는 아빠를 만났을 때 걷는 모습이 의젓하고 씩씩해서 한눈에 반했단다."

이런 말을 들은 남편은 아내를 도울 일이 무엇일까 연구할 것이고, 운전도 더 조심해서 잘할 것이고, 걸을 때도 의젓하고 멋진 태도를 보일 것이다.

아내에게 달렸다, 남편의 모습. 엄마에게 달렸다, 아빠의 태도. 그리고 이렇게 우리 가정을 긍정하고 칭찬하고 격려하는 분위기로 만들어야 아이도 건강하고 밝게 클 수 있다.

남편이 아이와 지내는 시간이 부족하다면 그것을 탓하지 말고 오히려 아이에게 아빠의 존재감을 부각시키는 방법을 생각해 보자. 아이가 무언가를 원할 때, 결정할 일이 있을 때 "아빠께 여쭤 보고 이야기해 줄게" "아빠와 의논해서 결정하자"라며 아빠의 존재감을 부각시키고 엄마가 아빠를 존중하는 모습을 보여 주는 것이다. 엄마의 말 한마디로 아이에게 아빠가 '멋진 아빠'로 인식된다.

지금은
가슴으로 사랑할 때

마지막으로 '아이를 가슴으로 사랑하라'고 얘기했다. 머리로 사랑하는 부모가 얼마나 많은지 점점 더 느끼게 된다고 말했다. 아이 자존감 높이려고, 기 살리려고 공중도덕을 지키지 않아도 관대하기만 한 부모가 오히려 아이를 망치고 있다는 이야기도 했다. 많은 엄마들이 아이의 자존감을 키워 줘야 한다는 육아 이론은 알면서 진정한 자존감이란 무엇인지 진지하게 생각해 보지 않는다는 점도 이야기했다.

아이 기를 살리려고 다른 사람에게 피해를 주는 행동을 해도 방치하면서 아이와 함께하는 시간이 힘들다고 유아교육기관 종일반을 선택하는 엄마들도 보았다. 엄마가 아이와 함께하는 것이 중요하다는 것을 알지만 현실에서는 힘들다는 이유로 실천하지 못하는 엄마들이 많은 것이다.

우리 부모님 세대는 육아 이론을 공부한 적도 없고, 대체로 지금 부모들보다 학력도 낮았다. 자식의 교복을 어루만지며 자랑스러워하셨고 '내 자식이 나보다 나을 것'이라는 막연한 믿음과 존중의 눈길을 보내주셨다. 학교 선생님 말씀을 하늘처럼 받들며 아이에게 "선생님 말씀 잘 들어라"고 진심으로 얘기해 주셨다.

참고서를 산다며 비용을 약간 부풀려도 자식을 거짓말쟁이라고 몰아붙이지 않았고, 무슨 이유가 있겠지 하며 때론 못 본 척, 안 들은 척도 해 주었다. 자식에 대한 무한 신뢰가 그 바탕이었다. 신뢰를 받으며 자란 아이는 때론 부모를 실망시키기도 했지만 부모의 신뢰에 보답이라도 하듯이 다시 제자리로 돌아와 잘 자라 주었다.

요즘 부모는 대체로 학력이 높다. 유치원 교육도 거의 받은 세대고 많은 수가 대학 교육도 받았다. 이렇게 교육의 세례를 받은 세대다 보니 아이가 유치원 갈 때부터 아이가 마냥 대견하고 예쁘기만 한 게 아니라, 당연한 데 보내는 것이니 그다음 욕심이 앞선다. 아이의 발달 과정에 맞춰 교육하고 도와주는 게 아니라 그다음 단계로 이끌려 계획을 짜고 준비도 안 된 아이를 잡아당긴다. 조기교육이 열풍일 때는 네다섯 살만 되면 아이가 거부해도 조기교육기관을 찾고, 조기교육이 아니라 적기교육이 중요하다고 할 때는 언제 무엇을 어떻게 배우는 게 적기교육인지 고민한다.

부모의 머릿속에 있는 이론은 '아동 중심'이지만, 실제 행동은 '엄마 중심'이다. 예전 엄마들은 머릿속에 든 이론은 별로 없었으나 아이를 가슴으로 사랑했고 아이의 발달을 인정하고 따라 주었다. 그러니 마냥 대견하고 신기해하는 부모의 눈길을 받은 아이는 자신이 참 괜찮은 존재라는 자존감이 있었을 것이다. 자존감이라는 말조차 몰랐던 시절임에도 우리 부모님들은 가슴으로 그것들을 키워 주었다. 육아는 아이의 발달을 따라가 주는 것이지 앞당기는 것이 아니다. 그러면 아이의 성장을 오히려 방해한다.

영유아에게는 가슴으로 하는 사랑이 필요하다. 우리가 수없이 들은 애착 형성, 정서 발달이 이 시기에 활발하게 이뤄지기 때문이다. 가슴으로 사랑하는 것은 특별한 육아 이론을 배우지 않아도 할 수 있는 일이다. 애착 형성이 뭔지, EQ가 무엇인지, 뇌 발달 과정이 어떠한지,

전두엽이 하는 일이 뭔지 몰라도 된다.

아이가 어릴 때는 그냥 물고 빨며 '예쁘다', '잘한다', '어이구, 대견하다'는 눈길과 손길로 보듬고 사랑하면 된다. 그게 전두엽을 발달시키고, 아이의 정서지능을 높이며, 아이의 자존감을 키우고, 아이의 의욕을 북돋우며, 자신감을 탄탄하게 한다.

엄마의 머릿속 이론으로 아이를 조종하려 들지 말자. 조종하는 엄마보다 차라리 아무것도 모르는 엄마가 낫다. 그냥 엄마의 본능으로 키우는 것이 아이에게 훨씬 좋다. 엄마의 본능은 눈에 넣어도 안 아픈 맹목적 사랑이고 아이에 대한 절대 신뢰다. 아이는 그것을 자양분으로 삼아 잘 자란다. 아이 엄마에게 필요한 건 육아 이론과 지식이 아니라 세상을 바르게 살아가는 상식과 지혜다.

이론을 내려놓아라. 그리고 상식을 집어 들라. 그게 아이의 사회성을 발달시키는 지름길이기도 하다. 사회성과 인성이라면 눈 번쩍 뜨며 관심을 기울이는 부모가 날로 늘어나고 있다. 그런데 아이러니하게도 이렇게 잘 짜인 육아 이론으로 키웠는데 왕따와 학교 폭력은 증가 일로며, 히키코모리 증상을 보이는 아이들이 점점 늘어만 가고, 정서장애를 비롯한 온갖 장애를 가진 아이가 많아지고 있다.

'아는 게 병'이 되는 까닭은 그 앎을 제대로 활용하지 못했기 때문일 것이다. 그냥 사랑하자. 아이를 알려고만 하지 말고 알아주자.

강의 마무리로, 참석한 부모님들의 소감을 듣는 시간. 앞자리에 앉아 강의 시간을 행복하게 만들어 준 엄마가 앞에 나와 이야기를 시작하며 갑자기 눈물을 흘렸다. 아이가 놀이치료를 받는데, 알고 보니 아이에게 문제가 있는 것이 아니라 엄마에게 문제가 있다는 얘기를 들었다고, 강의를 들으며 그 부분이 더 확실해졌다고 했다. 이야기를 듣는 엄마들도 숙연해하며 아이를 키우면서 느끼는 각자의 감성에 젖어 눈시울을 적셨다. 그러다 "남편을 칭찬할 거리를 찾아 친절하고 상냥하게 대하고 싶으니, 얼른 저녁이 되어 퇴근해서 왔으면 좋겠다"는 말에 모두들 웃기도 했다.

나는 엄마들이 죄책감 때문에 울었다고 생각하지 않는다. 그리고 앞으로도 그런 감정은 갖지 않길 바란다. 아이가 어떤 증상을 보이든, 어떤 부분이 부족하든, 과잉행동장애를 보이든, 학습이 부족하다고 느끼든 우리는 부모로서 최선을 다할 뿐이다. 단, 머리로만 최선을 다하지 않기를 바란다. 머릿속 육아 이론으로 키우지 말고 가슴으로 키우면 된다.

나는 엄마들이 행복을 느끼면서 아이를 키우길 바란다. 아이가 열 살이 될 때까지는 '나'가 아니라 '부모'로 살아가라 역설하지만, 이는 부모 자신을 버리라는 뜻이 아니다. 나를 알고 '자기 이해'가 높은 사람이 '타인 이해'도 잘하는 멋진 부모가 될 수 있다. 사랑이 왜곡되지 않으려면 먼저 자신부터 사랑해야 한다. 그러지 않으면 '내가 너를 어떻게 키웠는데……' '너 때문에 내 인생을 희생하며……' 같은 왜곡된 사랑이 마음속에 자리 잡게 된다.

나는 부부가 서로 사랑하기를 간곡히 바란다. 사랑의 반대말은 미움이 아니라 무관심이라 하지만, 부부간에는 무관심으로 나타나지 않고 서로에 대한 원망과 공격으로 나타난다. 차라리 무관심하면 아이에게 미치는 영향이 덜하련만, 부부가 서로 원망하면 그러한 원망이 말과 태도, 행동으로 나타나는 '싸움'에 아이는 무차별 공격을 당하게 된다.

내가 이렇게 노력하는데도 남편은 별다른 반응을 보이지 않는다고 속상해하지 않았으면 좋겠다. 남자는 여자와는 다른 존재다. 남자는 자신의 감정을 표현하는 데 여자보다는 확실히 서툴다. 어쩌면 남편으로서는 지금 자신이 할 수 있는 최선을 다해 표현하고 있는지도 모른다.

나는 부모가 아이를 가슴으로 사랑하기를 바란다. 그냥 네가 내 아이라서 사랑하는 것이 바로 그런 사랑이다. 믿어 주고, 대견해하고, 기특해하고, 웃어 주고, 미소 보내고, 안아 주고, 손잡자.

부모가 가진 게 없어도 괜찮다. 부모가 못 배워도 괜찮다. 육아서 한 권 읽을 시간이 없어 그냥 키웠다고 미안해할 필요 없다. 괜찮다. 아이는 부모의 마음을 느끼며 크는 것이지 물질과 부모의 학력으로 크는 게 아니다. "아이가 어릴 때는 부모의 마음으로만 키울 수도 있겠지만, 성인이 되었을 때는 다르지 않겠냐"는 질문을 종종 받는다. 열 살까지 아이를 제대로 키우면, 훗날 내 아이가 유학 보내 주고 집 사 주는 다른 집 부모를 부러워하지 않는다. 아이가 진정한 자립이 뭔지를 아는 독립적이고 훌륭한 인격체로 성장했기 때문이다.

욕심을 내는 것 자체가 나쁜 건 아니다. "1등 하려는 마음이 왜 나쁜 욕심이겠어요. 노력하지 않고 1등 하고 싶은 마음이 나쁜 욕심이지요." 김홍신 작가의 《인생사용설명서》 특강에서 들은 말이다. 맞다. 아이 잘 키우고 싶고, 남편에게 맛있는 음식 만들어 주고 싶고, 아이도 보란 듯 잘 키우고 싶다면 그렇게 노력하면 된다.

그러나 스트레스는 받지 마라. '나는 이렇게 하는데 아이가……' '나는 맛있는 거 해 주려고, 완벽한 아내가 되려고 이토록 애쓰는데 남편은……' 하며 자신이 노력하는 만큼 상대가 따라와 주지 않는다고 원망하는 게 위험한 것이다. 그건 내가 좋아서 하는 노력이다. 그 보상을 받으려 하면 오히려 관계가 망가진다. 슈퍼맘이 되려고도, 슈퍼우먼이 되려고도 하지 마라. 그 노력을 나를 사랑하고 남편을 존중하며 아이를 가슴으로 사랑하는 데 들이자.

법륜 스님의 즉설을 인용해서 내 의견에 힘을 실어 본다.

"우리 엄마들이 그냥 내려놓고, 좋은 것(남편과 아이의 좋은 점) 보고 재밌게 살았으면 좋겠어요."

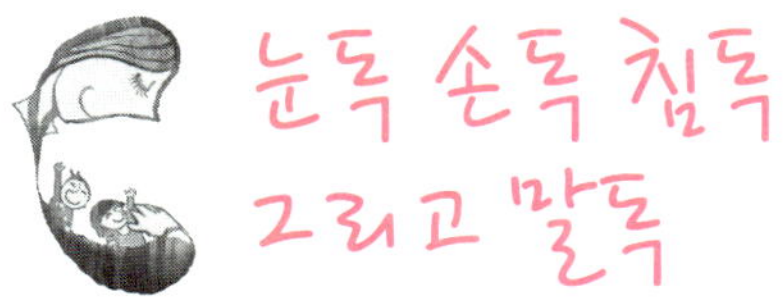

　　　　　　마트에서 아이가 아이스크림을 휙 집어 던졌다. 아이스크림은 엄마 얼굴에 정확히 맞았다.

　엄마가 순식간에 얼굴을 감싸는가 싶더니 벌떡 일어났다. 엄마는 가만 서 있었다. 오히려 아이가 경기 난 목소리로 울었다

　"엄마 미워! 엄마 싫어!"

　아이가 점점 더 악을 쓰며 울었다. 하지만 엄마는 아무 말도 아무런 행동도 하지 않았다. 아이가 더 크게 울다 나중에는 삐죽삐죽 울었다. 그러다 엄마를 흘끔흘끔 보더니 "잘못했어요. 잘못했어요. 네? 엄마 용서해 주세요" 하며 두 손을 싹싹 비비면서 용서를 구했다. 엄마는 아무런 반응이 없었다. 아이가 엄마의 손을 잡으려 하자 엄마는 아이의 손을 무섭게 내쳤다. 아이는 휘청했다.

　엄마는 아이를 때리지도 않았고, 큰소리치지도 않았다. 다만 아이를 쳐다보았을 뿐이다. 그러나 아이를 쳐다보는 눈이 너무나 무서웠

다. 그건 엄한 눈이 아니었다. 무서운, '독기'를 품은 듯한 눈이었다. 아이는 엄마의 눈치를 보며 집어 던진 아이스크림을 주웠다.

엄마는 아이스크림을 잡은 아이의 손을 휙! 잡아채듯 끌고 돌아섰다. 그 충격으로 아이 손에서 아이스크림이 날아가듯 바닥에 다시 떨어졌다.

마트에서 영유아들과 동행한 엄마가 아이와 실랑이나 신경전을 벌이는 것은 낯설지 않은 광경이다. 달래다 너무 떼를 부리면 아이 엉덩이를 때리는 엄마, "너 그러면 떼 놓고 간다"는 빈 협박을 하는 엄마, "경찰 아저씨 온다"고 겁주는 엄마, 그러다가도 안 되면 정말 아이 떼 놓고 가려는 듯 혼자 카트 끌고 가 버리는 엄마도 있다. 아이에게 아무리 좋은 말로 해도 안 통하는 경우도 있는 것이다. 오죽하면 부모교육 전문가들도 아이 키우기에 정답이 없다고 했을까. 감정 코칭이니 올바른 대화니 시도해도 때론 안 통할 때도 있다. 여러 방법을 동원해도 아이의 솟구치는 욕구 앞에서 속수무책일 때가 많은 것이다.

그러나 이번 풍경은 좀 달랐다. 엄마는 아이에게 큰소리를 치지도 않았고, 아이의 엉덩이 한 대 때리지도 않았다. 그렇게만 했는데도 아이는 겁을 먹었고, 반성했고, 엄마에게 용서도 구했으니 얼핏 보면 바람직한 대처처럼 보이기도 한다.

그러나 아이 엄마가 보여 준 것은 '매서움'이었다. 엄마가 아이에게 보낸 눈길은 아이에게 보내서는 안 되는, 어른들끼리도 보내기 쉽지 않은 독한 눈길이었다. 아이는 엄마의 눈길에 기가 죽었다. 아이스크림을 던진 것, 엄마 얼굴에 맞은 것 등의 복합적 상황에 놀란 아이는 울었고, 겁도 났고, 불안하기까지 했을 것이다. 그래서 아이는 울음으로써 그 모든 상황을 수습하려 했던 것이다. 엄마가 바란 대로 잘못을 깨달았고, 바닥에 던진 아이스크림을 스스로 집어 들었으며 엄마에게 용서를 구하기까지 했다. 아이가 그런 복잡한 상황을 스스로 수습하는 동안 엄마는 아무런 도움도 주지 않았다. 오히려 무서운 눈길로 아이를 꾸짖고, 용서를 비는 아이의 손을 아이스크림이 바닥에 동댕이쳐질 정도로 잡아끌었다.

"따라와."

아이가 엄마 손에 끌려가면서 들은 소리는 이 한마디였다. 아이의 손을 잡아챈 엄마의 손에서는 서슬 퍼런 분노가 느껴졌다.

아이를 꾸짖는 힘

자녀 양육에는 엄격함이 필요하다. 아이를 키우는 일이 자애로운 사랑만으로 가능한 일이던가. 그러나 엄격함과 무서움은 다르다. 아이들은 실수를 통해 자란다. 본능이 앞서는 발달단계에 있는 영유아기에 실수를 하지 않는다면 이미 아이가 아니다. 어른이 원하는 대로 합리적으로 생각하고 행동한다면 무슨 문제가 있을 것인가. 그러나 아이들은 어른이 바라는 대로 움직이지 않는다. 도무지 이해 못할 행동을 하고 떼 부리고 말도 안 듣는다. 영유아기는 자신의 본능에 충실한 시기다. 또한 발달심리학자 피아제가 말한 대로 자기중심성이 강한 시기다. 문제는 아이의 자기중심성이 부모의 기준과 충돌할 때가 많다는 것이다.

마트나 시장에서 아이들이 떼 부리고 꾸중 듣는 광경을 흔히 볼 수 것은 이 때문이다. 아이는 무언가를 보면 갖고 싶고 먹고 싶다. 돈을 지불해야 하는지, 먹으면 몸에 좋은지 나쁜지는 안중에도 없다. 집에 비슷한 장난감이 있는지도 전혀 고려 대상이 아니다. 발달단계상 욕구 중심으로 움직이고 오로지 거기에만 몰두하는 것이다. 엄마의 입장을 고려하려면 '타인을 고려' 하는 능력이 있어야 하는데, 유아와 초등 저학년은 아직 그런 발달단계에 이르지 못했다. 타인을 고려하고 배려하려면 아직은 좀 더 세상과 교류하며 배우고 기다려야 한다. 지금 아이에게는 먹고 싶고 갖고 싶은 욕구가 먼저다.

에이브러햄 매슬로(Abraham Maslow)의 '인간 욕구 위계설' 에 따라 해석하면 '본능의 욕구', 즉 생리적 욕구가 충족되어야 그다음 단계로 나아갈 수 있으니 아이들의 먹고 싶고 갖고 싶은 욕구를 충족해 주어야 한다. 생리적 욕구가 충족되어야 그다음 단계인 '애정과 소속의 욕구' 를 충족하려 할 것이고 '아, 나는 엄마에게 사랑받는 소중한 존재야' 라고 생각하며 엄마와 함께 즐거운 걸음으로 장보기를 할 수 있다.

그러나 아이의 본능적 욕구를 채워 주는 것에도 기준이 있으니, 부모로서는 한계를 지어야 하는 것이 난제다. 먹고 싶은 것, 갖고 싶은 것을 모두 채워 주는 것이 해결 방법은 아닌 것이다. 아이의 욕구를 일정 부분 충족시켜 주면서도 절제하게 하려면 부모가 감정 조절을 잘해야 한다. 감정은 너무도 자연스러운 것이어서 붙잡을 새 없이 나도 모르는 사이에 표현해 버리기 십상이다. 이성이 실수하는 일이란 좀처럼 드물지만, 감정은 나오는 대로 하다가는 실수투성이일 확률이 높다. 엄마가 감정에 끌려가지 말고 감정을 조절할 수 있어야 한다.

감정을 억제하라는 것이 아니다. 그러나 '나쁜 감정'에는 좀 더 주의를 기울여야 한다. 부모는 아이의 어버이면서 어른이다. 어른 중 어른이다. 부모의 감정 표현은 남달라야 한다. 좋은 감정은 맘껏 표현하라. 이것이 아이를 잘 키우는 비법 가운데 하나다.

그렇다면 나쁜 감정들은 어떻게 표현해야 할까? 감정은 나도 모르게 생기고 느끼는 것이다. 아무리 인격적인 부모라 해도 나쁜 감정을 안 느낄 수는 없다.

아이가 부모에게 배우는 감정 조절법은 이 세상 어느 곳에서도 배울 수 없는 귀한 배움이다. 그러나 이것은 아이를 앞에 앉혀 놓고 가르칠 수 있는 것이 절대 아니다. 일상생활을 하는 부모의 모습을 보면서 저절로 배우는 것이다. 아이와 함께하는 시간에 부모가 하는 모든 말과 행동을 통해 배운다.

앞서 든 예에서 살펴본 아이와 엄마는 얼핏 이런 나쁜 감정들, 화와 분노를 잘 조절한 듯 보인다. 엄마는 큰소리를 지르지도 않았고, 화를 내지도 않았고, 체벌도 하지 않았다. 그러나 엄마는 몹시 무서웠다. 또한 같은 인격체로서 해서는 안 되는 대단히 나쁜 행동을 했다. 더욱이 그 대상이 아이가 이 세상에서 가장 의지해야 할 엄마라면 아이는 정서적 혼란을 겪을 것이다. 그리고 이러한 일이 반복되면 정서장애로 진행될 수도 있다.

엄마가 내뿜은 레이저 같은 눈길에 담긴 '독'을 어쩔 것이며, 엄마가 잡아챈 손에서 전해진 지독한 '손독'은 어쩔 것인가. 그리고 엄마의 입술을 비집고 나온 그 분노의 숨결과 아이가 용서를 비는데도 끝내 거부하는 냉정함과 "따라와"로 끝낸 무시무시한 공포를 담은 그 말의 해악, 침독은 어쩔 것인가. 혹시 그 엄마가 자신은 아이에게 화내지 않고 감정을 조절한 이성적인 부모라고 착각해서 계속 이런 방식으로 아이를 키운다면 너무도 걱정이 된다.

이건 바람직한 감정 조절도 아니고 이성적인 행동도 아니다. 그 이상의 나쁜 기운을 담은 분노 표현이다. 부모의 눈길, 부모의 손길, 부모의 입술에서 나오는 숨결과, 그 중요성을 말할 필요도 없는 부모의 말. 이것들은 약이 될 수도 있고 독이 될 수도 있다.

엄마의 눈독, 손독, 침독, 말독

'눈독 들인다'는 말이 있다. 눈독은 '눈의 독기'를 뜻하기도 하지만, '욕심을 내어 유심히 지켜보고 간절히 원하는 기운'이라는 뜻으로 쓰이기도 한다. 또한 강한 염원을 담아 눈길을 보내면 자신의 것이 될 수 있음을 표현할 때도 쓰인다. 사람의 눈길이 얼마나 강력한 것인지 나타내는 말이다. 눈길은 무섭게 보낼 수도 있고, 눈독 들이듯 보낼 수도 있고, 어루만지듯 보낼 수도 있다.

미운 세 살 무렵의 아이가 "싫어" "안 해" 하며 거부할 때 보내는 눈길과 "엄마 미워" 하며 씩씩 거릴 때 엄마를 쳐다보는 눈초리를 생각해 보라. 거부하는 마음과 하기 싫은 것을 하라고 강요하는 엄마에게 보내는 분노 등이 눈에 다 들어 있다. 아직 온갖 감정의 분화가 채 이뤄지지 않은 이 시기에도 아이는 눈길에 표현할 수 있는 모든 분노를 다 담아 보내는 것이다. 안으면 품에 포옥 들어오는 작은 아이의 눈에서 내쏘는 기운도 이럴진대 화가 난 엄마가 거르지 않고 보내는 눈길에 담긴 분노를 아이가 어떻게 감당하겠는가. 아이가 화나게 할 때 나는 어떤 눈길을 보내 왔는지 돌이켜 보자.

부모교육 특강 시간에 거울을 보고 그 눈길을 재연하라 하면 엄마들이 모두 놀란다.

'내가 이런 눈길을 아이에게?!'

손독이라는 말도 있다. 손길에 혹은 손끝으로 병균을 옮긴다거나 잘못 만졌을 때 상처를 덧나게 할 수도 있고 곪게 할 수도 있다는 뜻으로 종종 사용된다. 나는 손에도 표정이 있다고 말한다. 무용가나 연기자들을 보면 그들의 손끝에 수많은 표현이 들어 있음을 알 수 있다. 손에도 표정이 있고 감정이 담긴다. 엄마의 손에는 따뜻한 사랑이 담길 수도 있고 매보다 더 아픈 차가움이 담길 수도 있다.

"따라와"라며 아이의 손을 잡아채 끌고 가는 엄마의 손길에는 '손독'이 있었다. 아이에게 병균보다 더 위험하고, 체벌보다 큰 아픔을 주는 분노의 독. 이런 분노가 손에 가득하다면 차라리 아이 손을 잡지 않는 것이 좋다. 손잡기는 스킨십 중에서도 최고의 스킨십이라고 나는 종종 말한다. 늘 껴안고 다닐 수는 없는 일, 이를 대신하는 최고의 접촉이 손잡기다. 아이들도 행복한 그림을 그리라 하면 엄마 아빠와 손 잡는 그림을 그리고는 하트 모양을 그려 넣는다. 손잡기는 이처럼 사랑과 행복을 표현하는 대표 스킨십이다. 차라리 따끔하게 꾸짖어라. 그리고 달래 준 후 따뜻하게 아이 손을 잡아 주어라.

침독이라는 말도 있다. 침은 소화를 돕고 입속이 건조하지 않게 해 주는 고마운 것이지만 이게 독이 될 수도 있다. 어릴 때 볼이나 얼굴이 벌겋게 트는 증상은 침독이 원인일 때가 많다. '찜했다'라는 말을 들어 본 적이 있을 것이다. 그럴 때 검지로 침을 바르는 흉내를 내며 원하는 무언가를 가리키거나 손을 댄다. 내 소원을 침에 발라 이입시키는 행동으로, 즉 침의 강한 효험을 믿은 것이다.

사랑할 때는 침을 교류하고, 증오할 때 침을 뱉는 것을 봐도 인간에게 침은 상당히 중요한 의미가 있는 것이 확실하다. 그렇다면 아이는 태어나서 엄마의 침을 얼마나 많이 대하고 살았을까? 수많은 뽀뽀와 입맞춤, 숨결을 주고받을 만큼의 가까운 거리에서의 스킨십, 그리고 엄마가 했던 수많은 말들에 섞여 또 얼마나 많은 침들이 나갔을까? 이 침이 좋은 영향을 미쳤을까? 아니면 얼굴을 부어오르게 하고 가렵게 하고 얼굴을 트게 하는 침독이 되었을까.

엄마가 눈독을 뿜어대며 불규칙한 호흡으로 아이를 독하게 쳐다봤을 때 나간 거친 숨결에 전해진 것은 침독보다 더한 것이었으리라. 정신의학자 엘머 게이츠(Elmer Gates)의 실험은 엄마의 분노에 찬 숨결이 아이에게 어떤 위해를 가할 수 있는지를 보여 준다. '분노의 침전물 실험'으로 알려진 이 실험에서는 분노한 사람의 숨결을 냉각해 쥐에게 주사했더니 쥐가 죽었다.

지금 화가 나서 거친 숨을 몰아쉬고 있다면 아이에게서 물러서라.

손에, 눈에, 침에도 독이 있으니 말에 독이 없을 리 없다. 아마 눈독과 손독과 침독을 모두 모아 말에 담을 것이니 가장 위험하고 치명적인 독이 '말독'일 것이다.

아이 때문에 화가 나서 도저히 감정 조절이 안 될 때는 차라리 아이에게 향하는 눈길을 거두고 아이와 접촉하지 마라. 그것도 감정을 조절하는 한 가지 방법이다. 화가 났을 때는 아이와 잠시 떨어져 긴 호흡을 몇 번 한 후 아이와 마주하는 것이 좋다.

아이를 잘 키우고 싶다면 거울을 보라. 거울에 비친 자신의 눈길이 부드러운가. 입술은 온화한 미소를 머금었는가. 그렇다면 당신의 두 손에서 나가는 손길은 부드럽고 따뜻할 것이다. 입에서는 부드럽고 온화하며 따뜻한 온기를 담은 말이 나올 것이다.

눈길이 부드럽고, 손길이 따뜻하며, 입술에 어리는 미소가 온화한 부모에게서 자라는 아이는 행복하다.

아이가 무언가를 사 달라고 떼를 부릴 때 화내지 않고 해결하는 7단계 대처법

1 지켜본다(관찰)

눈길에 감정을 담지 말고 담담한 눈길로 지켜보라. 아이의 떼와 울음이 잦아들 무렵 눈높이 대화, 감정 코칭의 대화로 접근하자.

2 아이가 갖고 싶어 하는 감정을 공감한다

"갖고 싶었구나. 그런데 갖지 못해 속상했구나."

3 감정은 안아 주되 모든 행동을 받아 주지는 않는다

다음과 같은 말로 아이에게 요구를 받아 줄 수 없는 이유를 일깨워 줘라.
"그렇지만 이 장난감은 집에도 있는 걸로 엄마는 알고 있어."

4 아이에게 결론을 내게 한다

"엄마 생각에는 집에 가서 확인해 본 다음 다시 생각해 보는 것이 좋을 것 같은데, 네 생각은 어때?"

5 아이가 합리적인 결론을 내릴 것이라고 믿는다

"네 생각은 어때?"라는 말이 효력이 있음을 믿어라. 아이는 부모가 일방적으로 주입하는 옳은 소리는 억울해하거나 잔소리로 여길 수 있지만 자신이 말한 내용이나 약속한 것에는 책임을 지려 한다.

6 약속을 확인한다

아이가 한 약속을 한 번 더 정리하는 멘트를 한다.

"그렇게 생각했구나. 그러니까 집에 가서 비슷한 장난감 있는지 확인하고 그 다음에 한 번 더 생각해 본다는 거지?"

7 아이의 현재 기분을 물어보고, 결정을 칭찬하며 마무리한다

전지전능 엄마,
무능한 아이 만드는 엄마

엄마의 기대치가 낮을수록 아이는 유능감을 학습한다. 아이가 어릴수록 부모가 기대치를 낮춰야 한다. 동그라미만 그려도 그림 잘 그렸다고 박수 쳐 주는 부모가 아이에겐 필요하다. 미끄럼틀만 쭈르르 신 나게 내려와도 '잘 논다'고 기뻐해 주는 엄마가 아이에게 필요하다.

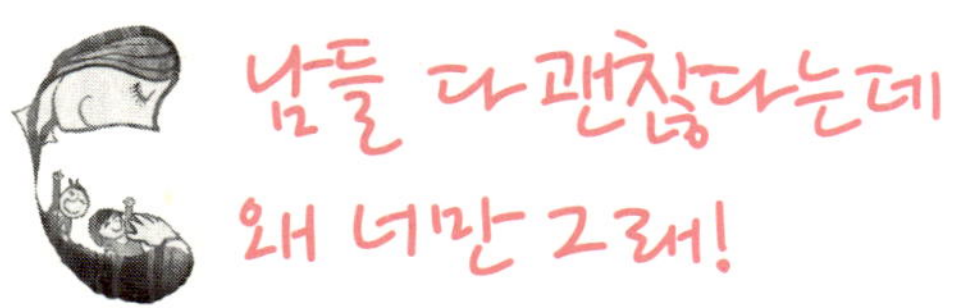

**유별나!
느려터져!
순둥이!**

어른들 말씀에 '자식도 아롱이다롱이'라고 한다. 같은 배 속에서 나왔어도 아이마다 성격도 재주도 다 다르다는 말이다. 아이를 하나 아니면 많아야 두셋을 키우는 요즘 부모들도 첫애 다르고 둘째 다르다는 말을 하는 걸 보면 대여섯 자녀를 키운 어른들 말씀에 더 공감이 된다.

부산으로 조부모 교육을 갔을 때 '손주 장점(칭찬)'을 써서 발표하는 시간을 가진 적이 있다. 아이들을 바라보는 할머니들과 엄마들의 눈높이를 비교해 보고 싶어 마련한 시간이었다. 할머니들이 꼽은 손주의 장점들은 소박했다. 게다가 엄마들보다 훨씬 빠른 속도로 많은 칭찬거리를 적어 발표했다.

"잘 웃어요. 잘 안 웃는 애도 많잖아요. 근데 우리 손주는 정말 잘 웃어요. 그러니 안 예쁘겠어요. 무뚝뚝이 할아버지도 손주라면 껌뻑합니다.” 다른 할머니들이 부러움의 감탄사를 보내자 살짝 웃어 보이며 할머니가 다른 것도 많다는 듯 다시 읽어 내려간다.

“우리 손주는 잘 안겨요. 그리고 잘 먹어요. 잠도 잘 자고요. 키우면서 어려운 적이 별로 없습니다.” 참석한 할머니들이 “좋겠어요” 하며 큰 박수를 보낸다. 이번에는 다른 할머니가 나와 발표했다.

“좀 전에 발표한 할머니 손주 참 부럽습니다. 우리 애는 지금은 많이 컸지만, 아기 때는 정말 작고 약해서 바닥에도 못 내려놨습니다. 잘 만하면 깨고, 먹을 걸 주면 죄다 밀어 내고, 건드리기만 하면 자지러지고, 낯가림도 엄청 심해서 울기도 엄청 울었습니다. 근데 애가 크니까 장점이 많네요. 지금 네 살인데요, 엄청 똑똑합니다. 하나를 가르쳐 주면 둘을 안다는 말이 딱 들어맞아요. 제 성질에만 맞으면 뭐가 돼도 될 거라예. 근데 고집은 아직도 엄청 셉니다.”

할머니들의 웃음소리와 박수 소리가 어우러졌다. 나는 ‘조부모 육아 전문가’로 여러 방송에 출연 중이어서 ‘부모와 조부모가 아이를 바라보는 시각차’를 현장 연구하고 있었다. 예를 들면 엄마는 아이에 대한 기대가 높아 웬만한 건 칭찬거리로 보이지 않는 반면에 조부모에게는 손주의 모든 것이 칭찬거리로 보인다는 가정하에 시작한 연구였다. 그런데 그날 예상한 연구 성과 외에 또 하나의 수확을 얻을 수 있었다. 아이의 기질을 대하는 양육자의 태도에 관한 것이었다.

마침 모든 분들이 관심을 가졌기에 할머니들과 함께 ‘아이가 이럴 때 어떻게 했는지’를 주제로 토론을 했다. 강의 예정 시간보다 30분을 초과했지만, 마치는 걸 아쉬워할 정도로 흥미진진한 시간이었다. 손주의 기질을 주제로 이야기를 하다 보니 역시 '느린 아이'의 사례도 나왔다.

"우리 손주는 정말 다 좋은데 학교 보내려면 어찌나 느리게 움직이는지 속이 다 뒤집어집니다. 밥 한 숟갈 먹고 딴짓하고, 옷 하나 입고 또 앉아 있고, 양말 한쪽 신고 또 앉아 있는데 기다리다가 나중엔 지각할까 봐 제가 결국 챙겨 준다니까요. 주위 사람들 말로는 이제 1학년이니까 그럴 거라고 차츰 나아질 거라고 하는데……."

할머니들과 이야기를 나누다 보니 '느린 아이' 뿐만 아니라 '순한 아이', '까다로운 아이'의 사례가 모두 나왔다.

엄마가 아이의 기질을 꺾으려 하거나 엄마의 기질을 강요하거나

할머니들은 역시 육아의 고수, 육아의 달인이 맞았다. 아이들에게 맞춰 주는 것이 그랬다. 이걸 자칫 '오냐오냐하는' 것으로만 받아들일 수 있지만, 사실 그것은 아이의 기질에 맞춰 주는 '맞춤식 육아법'이다. 할머니들은 아이의 기질을 알고 맞춰 주는 지혜가 있다. 자주 감동하건대, 조부모 세대는 육아 이론이나 지식을 접할 기회가 적었음에도 그분들의 체험과 가슴에서 우러난 육아 방식이 오히려 육아 지식이 넘쳐나는 젊은 부모들의 이론 육아보다 더 정확할 때가 많다.

"아이가 잠을 못 자고 보채거나 할 때 절대 '왜 이렇게 까다롭냐'고 하면 안 됩니다. 애인들 그렇게 하고 싶어 그러는 게 아닙니다. 자기도 얼마나 힘들겠어요. 근데 어미는 이럴 때면 꼭 한마디 하더라고요.

‘왜 그래? 왜 그러는데?’ 하며 좀 짜증스러워 한다고 할까요?”

그렇다. 할머니 말씀대로 아이가 그러고 싶어 그러는 게 아니다. 태어난 지 얼마 되지도 않은 아이가 부모 힘들게 하려고 일부러 그럴 리 없지 않은가. 부모교육 시간에 만난 엄마들 중 아이의 밤낮이 바뀌어 아이가 자주 깰 때는 수면 부족 및 우울증으로 고통받다 보니 도망가고 싶은 생각이 든다는 엄마도 있었다. 아무리 예뻐도 까다로운 신생아를 감당해 내기란 쉽지 않다. 이런 아이는 잠투정만 하는 게 아니다. 완전 까다로움의 종합 선물 세트라고나 할까. 먹는 것도 까다롭고 기저귀가 조금만 젖어도 못 견뎌 하며 악을 쓰고 울어 댄다.

아이의 기질을 인정하고 이해하는 것은 매우 중요하다. 부모에게도 기질이 있다. 히포크라테스는 기질을 담즙질(膽汁質)·우울질(憂鬱質)·다혈질(多血質)·점액질(粘液質)의 네 가지로 분류했다. 담즙질은 급하고 화를 잘 내며 적극적이고 의지가 강하다. 우울질은 흑담즙질(黑膽汁質)이라고도 하는데 신중하고 소극적이며 말이 없고 상처 받기 쉬운 비관적인 기질이다. 다혈질은 쾌활하고 밝으며 순응적·타협적이고 기분 변화가 심하다. 또 점액질은 냉정하며 근면하고 감정의 동요와 변화가 적고 무표정하며 끈기가 있다. 이러한 분류가 실증적 근거가 있는 것은 아니지만 근대 내분비학(內分泌學)에 바탕을 둔 기질 연구로 이어진다고 한다.

나는 예비부부 교실에서 부부가 되기 전 연인 사이일 때 서로 기질을 알고 인정해 주는 것이 좋다고 권한다. 물론 이는 참고하기 위한 것이지 그 사람을 정형화해서 편견으로 대하는 데 사용하면 안 된다. 내

연인이 점액질이라면 그가 무표정할 때 웃지 않는다고 오해하거나 웃음을 강요하기보다는 자신이 유쾌하고 기쁘게 해 주어 그 사람이 밝은 표정을 짓도록 노력하면 두 사람이 좋은 관계를 유지하는 데 도움이 될 것이다. 물론 사람이 하나의 기질만 가진 것은 아니다. 여러 기질 가운데 가장 두드러지는 기질이 그 사람의 기질이기에 어떤 때는 '알다가도 모를' 특성들이 툭툭 튀어나오기도 한다. 중요한 것은 기질을 알아보는 게 아니라 그것을 이해하고 인정해 주는 것이다.

아이를 키울 때는 이것이 더 중요하다. 어른들은 자라면서 접한 환경과 교육의 영향으로 성격과 인격을 갖추었기에 '기질'이 그 사람의 전부가 아닐 수 있지만, 아직 어린 아이는 '기질'이 전부라고 할 수 있다. 그래서 아이의 기질을 잘 알고 인정하며 키우는 것이 중요하다.

행동유전학자 알렉산더 토마스(Alexander Thomas)와 스텔라 체스(Stella Chess)에 따르면 아이의 기질은 크게 '순한 아이(easy child)', '까다로운 아이(difficult child)', '느린 아이(slow to warm up child)'로 나뉜다고 한다. 아이의 기질은 아이가 환경을 인식하고 대하고 적응하는 데 영향을 미친다.

까다로운 아이는 행동을 예측하기 어렵고 음식을 먹을 때도, 잠을 잘 때도, 심지어 배변도 까다롭다. 욕구가 좌절되면 불쾌한 반응을 강하게 보이며 낯선 사람을 거부하는 특성도 보이는데, 이는 아이가 그러고 싶어서가 아니라 아이의 기질이 환경에 그렇게 대하도록 시키기 때문이다. 이런 특징들 때문에 '체제 거부형 아이'라는 별칭으로 불리기도 하는데, 어떤 일을 하든 저항이 심하고 일상생활에도 잘 적응하지 못한다. 까다로운 아이를 키우는 엄마들은 아이에게 이런 말을 자주 한다.

"왜 그래? 남들 다 괜찮다는데 왜 너만 그래! 왜 그렇게 까다롭게 구는 거야!"

그러나 이런 말은 무의미하다. 남들 다 괜찮아도 그 아이에게 그 상황은 안 괜찮은 것이고, 까다롭게 구는 게 아니라 아이에게 그 상황이 받아들여지지 않는 것이다. 이런 말을 들은 까다로운 아이는 억울해하며 더 거부하려 들 것이다. 그렇다면 까다로운 아이에게는 어떻게 하는 게 좋을까? 신생아라면 아이에게 적극적으로 맞춰 주자. 울면 안아 주고, 기저귀가 조금만 젖어도 불쾌해하면 "이것 가지고 뭐 그렇게 악을 쓰며 우느냐"고 탓하지 말고 바로 갈아 주자. 이런 말도 삼가자.

"왜 이렇게 까다로워."

이런 말을 들은 아기는 자신의 존재가 부정당했다고 느끼게 된다. 까다로운 아이는 신생아 때만 까다로운 것이 아니다. 영유아기에도 고집이 세고, 자신의 욕구가 받아들여지지 않으면 떼를 부리고, 공격적인 성향을 보이기도 한다. 이 아이들은 '체제 거부형'이라는 별칭답게 유아교육기관에 들어가서도 자기 맘대로 하려 하거나 규칙을 잘 지키지 않을 때도 많고, 단체 생활에 잘 적응하지 못할 수도 있다. 단체 생활을 하려면 규칙과 약속을 지켜야 하는데 아이의 내면에서 거부를 하기 때문이다.

아이가 이런 행동을 할 때 "왜 그렇게 떼를 부려, 왜 그렇게 고집이 세"라고 말하는 건 아무런 도움이 되지 않는다. 오히려 아이의 까다로운 특성을 강화하는 '부적 강화'가 될 수 있다. 대신 '정적 강화'가 필요하다. "열심히 하네. 끝까지 해냈네" 같은 말이 도움이 된다. 이런 아이들에게는 자기 맘대로 하고 싶어 하는 욕구를 조절하게 하는 훈육을 할 때도 큰소리치는 엄포나 강압보다는 '칭찬'이 더 좋다. 강한 것에 더 강하게 대하는 아이이므로 오히려 부드럽게 마음을 받아 주면서 훈육을 해야 행동 수정이 잘된다. 아이가 욕구불만을 바로 강하게 나타내지만 그러한 마음을 공감하며 바람직하게 해소해 주면 성취욕과 끝까지 하려는 승부욕, 열정으로 승화시킬 수 있다.

기질은 타고나지만 고착화되는 것이 아니라 양육 방식과 환경에 영향을 받는다. 기질이 바뀌는 것은 아니지만 그 기질의 장점이 발달할 수도 있고, 기질의 단점이 그 사람을 규정짓는 특성이 될 수도 있다.

순한 아이는 어떤 아이일까. 한마디로 '키우기 쉬운 아이'다.

"아이가 정말 잘 웃고, 잘 먹고, 잘 안겨서 예쁘기만 했다"는 할머니의 손주가 바로 순한 아이다. 잘 놀고 순응적이며 아침에도 혼자 깨어 모빌 보며 방긋방긋 웃는 아이다. 밥도 잘 먹고 대소변도 잘 보며 낯선 사람에게도 미소를 보인다. "이런 애라면 열 명이라도 키우겠다"는 말이 저절로 나오게 하는 아이다. 이런 아이는 긍정적 감정 표현도 잘해서 주위 사람들에게 사랑을 받을 수밖에 없다. 이대로 잘 키우면 된다.

그러나 순한 아이의 이런 좋은 점이 자칫 약점으로 고착화될 수 있으므로 몇 가지 주의할 사항이 있다. "넌 착해"라는 말로 아이에게 '착한 아이 콤플렉스'의 굴레를 씌우지 말아야 한다. 가뜩이나 아기 때부터 잘 먹어서 착하고, 울지 않아 착하고, 잘 웃어서 예쁘고, 예쁜 말 잘해서 사랑스런 아이라는 얘기만 들은 아이는 주위 사람들에게 인정받고자 때로는 불쾌한 감정이나 불편한 일도 참고 지내기도 한다. 그러면 아이는 다양한 감정을 키울 수 없다. 정서적으로 안정된 아이처럼 보이지만 내면의 정서는 불균형해질 수 있다. '내가 이런 마음을 느끼면 나쁜 아이가 될지도 몰라' 라는 두려움 때문에 자신을 스스로 억압할 수 있는 것이다.

이런 아이들에게 "어쩜 이리도 착할까" "양보도 잘하고 참 착하구나" 같은 칭찬은 그리 도움이 되지 않는다. 그런 말을 이미 자주 들어 자신도 느끼고 있으므로 그런 칭찬 말고 다른 강점을 키워 주는 칭찬을 해 주는 것이 좋다. 순한 아이들이 칭찬 콤플렉스에 빠지면 '내가 못하면 어떻게 하지? 칭찬도 못 받을지 몰라' 라는 내면의 소리 때문에 새로운 일, 자신 없는 일에는 몸을 사리고 도전할 엄두를 내지 않는다. '지나친 체제 순응형' 인간이 되어 자신의 마음보다는 상대의 비위를 맞추는 데 비중을 두거나 감정과 욕구를 숨기는 등 자신이 인생의 주체가 되지 못하고 남을 위한 삶을 살 수도 있다. 남자아이라면 마마보이가 될 여지가 많다. 여자아이라면 어느 날, 드라마 대사처럼 "나다운 게 뭔데?" 라는 말을 할지도 모른다.

이런 아이에게는 스스로 선택할 기회를 많이 주고, 아이가 자라면서 설령 낯선 행동을 하더라도 "예전엔 착했는데…… 너답지 않아. 낯설어"라는 말로 앞으로 나아가는 아이를 뒤로 잡아끌지 않도록 해야 한다. 아이가 큰다는 건 곧 변화한다는 것이다. 늘 부모 말 잘 듣고 어른들을 흡족하게 하는 행동만 한다면 그게 어디 아이인가.

‘느린 아이’는 반응이 느리다. 수동적이며 변화하는 상황에 적응하는 능력이 떨어진다. 새로운 자극을 낯설어하고 회피하다가 그런 상황을 자주 접하면 그때서야 받아들인다. 수줍음이 많으며 수면과 배설 등에서는 순한 아이와 까다로운 아이의 중간 정도의 특성을 보인다. 그래서 까다로운 아이에 비해 키우기가 어렵지 않고, 순한 아이의 특성도 보여 "착하다"는 소리도 종종 듣는다. 그러나 행동이 느려서 부모에게 "속 터지게 한다"는 소리를 자주 듣는다.

"우리 손주는 정말 다 좋은데 학교 보내려면 어찌나 느리게 움직이는지 속이 다 뒤집어집니다"라고 말한 할머니의 손주가 바로 느린 아이의 전형이다. 느린 아이가 하는 것을 보면 답답해서 기다리고 기다리다 부모가 대신 해 주는 경우도 많다. 이런 아이에게는 "그렇게 먹다 언제 먹을래? 다른 사람 다 먹었잖아" 하며 다그치는 부모가 아니라 "꼭꼭 씹어 먹으니 건강에 좋겠구나"라고 말할 수 있는 현명한 부모가 필요하다.

"그럼 가뜩이나 까다롭고, 가뜩이나 느린 아이의 특성만 더 강화시키는 거 아니냐"고 반문할 수도 있다. 아이의 기질은 환경의 영향을 받는다. 기질은 타고나는 것이지만 이 기질을 잘 이해하고 인정하는 부모라는 긍정적 환경과 아이가 자라면서 경험하는 환경과의 상호작용, 그리고 교육과 맞물려 아이는 완성되어 간다. 이 과정에서 아이가 괜찮은 사람으로 자신을 완성시키는 데 필요한 것이 자신에 대한 긍정적인 감정이다. 자신을 부정적으로 생각하는 사람은 대인관계를 잘 맺을 수 없고, 변화무쌍한 환경과 올바른 상호작용을 해 나갈 수 없어 자연스레 학업이나 다양한 경험을 통해 무언가를 배울 기회가 줄어든다.

모든 것은 사람의 마음가짐에서 시작된다. 기질을 부정당하고 왜곡당하면 안 되는 이유다. '난 그런 아이야!'라는 평가가 마음속에 각인되면 아이는 정말 그런 사람이 된다. 그렇기에 기질의 좋은 점을 강화시키고 기질적 단점을 이해해 줄 수 있는 부모가 필요한 것이다.

'난 까다롭고 못된 아이야.' '난 순해 빠져서 이 어려운 세상 어떻게 살지 나도 몰라.' '나는 느려 터져서 누가 도와주지 않으면 제대로 해내는 일이 없어.' 아이가 이런 생각을 하도록 키우고 싶은가?

'난 할 수 있어. 난 내 능동성과 적극성을 믿거든. 이런 내가 못할 게 뭐 있겠어! 다음엔 뭘 하면 더 신 나게 할 수 있을까?'

'난 사람들과 잘 어울려. 지금 세상에선 타인과 조화를 이루는 능력이 그 어떤 능력보다도 중요해. 내 부드러운 리더십은 정말 이 시대와 잘 맞아.'

'빨리 하는 것보다 여유를 가지고 꼼꼼하게 하는 게 중요해. 차근차근 매사 신중하게 하는 건 나 따라갈 사람 없을 거야.'

아니면 이렇게 자신을 긍정하며 개성을 발휘하는 아이로 키우고 싶은가?

그렇게 낳아 놓고 그렇게 하지 말리는 엄마

기질에 맞춰 주고 격려해 주는 좋은 양육 환경이 아이가 바람직한 인격을 형성하는 데 엄청난 도움을 준다. 기질은 성격의 기초가 되고, 성격은 인격의 바탕이 되며, 인격은 타고난 기질과 성격에 교육과 환경, 본인의 노력이 어우러져 형성되기 때문이다.

아이의 기질과 관련해 알아야 할 또 다른 점은 기질은 여러 행동으로 나타난다는 것이다. 유난히 겁을 잘 내거나, 어둠에 민감하게 반응하거나, 병원만 봐도 자지러지거나, 옷 입을 때 유난히 힘들게 하는 등으로 기질적 특성을 보이기도 한다.

가을 소풍날, 날씨가 갑자기 추워져서 소풍을 미룰까 했지만 이미 2주 전부터 이날을 기다려 온 아이들의 기대를 저버릴 수 없어 올림픽공원으로 소풍을 갔다.

소풍이든 견학이든, 체험학습이든 밖으로 나가는 날이면 아이들은 신이 나서 아침 등원 풍경이 더 밝고 활기차다. 그런데 평소 씩씩한 성준이가 현관에 들어서면서부터 얼굴 표정이 밝지 않고 인사도 고개만 끄덕하고는 교실로 향한다. 차량 지도 선생님께 무슨 일이 있나 물어보자 성준이가 입은 옷 때문이라고 귀띔해 준다. 교실로 들어간 선생님은 성준이가 목을 만지며 불편해하는 것을 보고 혹시 목이 간지러운가 싶어 살펴보았다. 별 이상이 없는데도 성준이는 여전히 표정이 어두웠다. 성준이는 목 폴라가 불편했던 것이다. 엄마한테 전화를 하자 엄마는 아이가 감기 기운이 있어 목을 보호하려고 그 옷을 입혔다고 했다. 폴라 옷을 싫어하는 걸 알지만 오늘은 야외로 나가니 어쩔 수 없다는 것이다.

성준이는 소풍을 가서 사진을 한 장도 안 찍었다. 자신이 밉게 나올 거라고 했다. 목 폴라를 잡아당기느라 게임을 할 때도 길을 걸을 때도 김밥을 먹을 때도 찡그리고 짜증을 냈다.

"숨이 막혀서요. 선생님 숨을 쉬기가 너무 힘들어요."

아이가 목 폴라를 입기 싫어하는 것을 "왜 그렇게 까다로워"라고 비난만 하지 말고 아이의 기질을 인정하고 이유를 들어봐야 한다. 엄마가 그렇게 낳아놓고 아이를 비난하는 건 엄마 부정이고 동시에 아이를 부정하는 것이다. 아이의 장점을 보지 않고 기질적 단점을 지적하며 부정하면 엄마는 육아에 자신을 잃고 불행을 느낀다. 불행한 엄마 밑에서 자라는 아이는 더 불행하다.

남들 다 입어도, 남들 다 먹어도 내 아이는 입기 힘들고 먹기 힘든 것이 있음을 아는 것도 엄마의 지혜다.

"왜 유별을 떨어. 다 괜찮다는데 왜 너만 그래"라는 말 대신 아이의 눈을 부드럽게 바라보며 이유를 물어보자. 아이를 가장 잘 아는 사람은 엄마이며, 아이가 믿을 세상은 엄마다. 엄마에게 부정당하는 것은 곧 세상으로부터 부정당하는 것이다.

유별은 다른 관점에서 보면 '특별' 이다. '왜 너만 그래' 를 바꿔 말하면 '너만의 개성이 있구나' 이다. 특별하고 개성 있는 아이는 창의성이 뛰어난 아이다. 기질을 알고 인정하며 키우면 육아가 행복하다. 아이의 기질에 맞춰 주자.

장점은 살리고 단점은 감싸 주는 대화법

1 우리 아이 기질적 장점 살려 주기

• 까다로운 아이 : 벌, 훈계보다 칭찬과 격려, 인정으로 키우자.

"한 번 한다고 마음먹으면 끝까지 최선을 다하는 모습이 보기 좋구나."

"정말 열심히 하는구나."

• 순한 아이 : 스스로 도전하고 선택할 기회를 많이 주자.

"뭐하고 싶니? 함께 해 볼까?"

"어디 가고 싶은지 결정해서 얘기해 줘."

• 느린 아이 : 다그치지 말자. '빨리' 라는 말을 삼가고, 천천히 차근차근해서

좋은 결과를 얻었을 때를 놓치지 말고 칭찬하자.

"글씨를 꼼꼼하게 열심히 썼네."

2 우리 아이 기질적 단점 부각시켜 아이 인성 망치기

• 아이가 이미 알고 있는 기질적 단점을 자꾸 들춰내서 비난하기

"왜 그렇게 까다로워! 고집은 누굴 닮아 그렇게 센 거야! 왜 네 맘대로만 하

려고 해?"

"순해 빠져서 세상 어떻게 살지 걱정이야. 네가 하고 싶은 걸 말하라고!"

"네가 느려 터지니까 엄마 속도 터진다. 도대체 언제 할래? 종일 기다려도

안 되겠다. 이리 와, 혼자 하긴 뭘 혼자 해!"

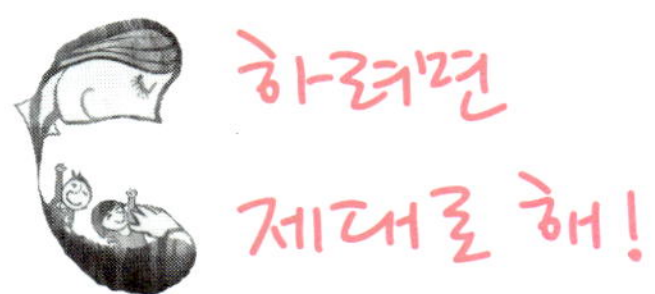

지금 내 아이에게
필요한 건, 미래 행복?

"아이에게 바라는 것이 무엇이냐"고 물으면 대다수 부모님은 '아이의 행복'이라고 답한다. 진심일 것이다. 분명 거의 모든 부모가 아이가 미래에 좀 더 행복하게 살도록 도와주고 있다.

그러나 어른과 아이는 차이가 있다. 어른은 미래를 내다보기에 아이가 미래에 행복하도록 도와주고 싶고, 아이는 지금 행복하길 바란다. 둘 다 중요하다. 그러나 혹시 우리가 아이의 미래를 위해 아이의 현재 행복을 억누르고 있는 것은 아닌지 진지하게 짚어 보아야 한다. 그리고 아이에게 자주 물어봐야 한다.

"뭐하고 싶어?"

아이에게 지금 뭐하고 싶은지 자주 물어보는 엄마, 아이가 무엇을 원하는지를 잘 살피고 원하는 것을 함께 하는 엄마가 아이에게 필요하다.

　지금 내 아이에게 필요한 건 막연하고 알 수도 없는 '미래의 행복'
이 아니라 '지금 하고 싶은 것'이다. 아이는 미래형 인간이 아니다. 현
재형 인간이다. 아이는 자신에게 필요한 것이 아니면 '어제라는 과거'
도 기억할 이유가 없다. 아이는 미래도 과거도 아닌 현재에 충실해야
하는 발달단계에 있기 때문이다.

　이런 아이에게 미래의 행복을 위해 노력하라고 채찍질하는 엄마들
이 있다. 초자아가 강한 엄마일수록 아이가 여러 면에서 완벽하길 요
구한다. 어른도 완벽을 요구하는 사람과는 불편할 수밖에 없다. 더구
나 아이의 기준으로 세운 완벽이 아니라 엄마의 기준으로 세운 완벽이
므로, 아이에게는 도무지 기대에 부응할 수 없는 무리한 요구에 불과
하다. 놀랍게도 많은 엄마들이 아이를 자신의 기준으로 키우고 있다는
것을 인식하지 못한 채 그렇게 키우고 있다.

　엄마는 이미 초자아(Super Ego)와 이성이 발달한 사람이고 이상을
아는 사람이다. 아이는 본능에 충실한 원초아(Id)에서 자아(Ego)로 진
행해 가는 과정에 있다. 나는 이것을 다음과 같은 이야기에 비유하곤
한다.

　비 오는 날, 키다리 아저씨와 서너 살 된 아이가 한 우산을 쓰고 길
을 걸었다. 아저씨는 자신의 키에 맞춰 우산을 들었다. 목적지에 도착
한 아저씨가 우산을 접으며, 비를 흠뻑 맞은 아이에게 이렇게 말했다.

　"넌 왜 이렇게 비를 맞았어? 우산을 씌어 줬는데도 소용없었네. 우
산이 작았나? 내 옆에 바짝 붙어 서서 걷지 그랬니?"

아이가 비를 맞은 것은 우산 크기가 작아서도, 아이가 아저씨 옆에 붙어 서 있지 않아서도 아니다. 우산이 너무 높았기 때문이다. 아저씨 키에 맞춰 우산을 쓰면 아이에게 우산은 도움이 안 된다. 마찬가지로 엄마의 초자아를 기준으로 아이를 양육하는 것은 아이에게 아무런 도움이 되지 않는다. 아무리 부모라도 '내 기준'을 내려놓기는 쉽지 않다. 처음에는 아이 키에 맞추어 우산을 씌워 주다가 본인도 모르게 부모 자신의 기준으로 슬며시 옮겨 올 수 있다. 부모의 기준을 초자아에서 아이의 기준으로 내려 맞추는 게 '마음 높이 교육'이다.

엄마의 과도한 초자아가 아이를 힘들게 하고 심지어 무기력하게 만들어 좌절하고 자포자기하게 할 수 있다는 것을 보여 주는 실험 결과가 있다.

전기충격에 대한 개의 반응을 살펴보는 실험이었다. 전기충격을 벗어날 수 있었던 개들은 전기충격을 가했을 때 피하지만, 벗어날 수 없는 전기충격을 반복적으로 받은 개들은 전기충격을 피할 수 있도록 실험 조건을 바꾼 후에도 피하지 않았다. 이 실험을 주도한 마틴 셀리그만(Martin Seligman)은 실험 결과를 토대로 '무기력은 학습된다'는 결론을 이끌어 냈다.

위 실험 결과는 학습이 경험의 축적이라는 것을, 무능함도 학습된다는 것을 보여 준다. 동물을 대상으로 한 실험 결과를 인간에게 바로 대입하기에는 무리가 있지만, 이 실험을 통해 분명히 알 수 있는 한 가지는 '학습은 반복에 의한 것'이라는 점이다.

엄마의 기대가 너무 높으면 아이는 그 벽(기대)을 뛰어넘기 위해 시도하다가 그 벽이 자기 능력 밖이라는 것을 반복 학습하게 될 것이다. 그러다 결국 아이는 무기력과 포기를 배우게 될 것이다. 엄마의 지나친 기대가 아이를 무기력하게 만드는 것이다.

아이의 본능을 인정하자

네 살인 은제는 아침에 어린이집에 올 때마다 거의 매일 울면서 온다. 엄마 차에서 내릴 때마다 은제는 엄마와 거의 몸싸움을 벌이다시피 한다.

선생님은 어린이집에서 잘 놀고 친구들과도 즐겁게 지내는 은제가 아침마다 엄마를 힘들게 하는 게 의아했지만 막연히 '분리불안'이 있어 그러는 것이리라 생각했다. 그런데 엄마의 요청으로 은제를 맞으러 간 선생님은 이유를 알게 되었다. 은제는 자신이 좋아하는 인형을 가지고 가려 했고, 엄마는 안 된다며 실랑이를 벌였다.

"그거 가져가면 안 돼. 어휴, 너덜너덜한 인형을……. 이거 차 안까지만 가지고 온다고 약속했잖아? 약속했어? 안 했어?"

"엄마 미워, 엄마 나빠, 엄마 미워."

"엄마랑 약속했어, 안 했어? 그것만 말해."

출근을 서둘러야 하는 엄마는 결국 은제와 협상을 했다. 인형을 가방에 넣어 두고 꺼내지 않는다는 조건으로 인형을 가져가기로 약속한 후에야 은제는 엄마와 인사를 했다. 은제가 현관으로 들어가자 엄마는 선생님한테 말했다.

"선생님, 집에서 아무것도 가져오지 않는다는 약속, 다시 한 번 얘기해 주세요. 저 인형 이제 버려야 하는데 애가 정서장애인 것 같아요. 밤에도 안고 자고, 언젠가는 버렸다고 얘기했다가 악을 쓰고 우는 바람에 다시 가져다주었거든요."

선생님은 상담 시간을 정해 이틀날, 은제 엄마와 상담을 했다. 선생님은 은제 엄마와의 상담 자료로 '블랭킷 증후군(Blanket syndrome)' 이야기를 준비했다. 선생님은 내심 이 이야기를 해 주면 은제 엄마와 은제가 더는 낡은 인형을 두고 실랑이를 벌이지 않으리라, 은제 엄마가 은제가 정서적으로 문제가 있는 게 아니라 충분히 그럴 수 있는 일이구나 하며 이해할 것이라 생각했다. 그러나 선생님의 예상은 완전히 빗나가고 말았다. 은제 엄마는 선생님의 말이 무슨 뜻인지는 알겠지만 은제의 그런 집착을 받아들이지는 못하겠다고 했다.

"선생님, 저도 그 이론은 알고 있는데요. 웬만한 물건이면 저도 그러려니 해요. 인형이란 게 새것도 아이 건강에 그리 좋지 않은데 이건 지저분하고 너덜너덜하기까지 한데 아이가 어디를 가도 끼고 다니니……. 어쨌든 그 자체가 집착증이잖아요. 내 아이한테 그건 말도 안 되죠."

지저분한 인형을 언제나 끼고 다니는 것은 말도 안 된다고 생각하는 엄마의 초자아와 그것 없이는 안 된다는 어린 은제의 욕구가 충돌했다. 아이가 원하는 '접촉 위안'을 엄마가 깔끔함이라는 기준을 내세워 금지하는 것은 아이의 정서적 위안을 빼앗는 일이다.

코넬 대학의 마이클 골드스타인(Michael Goldstein)의 연구에 따르면 아이의 소장품과 애장품은 아이에게는 정서적 안정감을 주는 '보물'이다. 이 물건들이 아이에게 접촉 위안을 주고, 접촉 위안이 충족된 아이는 인지 발달을 잘해 나갈 수 있다. 정서적 안정은 모든 발달의 기초다.

과도한 학습 목표도 엄마의 초자아가 만든 장벽

엄마의 과도한 초자아는 아이의 발달을 가로막는다. 부모의 이상형에 아이를 가두지 말자. 이 이상형이 그저 '상식이 있는 사람' 정도라면 환영할 만한 일이지만, 대체로 초자아의 틀에 가둔 이상에는 부모가 이루지 못한 꿈이 포함되어 있어 더 문제가 된다.

아이는 부모의 대리 만족 대상이 아니다. 이는 이 땅에 유아교육이 자리를 잡은 1980년대에 이미 널리 알려진 이론이다. 이 말이 진부하게 느껴져서 그런지 요즘에는 잘 사용하지 않지만, 자식을 통해 대리 만족을 느끼려는 부모들이 줄어든 것은 아니다. 아니 오히려 요즘 부모들은 아이가 유초등생 때부터 아이를 통해 대리 만족을 느끼려 한다.

그래서 그런지 아주 어릴 때부터 아이를 완벽하게 키울 방법을 모색하는 부모들이 많다. 우리나라 나이로 다섯 살만 되면 시작하는 선행 학습이 그것이다. 선행 학습 하면 초등학교 고학년이나 되어 시작하는 것이라 생각하지만, 현실은 그렇지 않다. 유치원 연령의 아이에게 제공되는 학습지들이 그것을 증명하고 있다.

유아가 앉아서 집중할 수 있는 시간은 10~15분 정도다. 이것도 아이에 따라 다르며 남자아이들 중에는 엄마가 부르면 도망부터 치는 아이도 있다.

아이는 원초아, 즐거움과 쾌락을 추구하는 존재다. 어릴수록 이러한 특징은 더 확실하게 나타난다. 어린아이는 먹고 싶을 때 먹고, 자고 싶을 때 자고, 배설하고 싶을 때 배설해야 한다. 한마디로 제 맘대로다. 엄마를 봐주지 않는다. 그때 엄마가 아이에게 맞춰 주어야 함은 물론이다. 아이는 자신이 걷고 싶을 때 걷고, 놀고 싶을 때 논다. 만지지 말라고 해도 만지고, 뛰지 말라고 해도 뛰다가 넘어진다.

건강한 아기를 낳은 부모는 아기의 모든 본능을 보호하고 그 본능에 환호했다. 그때까지는 엄마의 초자아(기대 또는 이상)로 아이를 힘들게 하지 않았다. 그런데 아이가 잘 자라 주니 욕심이 생긴다. '더 높이, 더 빨리, 더 강하게' 라는 올림픽 구호를 구현하려는 듯 혹은 아이의 발달 신기록을 경신하려는 듯 애쓴다. 아이의 발달을 따르지 않고 아이를 밀고 당기고 끌어 댄다. 그래야 유능한 부모라고 여긴다.

그런데 아이는 여전히 원초아 단계에 있다. 엄마는 아이의 놀고 싶은 원초아를, 움직이고 싶은 본능을 억누르며 아이를 책상 앞에 앉힌다. 이러한 일이 지속되면 아이는 소아 우울 증세와 자아 위축 증세를 보인다.

"못해요"라고 말하며 꽁무니를 빼는 아이와 "저요, 저요" 하며 나서는 아이의 차이는 '자신감'이다. 유치원 일곱 살 반의 '이야기 나누기' 시간을 지켜보면 아이들은 선생님이 곤란해 할 정도록 자신감이 넘친다.

서로 발표하고 싶어서 앞다퉈 "저요, 저요" 하는 바람에 시끄럽고 소란하다. 선생님은 "저요"라고 말하지 말고 손만 번쩍 들면 발표 기회를 주겠다고 달래야 한다.

그 정도로 뭔가 하고 싶어 하는 의욕 넘치는 아이들 사이에서 한 번도 손을 들지 않는 아이도 있다. 소윤이도 그런 아이다. 부끄럼을 잘 타는 것도 한 가지 이유지만 자신감이 없는 것이 가장 큰 이유다. 소윤이 엄마는 사회성이 부족한 탓이라고 말했지만, 선생님이 보기에는 사회성 부족이 아니라 자신감 부족이었다. 소윤이는 그림을 그려도 반드시 바탕색을 꼭 차게 칠하지 않으면 못 견뎌 했다. 친구들이 다음 활동을 할 때도 소윤이는 여전히 색을 칠했다. 얼핏 보면 꼼꼼하고 그림 그리기를 좋아하는 아이로 보였지만, 융통성이 없는 아이기도 했다. 글씨를 써도 맘에 들지 않으면 지우고 또 쓰고, 지우고 또 썼다.

소윤이가 자주 하는 말은, "엄마가 하려면 제대로 하래요"였다. 소윤이는 그림을 그린 후 무엇을 그렸는지를 발표하는 시간에 참여한 적이 없다. 항상 "다 안 했어요"라고 했다. 동그라미 두 개만 달랑 그리고도 "눈 오는 날 아빠랑 눈사람 만들었는데 정말 신 났어요"라고 발표하는 다른 아이와 비교됐다.

자존감에는 내가 한 것에 자신감을 갖는 것이 포함된다. 나는 소중하니까 내가 한 것은 아울러 소중하다는 생각이 아이의 발달에 필수다.

과도한 초자아를 가진 엄마의 아이는 이런 '잘난 척'을 경험할 기회가 없다. 부모가 아이에게 완벽함을 요구하면 아이 마음속에는 열등감으로 가득한 '자존감이 낮은 내면 아이'가 자리 잡게 된다. 아이는 부모에 비해 턱없이 부족하다. 평범한 부모를 기준으로 할 때도 그러한데, 하물며 과도한 초자아를 가진 부모의 목표는 얼마나 거창하고 도달할 수 없는 높은 것일까. 그래서 아이는 위축되고, 자신이 없으며, 무능력을 학습하게 된다.

엄마의 초자아가 높을수록 아이의 자존감은 낮아진다. 초자아를 표현하는 것이 엄마의 기대와 목표다. 엄마의 기대치가 낮을수록 아이는 유능감을 학습한다. 아이가 어릴수록 부모가 기대치를 낮춰야 한다. 동그라미만 그려도 박수 쳐 주는 부모가 아이에겐 필요하다. 미끄럼틀만 쭈르르 신 나게 내려와도 '잘 논다'고 기뻐해 주는 엄마가 아이에게 필요하다.

엄마의 내면에는 '어른'과 '아이'가 건강하게 공존해야 한다. 엄마의 내면에 어른과 아이가 균형을 잡아 엄마의 건강한 자아가 형성되었을 때 자녀가 건강한 자아상을 가질 수 있다.

이랬다저랬다……. 일관성 없는 엄마의 초자아는 더 무섭다

성주 엄마는 기분이 좋을 때는 아이가 어리둥절할 정도로 보상을 한다. 그러나 기분이 좋지 않을 때는 성주가 칭찬받을 만한 일을 해도 그게 무슨 대수냐는 듯 쌀쌀맞게 대한다. 그럴 때면 엄마에게 잘 보이고 싶었던 성주는 의기소침해진다.

초등학교 1학년인 성주는 친구도 없다. 어느 날 친구를 초대해도 좋다는 엄마의 허락을 받고 친한 친구 두 명을 데려왔을 때 엄마는 정말 대단하게 대접했다. 친구들이 좋아하는 것을 미리 알아 오라고 해서 알려 준 대로 엄마가 다 준비해 주어 친구들이 정말 좋아했다. 그러나 아이들이 돌아가고 난 후 엄마는 돌변했다. 아이들이 어질러 놓고 간 물건들을 치우면서 성주와 친구들 모두를 비난했다.

"난장판을 만들었네. 걔들은 어질렀으면 정리를 해야 하는 것도 모른다니? 음식을 여기저기 흘리고. 니들 나이가 몇 살인데 이렇게 해 놔?"

성주는 헷갈렸다. 친구들이 있을 때 성주는 평소의 엄마를 알기에 친구들이 음식을 가지고 장난하지 않도록 주의를 줬다.

"애들아, 얌전히 먹어야 해."

그러자 옆에서 그 말을 들은 엄마는 이렇게 말했다.

"성주야, 친구들한테 자꾸 그러면 친구들이 불편하잖아. 애들아 편하게 먹고 놀아."

친구들이 소파에서 뛸 때 성주는 불안하고 조마조마해서 친구들에게 부탁을 했다.

"야, 거기 올라가면 안 돼. 이거 비싼 거야."

그러자 엄마는 또 이렇게 말했다.

"성주야, 왜 그래! 친구들과 사이좋게 놀아야지."

그랬던 엄마가 친구들이 돌아가자 돌변해서는 친구들 흉을 보며 성주를 심하게 꾸짖었다. 엄마가 정리하는 것을 도와주자 엄마는 저리

가라고 했고, "치우려면 아까 치웠어야지 이제 와서 치우는 척하느냐"고 화를 냈다. 성주는 멍한 표정으로 서 있었다. 성주가 할 수 있는 건 아무것도 없었다. 성주는 이후로 다시는 친구들을 부르지 않았다.

성주가 초자아가 과도하고 변덕이 심한 엄마에게 학습한 것은 이럴 수도 저럴 수도 없는 무기력이었다.

인간은 태어나서 죽을 때까지 모든 행동과 태도를 학습해 나간다. 이때 중요한 것이 자극이다. 좋은 자극은 동기부여가 되어 아이가 건강하게 발달하게 한다. 그러나 성주 엄마처럼 자신의 기준으로 아이를 바라보고 게다가 기분에 따라 일관성 없는 자극을 가하면 아이는 무기력해지고 무능력해질 수밖에 없다.

이래도 충격을 주고 저래도 충격을 주는 자극은 아이를 혼돈에 빠뜨린다. 교육은 일관성이 있어야 한다. 부모의 기분대로가 아니라 부모의 인격으로 아이를 대해야 하는 이유다. 사람은 감정의 동물이다. 감정은 기복이 있게 마련이다. 그 기복을 잘 다스리는 게 감정 조절이다. 감정 조절 능력을 기르는 게 중요한 시기에 부모가 감정 조절은커녕 기분대로 아이를 대하고, 그 기분이 엄마의 초자아와 맞물린 것이라면 아이는 불행해진다. 그러면 아이는 감정 조절 능력을 기르기는커녕 망가진다.

아이 입장에서는 집 안이 깔끔하지 않아도 좋고, 비싼 소파가 아니어도 괜찮으며, 진수성찬이 아니어도 괜찮다. 초등학교 1학년 아이에게 그러한 물질들은 과도한 높이의 칸막이다. 그러한 물질을 아이보다 우위에 두는 엄마의 기준은 아이에게 절대 뛰어넘을 수 없는 벽이다.

아이는 엄마의 과도한 초자아의 충격에 처음에는 이리저리 맞추려고 하다가 이래도 저래도 역부족임을 알았기에 앞으로는 아무런 시도도 하지 않으려 할 것이다. 좋은 점수를 받아도 엄마의 기분에 따라 칭찬을 받을 수도 있고, '당연한 것' 가지고 뭘 그러느냐는 식의 반응이 올 수도 있을 테니까. 이런 아이가 호기심이 왕성할 리 없고, 무언가를 해보려는 시도를 적극적으로 할 리 없다. 아이는 그렇게 웅크리고 앉아 고통을 견디는 개들처럼 방구석에 틀어박힐 수도 있다.

지나치게 높은 엄마의 초자아로 아이가 '나는 부모님의 기대에 미칠 수 없어'라는 학습된 무기력을 갖지 않게 하자. 엄마가 아이에게 뛰어넘어야 할 벽이 되어서는 안 된다.

부모의 초자아가 낳은 '학습된 무기력'을 '학습된 유능함'으로 만들기

1 엄마의 기준이 아니라 아이의 기준으로 집 안을 관리하자

- 엄마의 깔끔함이 아이를 위축시킨다. 정리정돈 강박증을 아이에게 심어 주면 자신감을 상실한다.
- 아이에게 윽박지르면서 정리정돈을 대신 해 주지 말고, 아이와 함께 정리하며 아이가 정리정돈하는 습관을 들이도록 도움을 준다.
- 5세부터 자신의 물건을 정리할 수 있도록 옆에서 도와주고, 초등 3~4학년부터는 스스로 치우게 한다.

2 부모의 기준이 아니라 아이의 기준에 맞춰 학습시키자

- 유아기 : 아이의 관심과 현재 발달 수준에 맞는 학습을 시킨다.

  유아기에는 자유롭게 만지고 탐색하는 것이 가장 훌륭한 학습이다.

  많이 놀게 해 주자. 놀이는 무의식 속에 억압된 갈등을 해소하며 갈등 해결에 좋다. 이때 맘껏 놀지 못한 아이가 정서장애를 겪게 되면 초중등학교 시절에 결국 '놀이치료'를 받는다. 엄마의 초자아(엄마의 이상)로 아이를 키워 자연스러운 발달단계를 거스르지 말자.

- 초등기 : 선행 학습을 경계하라.

  선행이 아니라 '현행' 학습이 필요하다. 아이는 자신의 능력을 넘어서는 학습을 두려워하고 힘들어하다 끝내는 학습을 포기하게 된다.

  초등 저학년까지는 학습 목표를 한두 개만 정하고 완수할 수 있도록 해서 성취감을 느끼게 하는 것이 좋다.

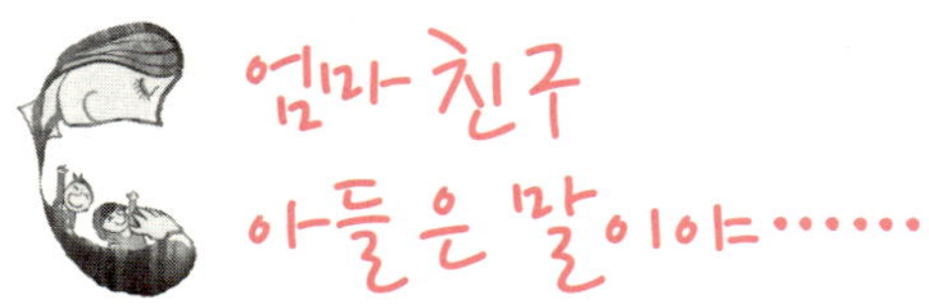

　　　　　　　　우리나라 사람들이 지나치게 타인을 의식한다는 것이 심리실험과 뇌 연구로 확인되었다.

　고려대 연구진이 평균 나이 44세의 한국 여성 11명과 미국 여성 11명을 대상으로 실험을 실시했다. 참가자들에게는 모두 중학생 자녀가 있었다. 참가자들은 모두 각자 방에 들어가 컴퓨터로 카드 게임을 했다. 게임이 끝날 때마다 참가자들은 결과가 좋다고 생각하면 저장하고 나쁘다고 판단하면 취소할 수도 있다. 이런 과정을 1인당 50회 실시했다.

　연구진은 참가자들이 남을 의식하는 정도를 알아보기 위해 게임이 끝날 때마다 상대적 손익도 알려줬다. 한 참가자가 4000원을 따고, 비교 대상이 8000원을 땄으면 상대적 손익이 −4000원이라는 식으로 말이다.

　실험 결과 게임 취소 결정을 내릴 때 수익 자체만 따지는 비율은 미국인이 한국인보다 4.7배 정도 높았다. 반면 상대적 손익에 영향을 받는 비율은 한국인이 미국인보다 1.3배 정도 높았다. 미국인은 수익 자체만 따지는 비율이 높았지만, 한국인은 다른 참가자들의 수익과 비교해 가며 취소 결정을 내린 비율이 높았던 것이다.

그렇다면 이 실험 동안 뇌는 어떤 반응을 보였을까? 연구진은 미국인 여성과 한국인 여성, 참가자들의 뇌 선조체를 fMRI(기능자기공명영상장치)로 촬영했다. 선조체는 칭찬, 만족 같은 보상 심리가 있을 때 작동하는 부위다. 선조체가 상대적 손익에 반응하는 정도도 한국인이 미국인보다 3.5배 정도 높았다. 고려대 김학진 교수는 "한국인이 남과 비교하는 데 더 예민하다는 사실이 뇌과학으로 입증됐다. 문화, 가치관 등의 후천적 요소가 반영된 것으로 보인다"고 했다.

산후조리원에서 시작되는 정보 교류와 경쟁

출산과 육아에 전념하려 임신 8개월에 다니던 직장을 그만두고 태교와 육아 서적을 읽는 일에만 집중하던 유나 엄마는 산후조리원에서 문화적 충격을 받았다. 유나 엄마는 나름 최선을 다해 태교를 했고 직장까지 쉬며 육아에만 전념해야겠다고 결심한 만큼 태교와 출산, 육아 준비에 소홀함이 없다고 자부했는데, 산후조리원에서 만난 산모들의 육아 정보와 만반의 준비에 기가 딱 막혔다. 이제 막 세상 빛을 본 아기의 10년 후까지 계획하고 있었고 필요한 정보를 꿰고 있는 듯했다.

이를테면 보행기는 어느 제품이 좋고, 가격은 어느 정도 선이 적정하며, 12개월부터는 어느 유아교육기관에 보내는 것이 좋으니 미리 대기를 해 놔야 하고, 분유는 어느 제품에서 무엇이 나와 어떻고, 아기 방에 놓을 가구는 친환경 가구가 좋은데 특히 핀란드산이 좋고, 목욕통은 엄마 아빠 둘이 목욕을 시켜도 아이를 자칫하면 떨어뜨릴 수도 있으니 이런 제품을 선택해야 하며, 교구는 어느 회사 것이 좋고, 동화책은 영아 때부터 어떤 걸 보여 줘야 하고, 한글은 몇 살에…… 하는 식이었다.

유나 엄마는 아직 보행기를 사지 않았다. '아기가 보행기를 타려면 백일은 지나야 하는 거 아닌가?' 백일까지는 틈만 나면 안아 주어야지, 목도 가누지 못하는 아이를 보행기에 앉힌다는 생각은 한 번도 해보지 않았다. 분유는 국산 분유 두어 가지를 아이에게 먹여 보고 유나가 잘 먹는 것으로 선택하려고 했다. 아기 방은 따로 꾸며 줄 형편이 못 돼서 아기용 침대만 하나 들여놓았다. 남편이 서재로 쓰는 방이 있지만 남편이 연구하는 프로젝트가 많아 당분간 아기 방으로 바꾸기는 힘들고, 아기가 엄마 아빠와 한방에서 자면 아기를 밤에도 돌볼 수 있어 좋을 것 같았다. 그런데 산후조리원에서 만난 동료들은 독립심을 키워 주려면 아이가 어릴 때부터 딴 방에서 양육하는 것이 좋다고 했다.

유나 엄마는 방송에서 '스칸디 육아' 운운하고 북유럽산 가구를 소개해도 그런가 했고, 남편과 함께 국산 아기용 침대를 사면서도 행복해했다. 국공립 어린이집에 보내려면 아이가 배 속에 있을 때 예약해야 한다고 했지만 유나 엄마 동네에서는 그럴 필요도 없었다. 만약 직장 복귀로 돌 이후에 유나를 기관에 맡겨야 한다면 아파트 단지에 있는 '가정 어린이집'에 보내면 된다고 생각했기에 굳이 대기자 많은 국공립에 보낼 필요도 느끼지 못했다.

그런데 산후조리원에서 지내는 한 달 동안 유나 엄마는 정확한 이유는 모르지만 마음이 불안하고 상대적 빈곤감이 들었다. 대책 없이 아이를 낳은 것도 같았다. '최소한 방 세 칸짜리로 이사라도 간 후에 아이를 낳아야 했던 것 아닌가?' '아이 양육비로 100만 원 이상은 투자할 수 있을 때 출산을 계획해야 했던 거 아닌가?' 아이에게 미안한 마음이 들어 유나를 안고 젖을 먹이다가도 눈물이 주르륵 흘러내렸다. 친정엄마는 산후우울증이라고 걱정했다.

산후조리원에서 나와 집에 도착하자 집이 갑자기 답답하게 느껴졌다. '이 좁은 구석에 보행기는 어디에 놓을 것이며, 교구와 장난감, 그림책은 어디에 놓을 것인가?' '아이에게 이것저것 해 주려면 2년 후 이사할 자금을 모으기는커녕 지금 매달 붓고 있는 적금마저 깨야 하는 것 아닌가?'

산후조리원 동기 모임이 한 달에 한 번씩 있었다. 민낯으로 갓 태어난 아기를 안고 수유를 하는 스스럼없는 모습을 보인 사이였고, 같은 산모로서 서로 걱정하고 행복해하던 엄마들이니 끈끈한 동지애로 뭉친 모임이었다. 그렇지만 유나 엄마는 모임을 마치고 돌아올 때마다 늘 무언가 허전하고 불행한 기분이 들었다. 함께 공동구매도 하고 좋은 정보를 나눌 수 있어 유익했지만, '나만 다른 엄마들과 동떨어진 엄마 아니야?' '우리 애만 다른 집 아이들보다 부족하게 키우는 거 아니야?'라는 생각이 들어 마음이 무거웠다.

온갖 정보에 휘둘리는 내 아이

정보화 시대다. 엄마의 정보력과 시아버지의 경제력, 아빠의 무관심이 아이를 성공적으로 키우는 열쇠라는 말이 유행할 때도 항상 '엄마의 정보력'이 맨 앞에 놓였다. 정보는 유용하다. 그러나 정확한 정보인지 '카더라' 식의 와전된 소리에 불과한지를 식별하는 능력이 필요하다.

정보는 듣자. 나는 귀 얇은 부모를 탓하고 싶지는 않다. 어떤 면에서는 남의 말을 귀담아듣는 것도 중요하다. 경청의 시대 아닌가. 귀 막고 자신의 세계에 안주하고 자신의 생각만 맞는다고 고집하는 편견으로 가득한 부모가 아이에게 더 위험할 수도 있다. 모름지기 부모는 열린 마음을 가져야 한다. 그래야 아이의 마음도 받아들이고 아이를 더 잘 키울 다양한 방법을 배울 수 있지 않겠는가. 그러니 맘껏 들어야 한다. 그러나 그다음이 중요하다. 바로 취사선택 능력이다.

다른 엄마도 육아는 처음이다. 둘째아이를 키우는 '아는 언니'는 그래도 믿을 만하지 않을까? 두 번째로 아이를 키우니까. 그러나 그 언니도 둘째아이는 처음 키우는 것이다. 그 언니는 첫아이도, 지금 둘째아이도 여전히 시행착오를 겪으며 키우고 있는 중이다. 그러니 언니가 귀띔해 주는 정보를 귀담아듣되 그게 전부는 아니라는 것도 참고하자.

불행해하지 말자. 불행한 마음이 든다면 모임에 나가지 않는 게 낫다. 엄마가 불행하면 그 불행이 아이에게 고스란히 전해진다. 아이가 행복하려면 엄마가 행복해야 한다. 아이 잘 키우려고 나간 모임에서 엄마가 비교와 상대적 박탈감으로 상대적 불행을 안고 온다면 엄마를 통해 아이에게 박탈감과 불행이 전해진다. 엄마들 모임에서는 아이 키우는 즐거움과 어려움을 공감하며 서로 격려하고 위로하고 행복해야 한다. 그러려고 어린 아기들 안고 유모차에 태워서 만난 것 아닌가.

앞에 소개한 연구에서 미국인은 자신이 올린 수익 자체만 보고 결정을 내렸고, 한국인은 상대의 손익에 관심을 기울이고 주위를 의식하며 결정을 했다. 즉 내가 상대보다 이익을 보았는지, 내가 상대보다 손해를 보았는지에 관심을 집중한 것이다. 설령 내가 손해를 봤더라도 상대보다 덜 손해를 봤으면 안심하고, 내가 이익을 얻었더라도 상대가 나보다 더 많은 이익을 봤으면 불안해한 것이다. 그리고 실제로 뇌조차도 '상대적' 손익에 민감한 반응을 보였다. 비교 자체가 나쁜 것은 아니다. 상대방과 비교하는 의식이 한국인에게만 있는 것도 아니다. 문제는 우리가 상대방을 지나치게 의식하고 비교한다는 데 있다. 지나친 비교를 자녀교육에 대입하면 아이가 불행해진다.

따지고 보면 사교육 열풍도 비교에서 시작된 것이다. 내 아이만 사교육을 하지 않으면 '내 아이만 뒤처진다' 는 불안감이 엄마들을 사로잡고 놔주질 않는 것이다. 나는 엄마들에게 이런 질문을 자주 한다.

"초등 1학년 아이가 학원에 꼭 다녀야 할까요?"

그러면 엄마들은 "아니오" 하고 시원스럽게 대답한다.

"그럼 예체능을 배우는 학원 말고 공부를 가르치는 학원에 아이를 보내지 않는 어머니 손들어 보시겠어요?"

그러면 몇십 명 중 정말 소수만 손을 들 뿐이다.

"만약 다른 엄마들이 모두 아이를 학원에 안 보낸다면 어떻게 하시겠어요?"

"당연히 안 보내죠. 내 아이만 고생할 필요가 뭐 있겠어요."

엄마들은 누가 먼저 시작한지 모르는 학원 보내기에 너도나도 동참하고 있다는 것을, 그리고 그것이 아이들을 고생스럽게 만든다는 것을 알고 있었다.

데모가 한창이던 시절, 데모대 후미를 따라가는 사람에게 왜 데모하고 있느냐고 물으면 "모른다"고 대답한다던 우스갯소리가 있었다. 엄마가 아이를 학원에 보내는 데는 이유가 있을 것이다. 그런데 다른 아이들이 모두 안 다닌다면 나도 안 보낼 의사가 있다면 '내 아이에게 꼭 필요해서 보내는 건 아니다'란 결론이 이미 나온 것이다. 이는 내 아이를 교육하는 기준이 남의 아이라는 것이고, 내 아이를 남의 기준으로 키우는 것임을 인정하는 것이다.

아이는 부모를 잘 만나야 한다. 부모를 이 지경까지 만든 데는 물론 사회의 책임도 있지만, 사회를 탓하지만 말고 사회를 이렇게 만드는 데 우리도 한몫했음을 인정하고 돌아봐야 한다. 부모는 사회를 보지만 아이는 부모를 본다. 아이 입장에서는 사회가 아이를 키우는 게 아니다. 부모가 아이를 키우는 것이다. 데모대 맨 끝에 서서 구호를 외치더라도 이유는 알고 따라가자. 만약 우리가 따라가는 선동자가 당신의 신념과 맞지 않는 사람이라면 그 책임을 어떻게 질 것인가. 그 결과에 대한 책임은 부모가 아니라 가여운 내 아들딸이 져야 한다는 사실을 잊지 말자.

비교가 꼭 나쁜 건 아니다

한국인이 다른 사람을 많이 의식하는 것을 반드시 부정적으로만 볼 필요는 없다. 모든 연구도 그렇지 않은가. '누구누구에 비해, 어떤 나라에 비해 상대적으로' 라는 말을 우리는 수없이 보고 듣고 산다. 상대를 의식한다는 것은 상대가 나와 비교할 만한 가치가 있다는 뜻이다. 바꿔 말하면 상대를 존중한다는 뜻이기도 하다. 그런 면에서 우리가 앞의 실험에서 살핀 것처럼 남을 의식하지 않고 결정을 내리는 미국인들의 태도를 굳이 추앙할 필요는 없다. 그들의 성향이 그런 것이다.

어느 지인이 미국 강연을 다녀와서 들려준 말에 서로 의견을 주고받은 적이 있다.

보스턴에 강연을 갔는데 그 지역에서 꽤 성공한 한인 사업가의 초대를 받아 그 집에서 하루를 머물렀다고 한다. 경제적으로 여유가 있음에도 참 소박하더라는 얘기를 하면서 남을 의식하지 않는 그들의 삶이 편안해 보였다고 했다. 그러면서 그 부인이 강연장에 함께 나서는데, 우리 같으면 차려입고 나갔을 텐데 그 부인은 집에서 입던 옷을 편안하게 입고 나가는 모습이 그렇게 자연스러워 보일 수 없었다고 했다.

　나는 이 얘기에 동의하지 않았고 감동하지도 않았다. 자연스러운 게 무엇인가. 집에서 입던 옷을 입고 강연장에 가는 게 자연스러운 것이고 소박한 것이라면 잠자리에 들 때도 입던 옷 그대로 입고 자면 자연스러운 것인가. 물론 이 얘기를 전한 분의 의도는 안다. 한국인들이 남의 눈을 너무 의식한다는 얘기를 하고 싶었을 것이다. 그러나 집에서 입던 옷을 입고 나가든 갈아입고 나서든 그건 선택의 문제일 뿐이다. 오히려 집에서 입던 옷에 음식 냄새라도 배어 있다면 옆에 있는 누군가는 그의 소박함 때문에 불쾌할 수도 있다.

　자기만 아는 것을 소박함과 소신으로 포장하는 것도 문제다. 나는 우리나라 사람들이 타인을 고려해서 차림새에 신경 쓰는 것을 긍정적으로 본다. 나에게도 좋고 남이 보기에도 괜찮은 옷을 입는 것도 일종의 배려다. 나만 편하고 나만 괜찮으면 된다고 생각하는 것은 너무 이기적이다. 이렇게 우리나라 사람들이 타인을 의식하는 것을 '이타'에 적용하면 우리 민족만큼 근사한 민족도 없을 것이다. 남을 의식하는 것은 바꾸어 말하면 남을 존중하는 것이다.

　내가 좋고 남에게도 좋아야 한다는 한국인의 상대를 고려하는 의식을 긍정적으로 발현하는 자녀 양육이라면 좋을 것이다. 내 아이를 키우면서도 남의 아이를 존중하며 의식은 하되 휘둘리지는 말자. 남을 흘깃거리지 말고 정면으로 보고, 대각선으로 훑고 다 알았다고 하지 말아야 한다. 특히 아이는 부모가 낳았지만 또 다른 인격체다. 아이의 입장에서 키워야 하는데 지나치게 남들을 의식하고 비교하며 키우면 아이가 비교라는 함정에 빠지게 된다. 함정에 빠진 아이는 잘 크지 못한다. 거기서 나오려고 발버둥 치다 제대로 발달할 기회를 박탈당하는 까닭이다.

엄마들이 아이를 빠뜨리는 대표적인 함정이 바로 엄마들이 만든 '엄친아'와 '엄친딸'이다. 아이들도 '내 친구 엄마는 이렇고, 내 친구 아빠는 저렇다'는 말을 종종 한다. 얼마나 억울했으면 아이들도 친구들의 잘난 아빠 엄마들을 부러워하고 심지어 자신의 엄마 아빠를 무능력하다고 무시할까. 엄친아의 면면만 보지 말고 그 엄친아를 키운 엄마도 살펴볼 필요가 있다. 아이가 그 엄친아의 엄마를 보고 엄마에게 이렇게 따지면 어떤 답변을 할 수 있는가.

"엄마, 엄마는 도대체 뭐예요? 저 조기 유학 좀 보내 주시고 제가 하고 싶은 거 다 하게 해 주세요. 저를 믿고 제가 하는 일에 잔소리 좀 하지 마세요. 저를 못 믿으시는 거잖아요? 놔두시면 제가 알아서 한다고요. 친구 엄마는 공부해라! 숙제 했니? 그런 잔소리 안 하고 무슨 간식 줄까 묻는대요. 친구가 학교에서 돌아오면 엄마가 맞아 주시는데, 엄마는 집에 안 계시잖아요. 엄마, 세상에서 제일 큰 복이 부모 잘 만나는 복인 거 아세요. 우리 반 석진이는 할아버지 그룹 물려받을 거라 공부 안 해도 된대요. 어차피 중학교 땐 경영 수업 받으러 미국 갈 건데 뭐하러 공부하느냐고 그러더라고요. 걘 3학년 되고는 학교도 제대로 안 나와요. 걔네 집에 가면 마시는 물도 달라요. 한 병에 몇천 원짜리 물 마시는데 친구들이 놀러 가면 그거 한 박스씩 선물로도 줘요. 애들이 그 애 앞에서 왜 꼼짝 못하는 줄 아세요? 걔 부모님 덕이에요. 걔가 왜 공부도 안 하는데 공부 잘하는 줄 아세요? 선생님들이 걔라면 끔뻑하기 때문이에요. 석진이가 얼마나 잘난 척하는 줄 아세요? 그래도 애들이 걔 앞에서 절절 기어 줘요. 능력이 아니라 걔 배경이 좋아서예요."

어느 특강에서 아이를 다른 집 아이와 비교하는 것을 주제로 강연을 하고 사례를 발표할 때 강남에 거주한다는 어느 엄마가 들려준 사례다. 석진이는 일찍이 유치원 시절부터 총명하기로 소문난 ○○그룹 아들이다. 그런데 아들은 제 편리대로 엄마가 엄친아로 거론한 석진이의 가정 형편만 말했다. 초등 1학년 때도 석진이는 훤칠한 외모에 총명한 눈빛을 해서 눈에 띄는 아이였고, 대단한 집안 배경이 아니더라도 엄친아 자격이 충분한 아이였다. 엄마도 아들한테 따졌다.

"그래서? 엄마 아빠가 재벌이 아니라서 뭐가 문젠데? 그러니까 네가 석진이보다 더 노력해야지."

아들이 가만있을 리 없었다.

"역시 엄마랑은 말이 안 통해요. 그럴 줄 알았어요."

그러고는 씽 제 방으로 들어가더란다. 엄마의 기준으로 본 엄친아 엄친딸을 머릿속에 저장하는 순간, 아이는 금수저 은수저 물고 나온 친구들이 부러운 나머지 자신의 엄마 아빠를 존경하지 못하게 된다.

내 아이를 다른 아이와 비교하지 말자. 핏줄에 흐르는 한국인의 비교 의식을 어찌할 수 없어 저절로 비교하게 된다면 남의 아이보다 괜찮은 우리 아이의 면면을 찾아내 비교하자.

엄친아 엄친딸을 기대치로 삼은 엄마의 아들딸은 불행하다. 뛰어 봐야 벼룩인데 무슨 기운으로 도약하고 싶겠는가. 열심히 해 봤자 엄마의 기준에는 형편없이 못 미치는데 무슨 동기부여가 되겠는가. 아이들에게도 내 친구 엄마 '내친엄'과 내 친구 아빠 '내친아'가 맘속에 똬리 틀고 있음을 알아야 한다. 부모는 아이를 낳고 싶어 낳았으나 아이는 태어나고 싶어 태어난 게 아니다. 순전히 부모의 선택이었다. 이제 내 아이가 선택할 차례다. 아이가 세상 모든 부모를 흘깃거리며 다른 부모의 장점을 내 부모에게 기준으로 들이댄다면 이 세상 부모들은 부모 노릇 포기하고 싶을 것이다. 마찬가지로 부모가 잘난 남의 아이들과 내 아이를 비교하면 이 세상 어느 자녀도 제대로 성장할 수 없다.

산후조리원에서 시작된 정보 교류가 경쟁이 되고, 그 경쟁으로 말미암아 엄마가 내 아이를 다른 아이와 비교하게 되면서 아이들은 휘둘린다. 휘둘리는 아이에게 엄친아, 엄친딸을 기준으로 들이대는 순간부터 부모와 자녀의 전쟁이 치열해진다. 부모 자식 간의 싸움에서는 어느 쪽도 승자가 될 수 없다. 모두 패자가 될 뿐이다.

내 아이를 잘 키우려 시작한 정보 교류가 내 아이를 망친다. 내 아이를 잘 키우고 싶어 시작한 다른 아이와의 비교가 아이를 아프게 한다. 엄친아, 엄친딸을 흘깃거리며 피해 의식에 사로잡힌 부모가 아이를 망친다.

이웃 엄마들 정보에 휘둘리지 않는 방법

1 내 아이에게 맞는 육아 방법을 찾아라

다른 아이에게 효과적인 방법이라고 해서 내 아이게도 맞는다는 법은 없다.

❶ 신생아/영아기

아이를 가장 잘 아는 사람은 아이 엄마다. 아이를 잘 관찰해서 아이의 기질과 성향을 파악해야 한다.

내 아이에게 맞춰라. 아이마다 기질이 다르다. 다른 아이를 잘 재우고 잘 먹이는 비법에 초점을 맞추지 말고 내 아이의 기질을 파악해 맞춰 줘라.

❷ 유아기/초등 저학년

아이의 특징을 잘 관찰하라. 아이가 잘하는 것, 관심 있어 하는 것이 무엇인지 살펴보고 그에 맞는 능력을 키워 줘라.

다른 아이와 학습지 진도를 비교하며 아이를 몰아붙이지 마라.

아이가 신체 활동을 좋아하는지 정적인 활동을 좋아하는지 살펴보고 아이의 성향에 맞춰라.

다른 아이가 어느 학원을 다녀 공부를 잘했다는 말은 참고로만 들어라. 이 시기에는 공부가 중요한 게 아니라 자신감을 키워 주는 것이 중요하다. 어쭙잖은 학습으로 아이의 기를 꺾지 마라.

2 아이에게 무한한 사랑을 쏟아라

태어나서 열 살까지는 엄마의 정보로 크는 게 아니라 엄마의 무한 애정으로
큰다.

엄마의 관심으로 아이가 큰다. 중요한 건 정보가 아니라 아이와 함께 시간
을 보내는 것이다.

육아 정보를 수집하려고 다른 엄마 만나지 말고 그 시간을 아이와 함께하라.

육아 정보를 찾기 위해 인터넷 검색에 보내는 눈길을 아이에게 보내라.

3 정보는 참고할 뿐 휘둘리지 마라

온갖 육아 정보를 접하다 보면 부모는 도대체 아이를 어떻게 키워야 할지
몰라 혼란에 빠진다. 혼란에 빠진 부모는 아이도 혼란하게 만든다. 거기서
그치는 게 아니다. 혼란은 아이를 불안하게 만들고 불안은 집중을 방해한
다. 집중력이 약한 아이는 당연히 학습 효과가 떨어진다.

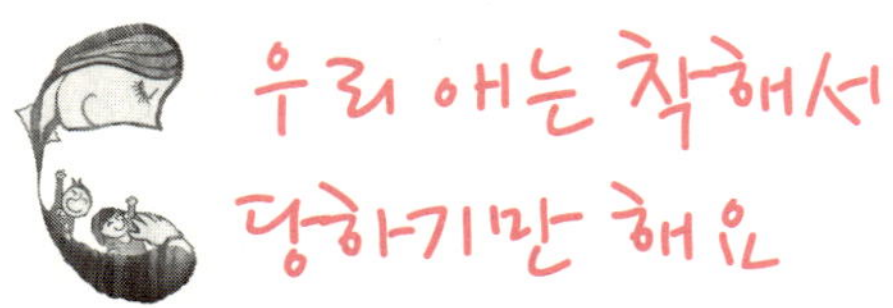

아이들다툼에
현명한부모가 되자

다섯 살 별님반 소운이가 유치원 현관으로 마중 나온 선생님과 할아버지 중간에 서서 어쩔 줄 몰라 하고 있었다. 사연인즉 이러했다. 전날 소운이는 친구와 놀다 얼굴에 상처가 났는데 집에 가자 이를 발견한 할아버지, 아빠, 엄마가 노발대발했다. 그래서 할아버지가 오늘 어린이집에 찾아온 것이다.

원장님과 선생님은 노발대발하는 할아버지를 원장실로 안내했으나 할아버지는 소운이 얼굴에 상처를 낸 아이를 만나 앞으로는 그러지 않겠다는 다짐을 받겠다며 움직이실 생각을 안 하셨다.

"한두 번이 아닙니다. 오죽하면 내가 여기까지 왔겠어요? 애가 순하다 못해 너무 착하니까 애들이 만만히 본 거 아닙니까! 내가 담임선생님 탓하려고 하는 것도 아니고 원장님 잘못했다고 이러는 것도 아니고, 그냥 그 아이한테 한번 따끔하게 타이르려고 하는 건데 뭘 어렵다고 이러십니까. 그냥 애만 불러 주면 되는걸. 내가 어린 것한테 뭐 어떻게 할 것도 아니고 그냥 사이좋게 지내라 그러려고 온 겁니다.”

“네, 그러시겠지요. 그런데 그건 우리 원 원칙에 맞지 않아서요. 저희는 맡고 있는 모든 아이를 보호해야 할 책임이 있고, 보호자도 안 계신데 아이를 이런 일로 다른 부모님께 불러 세우는 것은…….”

원장이 이야기를 끝맺기도 전에 할아버지가 언성을 높였다.

“아니, 그럼 이게 아이를 보호한 겁니까? 얘 얼굴을 보세요. 아무리 사내애라도 이거 흉터 남겠습니까 안 남겠습니까? 지난번에도 애 어미가 따지러 간다는 걸 제가 말렸습니다만 이건 아니지요. 원장님도 아시다시피 애가 집안 내력을 물려받아 착하고 물러서 당하기만 하는 것 같아요. 입장 바꿔 생각하면 충분히 이해하실 텐데, 통 이해를 안 해 주시네요.”

아침 등원 시간이라 다른 아이들과 부모들이 현관을 드나들었는데, 아이들은 무서워하는 표정으로 할아버지를 쳐다봤고, 다른 부모들은 무슨 일인지 궁금해 하면서도 눈치를 봐야 했다.

그 몇 분 동안 소운이는 어쩔 줄 모르고 서 있다 마침내 울음을 터트리고 말았다.

“이 바보 같은 녀석이, 울긴 왜 울어. 네가 이러니까 매일 맞고 다니지. 뚝 그쳐. 보다시피 얘가 이렇게 여리고 착하니까 어미도 아비도 걱정이 태산입니다. 요즘 애들 영악한데 그 사이에서 애가 이렇게 당하고 사니 나서지 않을 수가 없어요.”

“할아버지, 가! 미워!”

할아버지는 소운이의 성화에 팔을 낚아채듯 끌고는 돌아서며 이렇게 엄포를 놓았다.

“걔 부모랑 꼭 만나야겠네요. 이번 일 그냥 안 넘어갑니다. 애 어미가 전화할 겁니다. 유치원 애들도 이렇게 폭력을 쓰니 어디 애를 안심하고 맡기겠어요. 어미가 팔팔 뛰는 이유를 이제 알겠네요.”

그날 저녁, 소운이 엄마와 아빠는 번갈아 가며 전화를 걸어서 분노를 표현했다. 엄마 아빠 모두 한목소리로 말하는 것은 ‘내 아이는 착하다’는 것과 ‘아이가 착해서 당한다’는 것이었다.

‘내 아이는 착해!’

아이를 가장 잘 아는 사람은 바로 아이의 부모다. 하지만 부모도 아이를 잘 모를 때가 있다. 바로 단체 생활 속에서의 내 아이다. 지금까지 경험에 따르면 아이들이 원에서 맞거나 물리거나 꼬집혔을 때 부모가 보이는 반응은 비슷했다. 속상함, 그다음은 ‘우리 아이는 피해자’라는 반응이다.

과연 그럴까? 아니다. 유아들이 다툼을 벌인 이유를 자세히 들어보면 작정하고 해를 끼친 가해자도 무조건 당하기만 한 피해자도 없다는 사실을 알 수 있다. 이게 초등기 혹은 그 이후의 학교 폭력과 다른 점이다. “유치원 애들 사이에도 왕따가 있대”라고 말하는 어른이 있다면 그건 어른의 관점으로 보고 진단한 것이다.

최근 유아교육기관에도 왕따가 있다는 기사를 읽었지만, 나는 일부분 동의하지 않는다.

설령 어떤 아이가 "야, 쟤랑 놀지 마"라고 했다 해도 그건 '왕따 시키자'는 뜻이 아니라 친구가 자신의 장난감을 빼앗았거나, 혼자만 가지고 놀려고 했거나, 약속을 안 지켰을 때 하는 일종의 자기 보호 발언이다. "안 놀아!" "쟤랑 놀지 마"라는 말을 하는 것 자체가 따돌림 시키려는 것이 아니냐고 묻는다면 대답은 '아니다' 다. 유아는 초등학교 고학년들과는 달리 아직은 상대에 대한 배려가 부족하다. 그 시기 언어 발달 특성상 섬세하게 표현하지 못하기 때문에 '미워, 싫어, 안 놀아, 저리 가, 쟤랑 놀지 말자' 같은 말을 하는 것이다. 서로 이런 말을 주고받은 아이들도 잠시 후에는 언제 그랬느냐는 듯 사이좋게 논다.

초등 고학년이나 되어야 있을 법한 왕따가 어린이집이나 유치원에도 있다는 말은 어른들이 아이들의 말을 곧이곧대로 해석해서 나온 말이다. 유아들의 "너랑 안 놀아" "쟤랑 놀지 마"라는 말을 어른의 시각에서 해석하면 왕따 시키는 것이라고 여겨 '아직 어린 녀석들이 그런 말을……' 이라고 괘씸해할 수도 있다. 그렇지만 이는 분명 왕따와는 다르다. 교묘한 의도도, 남에게 아픔을 주려는 의도도, 장기적으로 피해를 주려는 의도도 없기 때문이다. 즉 별다른 의도가 없는 유아들의 자기중심적 표현에 불과하다.

따돌림은 지속성이 있고 좀 더 조직적이고 어떤 의도나 목적이 있지만, 유아들이 이런 말을 하는 데는 특별한 목적이 없다. 순간 잠시 친구가 맘에 안 들어 그러는 것뿐이다. 이 또한 자기중심적으로 생각하기 때문이다.

25년 넘도록 유아들을 보아 온 전문가로서 말하자면, 지금 유아들도 여전히 스킨십 좋아하고, 안기는 걸 좋아하고, 칭찬을 좋아하고, 친구와 노는 걸 좋아하며 그러다 다투어도 잠시 후 화해해서 금방 어울려 함께 놀고 싶어 한다.

그러니 부모의 과도한 진단과 반응으로 아이들을 곤경에 빠뜨리지 말아야 한다. 아이가 '난 어차피 그런 애야'라는 생각이 들지 않게 키워야 한다. '넌 다른 애들한테 맞기만 하는 바보 같은 애야' '넌 다른 애들이나 때리는 못된 아이야'라는 낙인을 찍지 않도록 해야 한다. 그렇게 낙인을 찍으면 그 아이뿐만 아니라 내 아이에게 부정적 효과가 부메랑처럼 되돌아올 것이다. '그 아이'가 내 아이와 초등학교에 같이 다니고, '그런 애들'과 내 소중한 아이가 사춘기의 격랑을 함께 겪을 것이며, '그렇고 그런 애들'과 내 귀한 아이가 긴 인생을 함께할 것이니 얼마나 위험천만하고 불행한 일인가.

게다가 내 아이 또한 다른 부모 눈에는 '그런 애'로 비칠지도 모르니 이 또한 얼마나 억울한 일인가.

왜 부모들은 내 아이가 일방적으로 당했다고만 생각할까? 물론 아이의 얼굴에 난 손톱자국과 벌건 상처를 보고 부아가 치밀지 않는 부모는 없을 것이다. 그렇지만 부모는 치미는 화를 그대로 내면 안 된다. 부모라면 치미는 화를 가라앉힐 수 있는 조절 능력이 필요하다.

부모의 눈에 아이의 얼굴에 난 상처는 '살짝 스친 것'도 '깊게 파인 상처'로 보인다. 어쩌랴. 부모라서 그렇다. 옆집 아이의 얼굴에 난 상처라면 "약 바르고 좀 지나면 가라앉겠네"라고 여유를 가질 수 있겠지만, 내 아이의 상처는 시간이 흘러도 도저히 낫지 않을 상처, 설령 낫더라도 반드시 '큰 흉터'가 남을 것으로 보인다. 이게 부모다. 당연하다. 유별난 게 아니다. 모든 부모의 맘이 그렇다. 그런데 이런 부모의 태도가 아이에게 도움이 되기는커녕 결국은 아이에게 상처를 준다는 것이 문제다.

소운이 이야기로 돌아가 보자.

소운이가 친구와 다투다 상처가 난 것은 할아버지 말씀대로 처음이 아니다. 그렇다고 할아버지 표현대로 매일 당한 일은 절대 아니다. 두 번째다. 그런데 부모에게는 한두 번이 아니라 매번 당하는 일처럼 느껴지고, 몇 번째 상처를 입은 건지 모를 정도로 이성을 잠시 흔들리게 한다. 이 또한 이해한다. 어느 부모는 안 그러랴. 소운이 부모는 할아버지를 보내 소운이를 꼬집은 아이를 직접 만나 확실히 다짐을 받으라 했다. 만약 할아버지가 소기의 목적을 달성했으면 그 아이, 성제 부모는 가만있을까? 아이 싸움이 어른 싸움으로 번질 수도 있는 것이다. 그러나 그것은 다음 문제다. 지금 여기서 가장 큰 문제는 내 아이만 당하는 것 같은 불안한 마음, '내 아이는 착하다' 는 맹목적인 믿음이다.

소운이가 왜 당하기만 한다고 생각할까? 왜 할아버지와 아빠 엄마 모두 소운이가 얌전하고 착해서 일방적으로 당했다고 생각할까?

소운이를 꼬집은 '그 아이' 성제도 어제 소운이한테 배를 맞아서 엉엉 울었다. 성제가 소운이의 퍼즐 조각을 허락도 없이 가져간 것이 발단이 된 것은 맞다. 성제가 먼저 시작했다. 그러나 소운이는 성제가 가져간 것을 다시 빼앗듯 찾아왔고, 성제는 잠시 자기 것을 소운이가 빼앗아 간 것이라 착각한 것이 문제였다.

"야, 내 거 왜 가져가?"

"아니거든. 그거 내 거 거든. 근데 네가 가져간 거거든."

순간 성제가 다시 소운이가 되찾아간 퍼즐 조각을 탈환하듯 가져갔다. 소운이가 성제의 배를 퍽 때렸고, 배를 움켜쥐고 울던 성제가 일어서며 소운이의 얼굴에 상처를 냈다. 소운이 얼굴에 성제가 손톱으로 그은 줄이 벌겋게 올라왔다. 소운이 엄마 표현처럼 '오선지를 만든' 정도는 아니었지만 두세 줄의 상처가 난 것이다. 울면서 소운이가 성제의 배를 한 대 더 때렸다. 성제는 울지도 못했다. 소운이의 통곡에 완전히 압도당해 어쩔 줄 몰랐기 때문이다. 그러나 성제는 소운이 아빠가 말한 것처럼 다른 아이들을 상습적으로 때리거나 꼬집는 아이는 아니었다.

아이의 다툼은
잘 놀았다는 증거다

아이가 원에서 친구와 다투다 맞고 왔거나 '쟤랑 놀지 마' 라는 이야기를 들었더라도 충격 받지 말자. 어린 것들이 벌써 왕따나 시킨다고 한숨 쉴 일도 아니다. 함께 놀다가 의견이 안 맞고 저희들끼리 배짱이 안 맞아 그런 것일 뿐이다. 아이가 맞고 왔다고, 다치고 왔다고 속상해 하지만 말고 '놀았다' 는 데 초점을 맞추자.

아이가 구석에 웅크리고 앉아 친구들과 어울리지도 않고 모든 일에 흥미가 없으면 다툴 일도, 다칠 일도 없다. 건강하게 놀다 보면 다치고, 다투고, 발길질하고, 꼬집히고, 물고, 물리고, 나쁜 말을 하기도 하고 배우기도 한다.

내 아이가 신 나게 잘 놀면서 다치지도 않고, 다투지도 않고, 고운 말만 하고, 내 아이 주변에도 이런 애들만 있으면 좋으련만, 이런 유토피아는 어른 세상에도 없다. 하물며 이 어리고 미성숙한 아이들은 더 좌충우돌할 수밖에 없다. 그러면서 아이들은 세상을 배운다.

손주 귀한 맘에 할머니 할아버지가 유치원 달려가신다고 할 때는 부모가 막아야 한다. 아이를 위한다면 그래야 한다. 가서 시원하고 명쾌하게 따지는 것이 부모 노릇 하는 게 아니다. 아이를 위한 일이라고 변명하면 안 된다. 그건 단지 부모의 분풀이와 화풀이에 불과하다. 분노와 화는 조절하지 않은 감정 표현이다. 내 아이가 감정 조절을 잘하며 자기 절제를 하면서 잘 자라기를 바란다면 부모가 먼저 모범을 보여야 한다.

아이와 이야기를 나눠라. 왜 그런 일이 일어났는지 물어봐라. 부모가 무섭게 대하면 아이는 둘러댈 수 있음도 염두에 두고 들어야 한다. 애들이 거짓말할 리 없다고 아전인수 격으로 해석하지 말고 아이의 이야기를 진지하게 듣고 그다음에는 아이의 속상한 마음을 보듬고 안아줘라. 그리고 사실 확인과 의논은 담임선생님과 하면 된다. 이때 조심할 점은 전화를 하든 만나서 이야기를 하든 아이가 없는 곳에서 해야 한다는 것이다.

설령 아이가 셀 수 없을 만큼 당하고 왔더라도 아이 있는 데서 한껏 목청을 높여 담임에게 분풀이를 해서는 안 된다. 담임선생님과 엄마가 훗날 서로 오해를 풀며 정중히 사과하더라도 아이가 받은 충격과 혼란은 결코 돌이킬 수 없다. '유치원 옮기면 되지'라고 생각할지도 모르지만 이는 아이를 고려하지 않은 무심한 생각일 뿐이다. 아이를 위하는 행동이라고 무턱대고 할 게 아니라 아이에게 미칠 영향과 결과를 생각하면서 해야 한다. 이것이 진정 아이를 위하는 일이다.

유아기는 발달단계상 '자기가 좋아하는 사람에게 특히 잘 보이고 싶어 하는' 시기다. 담임선생님께 잘 보이고 싶고, 선생님께 예쁘다는 소리도 듣고 싶고, 안기고도 싶은 나이인 것이다. 그런데 '우리 선생님'이 '우리 엄마'한테 큰소리로 '혼나는' 걸 아이가 이해할 수 있을까. 아이를 불편한 감정에 빠뜨리는 것은 아이의 발달을 방해한다.

선택하라. 아이가 맞고 온 날, 아이가 상처가 나서 온 날, 아이를 몰아붙이며 아이의 친구를 나쁜 아이로 만들고 아이의 담임을 무능한 선생으로 만들며 내 아이를 고립시킬 것인가? 아니면 아이로 하여

금 맞는 것보다 때리는 것이 오히려 더 낫다는 생각을 하게 해서 훗날 학교 폭력의 가해자로 만들 것인가? 선택권은 부모에게 있다. 물론 다른 선택을 할 수도 있다. 이 일을 대화 소재로 삼아 오히려 아이가 성장하게 하는 기회로 삼을 수도 있다. 속상한 마음을 다스리고 감정을 조절해 아이가 다친 것을 전화위복의 기회로 만드는 현명한 부모가 되자.

아이가 맞고 왔을 때 4단계 대처법

다음 4단계 대처법을 활용한다면 아이의 상처를 어루만지고, 부모 자신의 속상한 마음을 다스리고, 아이가 또다시 비슷한 상황에 처했을 때 대처하는 법을 배울 수 있을 것이다.

놀랍게도 아이들은 이 4단계를 거치며 스스로 반성도 하고 또 일방적으로 맞았어도 친구를 용서하며 문제 해결력도 키운다. 이 또한 성장이다. 아이는 이런저런 경험을 하며 성장하는 것이다.

- 1단계 : 감정 인식하기

  부모의 속마음(감정) : 아이가 맞고 온 게 속상하다. 속상한 것은 정상이다. 그 속상함을 표현하며 아이를 어루만져라.

- 2단계 : 이성으로 대처하기(감정 조절)

  "맞아서 아프겠구나. 속상하겠다. 엄마도 이렇게 속상한데 너는 어떨까."

- 3단계 : 공감하며 경청하기

  친구를 때린 이유(혹은 친구한테 맞은 이유)를 아이 입장에서 들어 준다. 이때는 훈계하거나 잘잘못을 가리거나 대처 방법을 알려 주지 말고 깊이 공감하며 들어 준다.

- 4단계 : 대처 방법 의논하기

  아이에게 다음과 같은 질문을 하면서 함께 대처 방법을 의논한다.

  "어떻게 하면 좋을까?"

  "어떻게 하면 다른 사람과 좀 더 잘 지낼 수 있을까?"

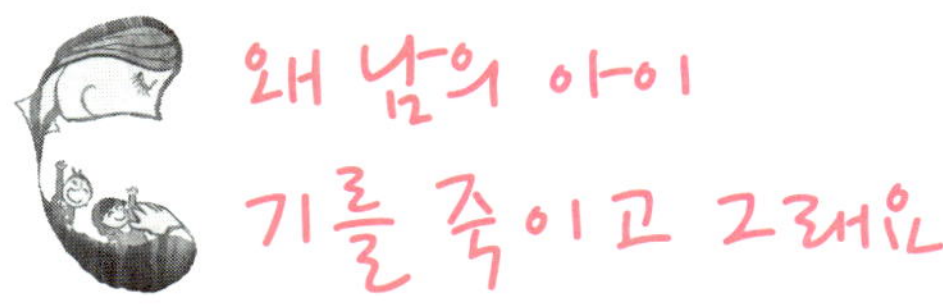

　　　　　　　　　　　　　"제 노후의 꿈은 아름다운 청년들
과 함께 살고 싶은 거예요."

　부모교육 강의를 시작할 때면 부모님들께 이런 말을 한다.

　"아이들을 아름다운 청년들로 키워 주실 분들이 바로 지금 제 앞에
계신 여러분입니다. 제 미래는 여러분께 달려 있어요."

　그러고는 이어서 옆에 계신 분들과 덕담을 나누자고 한다. 어떤 덕
담도 좋다. 아이 잘 키우자는 이야기도 좋고, 만나서 반갑다는 인사도
좋다. 부모교육 특강에서 만난 분들이니 목적은 하나일 것이다. 우리
아이 잘 키우기. 그러고 보니 앞과 뒤, 옆에 앉은 엄마들이 참 고맙다.
아이를 잘 키우고자 고민하고 공부하는 엄마들이기 때문이다. 이 엄마
들이 잘 키운 아이가 내 아이의 친구 혹은 동료, 또는 평생을 함께할
이웃이 될 것 아닌가. 참 고맙다. 내 아이만 잘 키워서 될 일이 아니기
때문이다. 그 말을 하고 난 뒤 다시 한 번 인사를 나누라고 하면 인사

를 나누는 태도와 목소리가 조금 전과는 사뭇 다르다.

그리고 유익한 부모교육 강의나 좋은 부모교육서는 서로 알려 줘서 들으러 가고 돌려 가며 읽으라는 말도 덧붙인다. 다음 부모교육 시간에 '이 엄마는 꼭 부모교육 들어야 해' 싶은 엄마는 손잡고 오라는 말도 한다. 그 엄마가 아이를 잘 키워야 내 아이도 행복할 테니까. 이 시대를 함께하는 부모의 아이들이 내 아이와 함께 살아갈 평생 이웃이 될 것이기 때문이다.

우리나라 유아교육의 수혜자들이 지금의 30~40대 부모들이다. 주입식 교육이 아니라 '열린 질문'을 받으며 창의성을 키운 세대, 교사 중심의 교육에서 벗어나 '유아 중심'의 교육을 받은 세대가 지금의 부모들 세대인 것이다. 사랑을 듬뿍 받은 세대가 아이를 낳았고, 지금 양육을 하며 아이를 더 잘 키우려는 노력을 하고 있다. 그래서 어떻게 보면 이상적인 양육을 하고 있다는 안심이 들면서도 지나칠 정도로 '열린 질문과 아이 중심'으로 키우며 아이 기 살리느라 오히려 예의가 뭔지 모르는 아이들로 키우고 있는 것이 아닌가 하는 우려가 드는 것도 사실이다. 문용린 교육감이 서울시 교육감으로 취임하면서 인성교육의 중요성을 전면에 내세운 것은 기쁜 일이다.

인성이 무언가? 사람다움이다.

"나만 잘 키워서 뭘 해!" "내 아이만 욕 안 한다고 될 일이야?" "내 아이만 양보하면 뭐해. 그러면 내 아이만 바보 되는 거지." "공연히 내 아이만 인성 바르게 한다고 기죽이면 어떡해."

이런 말에는 어떤 속마음이 들어 있는 걸까? 내 아이만 올바르고 다른 아이들이 그렇지 못할 때는 오히려 우리 아이만 손해 보고 살까 봐 걱정하는 속내가 들어 있을 것이다. 어느 부모인들, 내 아이가 잘 자라길, 친구들과 혹은 다른 사람과 잘 살아가길 바라지 않을까. 모든 부모의 맘이 이러할진대, 그런 맘으로 키운 우리 아이들은 밖에서 만나 서로 상처 주고 상처 받고 못 견뎌 하며 지금도 두려움에 떨고 있다. 그럼 어떤 부모는 "너, 밖에서 다른 애들을 괴롭히며 못되게 행동해"라고 가르치는 걸까? 아닐 것이다. 온 나라 부모들이 아이에게 올인하며 잘 키우려고 노력하고 있는데 왜 이 아이들이 만나서 서로 아프게 하는 걸까?

애들 기 살린다고 너무 버릇없게 키워 놔서 그렇다는 어른들의 이야기가 예사말로 들리지 않는다. "가정에서 부모는 오냐오냐하지, 그저 공부나 잘하면 최고라고 생각하지, 밖에 나와서 무슨 행동을 하든 바른 소리 하는 어른들도 없지. 그러니 애들이 천지구분을 못한다"는 것이다.

아이 기를 살리고 싶다면 내 아이뿐 아니라 우리 아이들 모두 당당한 기운을 가진 아이, 그러면서도 예의가 바른 아이들로 키워야 한다. 염치를 알고, 양보할 줄 알고, 그러면서도 불의에 주눅 들지 않고 당당히 맞설 줄도 아는 멋진 아이로 키워야 한다.

기가 산다는 것은 무슨 뜻일까? 생동감이 있다는 것이다. 생동감이 있다는 것은 살아 움직이는 느낌이 있다는 것이다. 펄쩍 뛰기도 하고 활짝 웃기도 하는 것들이 살아 움직임 아닌가. 어찌 보면 잠시도 가만있지 않는다는 말이기도 하다. 그러니 생동감 있다는 건 가장 아이답다는 뜻일 수도 있다.

모든 아이들은 웬만하면 기가 살아 있다. 그런데도 많은 부모가 아이 기죽을까 봐 전전긍긍한다. 적극적이어야 하는 시대, 사회성이 성공과 연결되는 시대, 세계인과 어깨를 맞대고 살아야 하니 자유롭게 표현하며 자신감 있게 살아야 하는 시대 아닌가. 그러니 내 아이에게 자신감의 바탕이 되는 '기 살리기' 기초공사를 해 주고 싶은 게 부모 맘이다. 그러나 이 기 살리기 혹은 생동감을 잘못 해석하면 아이를 국제적 '무뢰한'으로 키울 위험이 있다.

잠시도 가만있지 못하는 유아들이 '바른 움직임', 즉 바른 행동을 할 수 있도록 진짜 기를 살려야 한다. '함부로 움직여도 된다'는 잘못된 생동감과 기 살리기는 내 아이는 물론 다른 사람도 아프게 하기 때문이다. 기를 살리는 것이 아이 맘대로 해도 그냥 놔두는 '방임'은 아니다. 기가 살았다는 것이 절대 무례하다는 것을 의미하지 않는다.

진정한 자신감이 넘치도록 아이를 키우자. 그것을 바탕으로 남에게도 행복을 선물할 수 있는 기운을 갖도록 키우자. 그러려면 먼저 아이가 사랑을 느끼고 행복한 웃음을 짓도록 애정을 자주, 활발하게 표현해야 한다.

"현지를 보면 선생님도 몰래 뛰어가~ 안아 주고 싶어. 왜 그럴까?
왜 그럴까? 음음~ 사랑이죠."

유치원 등원 시간, 현관에서 선생님의 노랫소리가 들린다. 현지 담
임선생님은 현지가 신발을 벗는 동안 앞에 앉아 두 팔을 벌리고 동요
를 개사해서 현지에게 노래를 불러 준다. 신발을 신발장에 놓는 현지
얼굴에는 웃음이 가득하다. 드디어 두 팔 벌린 선생님께 쏘옥 들어와
안기는 현지.

"저도요, 선생님. 보고 싶었어요."

어제 헤어졌다 오늘 만나는 것인데 무슨 몇 년 만에 상봉하는 장면
같다. 과장일까? 유아들에게 이 정도는 과장이 아니다. 이 시기는 '애
정과 소속의 욕구'가 강한 시기다. '사랑받고 싶어요' '안아 주세요'
'사랑해요'. 유아들은 이런 욕구를 충족하고 싶어 한다. 내 아이를 어
떻게 하면 잘 키울지를 고민한다면 많이 안아 줘라. 사랑을 흠뻑 받은
아이는 기가 펄펄 살아 있다. 맘껏 사랑을 표현하자. 안아 주고 어루만
지고, 말로 쓰다듬고 눈길로도 안아 주자. 아이 기죽이지 않고 기 살리
려면, 잘 키우고 싶다면 '애정과 소속의 욕구'를 충족시켜 주면 된다.

현지 담임선생님은 다른 아이들에게도 이렇게 말한다.

"유나를 보면 선생님 가슴에 별이 반짝반짝!"

선생님이 가슴에 손을 대고 손을 반짝거리면 유나는 선생님을 보고
히히 웃으면서 자신의 두 팔을 올려 하트 모양을 그린다. 이 반의 아침

풍경은 대체로 이렇다. 깔깔, 호호, 왁자지껄하며 어느 반보다 활발하다. 밝은 기운이 넘쳐난다. 자유선택활동 시간에도 어느 반보다 활발하고, 아이들이 선생님께 동화를 듣는 시간이나 심지어 유아교사들이 조금은 긴장하는 '이야기 나누기' 시간에도 집중도가 뛰어나다. 발달 특성상 앉아서 집중하기가 어렵고 주의 집중 시간도 짧은데, 이 반 아이들은 앉아 있어야 하는 시간에도 산만하지 않다. 선생님과 호흡이 척척 맞는다고 할까.

선생님이 흥미를 끌 만한 자료를 많이 준비하고 아이들의 호기심을 끌 만한 무언가를 매 시간 준비하기 때문인지도 모른다. 물론 대체로 그렇다. 그런데 선생님이 주먹만 쥐었다 '짜잔' 하고 펴도 '와아~' 하고 일제히 웃으며 환호한다. 지켜보노라면 선생님과 아이들이 서로 사랑하는 것이 느껴진다. 선생님의 기운도 아이들의 기운도 밝고 환하다. 아이들이 기가 살아 있다. 나는 교사교육에서 이 장면을 이렇게 표현했다.

"선생님이 아이들에게 좋은 기를 불어넣으니 아이들도 선생님한테 좋은 기를 주네요."

교실 창 너머로도 그 상서로운 기운이 전해져 그 반을 지나면 행복하다. 아이들 얼굴에는 아이들 본연의 밝은 미소와 웃음이 가득하다. 또한 이 반 아이들은 규칙을 잘 지킨다. 그리고 아이들은 서로에게 이렇게 말한다. "이렇게 하는 게 좋다고 했어, 선생님이." "우리 반 약속은 이런 거야." 이렇게 서로 긍정적인 영향을 미친다.

이 반 아이들은 다른 반 아이들과 섞였을 때도 다르다. 아동극을 보거나 강당에서 다른 반과 함께 활동을 할 때도, 외부에서 온 강사들이 이야기를 할 때도 집중을 잘하고 행동이 바르다. 무슨 비결이라도 있는 것일까? 선생님이 무섭게 아이들을 휘어잡았을까?

교실에서 담임선생님의 말을 잘 듣다가도 외부 강사나 혹은 다른 반 선생님의 말에는 집중하지 않는 반도 있다. 이런 반 아이들이 담임선생님을 무서워한다. 담임선생님이 앞에 서면 집중을 한다. 담임선생님의 말을 잘 듣는다고 해석할 수도 있지만, 이 반 아이들에게서 맑은 기는 느껴지지 않는다. 위축되어 있고 눈치를 본다.

나는 아이들의 기를 살려야 한다고 자주 말한다. 기가 살아 있다는 것은 그 사람이 '살아 있다는 것'을 뜻하기 때문이다. 아이들은 기가 살아 있어야 잘 웃는다. 아이들은 기가 살아 있어야 잘 논다. 잘 웃고 잘 노는 아이가 잘 큰다. 그러니 아이들은 기가 늘 살아 있어야 한다.

아이 기를 살리는 최고의 묘약은 '사랑'이다. "너를 보면 행복해." "현지를 보면 안고 싶어." "유나를 보면 좋아서 가슴에 해님이 반짝 떠 있는 것 같아." 아이들의 언어로 맘껏 사랑을 표현하자. 사랑을 받은 아이는 행복한 기운으로 넘친다. '기'는 이렇게 살리는 것이다.

진짜 기 살리기— '남'도 소중해

은행에서 서너 살 된 남자아이가 신발을 신은 채로 대기 의자에 올라가 펄쩍펄쩍 뛰고 있었다. 엄마는 휴대폰을 들여다보고 있었다. 아이가 의자에서 뛰다가 넘어져서 울었다.

"아유, 또 넘어졌어. 그러니까 조심해."

엄마는 엉덩이를 툭툭 털어 주고 다시 의자에 올려 주었다. 그러고는 다시 스마트폰에 몰입했다. 어린 남자아이가 의자에서 뛰는데 어떻게 해야 조심하는 건가. 그 자체가 위태로워 보였다.

아이가 다시 의자에서 펄쩍펄쩍 뛰며 신 나 하는데, 한 할아버지가 아이 쪽으로 와서 말했다.

"할아버지 좀 앉자."

아이가 할아버지를 흘끔 보더니 엄마를 쳐다보았다. 엄마가 은행 안을 둘러보았다. 다른 의자에는 모두 사람들이 앉아 있었다. 엄마는 할아버지를 쓰윽 보더니 아이에게 마뜩찮은 목소리로 말했다.

"내려와."

"싫어～～～."

"내려와. 이 할아버지 앉는대잖아."

몇 년 전 경험한 비슷한 상황이 떠올랐다. 그 엄마는 의자에서 뛰는 아이에게 할아버지가 "이노옴~, 의자에서 뛰면 안 되지. 여기는 사람들이 앉는 덴데"라고 말하자, "할아버지 애들이나 잘 키우세요"라고 대꾸했다. 그 할아버지는 아이에게 노여운 목소리로 꾸중을 한 것도 아니고 혼을 낸 것도 아니었다. 귀여운 손주에게 하듯 말했다. 그런데도 젊은 엄마는 아이를 의자에서 휙 끌어안듯 내리며 분명 그렇게 말했다. 그러고는 돌아서며 끝내 한마디 더 했다.

"남 애 기죽이고 난리야."

그래도 이 엄마는 그 엄마보다는 나은 것 같지만 둘의 공통점이 있다. 아이가 공공장소에서 제멋대로 행동하는 것에는 지나치게 관대하고 무관심했으면서, 옳은 소리에는 불쾌한 감정을 서슴없이 표현한 점이 그렇다.

기 살리기는 아이 맘대로 하게 놔두는 것이 아니다. 아이가 바르지 못한 행동을 할 때 가르치는 것이 아이 기죽이는 것도 아니다. 만약 아이 기를 살리겠다고 아이가 원하는 대로 하도록 내버려 둔다면 어떻게 될까? 이렇게 맘대로 하는 아이들이 넘쳐나면 우리 아이들이 살아가는 세상은 정말 위태로울 것이다. 진정으로 기를 살리고 싶다면 아이에게 '남도 나만큼 중요하다'는 것을 깨우쳐 줘야 한다. 남과 더불어 살아가는 사회적 동물인 인간에게 남은 나와 동일시해야 할 만큼 소중한 존재라는 것을 가르쳐 줘야 한다.

부모와 어른의 바른 기가 아이 기를 살린다

어른들의 역할이 아이의 기를 살리는 데 결정적 역할을 한다. 바깥의 모든 어른이 부모 노릇을 해 주어야 한다. 예전에는 지하철에서 아이가 공연히 떼 부리고 울면 아이 엄마가 주위 사람들한테 미안하고 민망해서 옆 사람에게 도움을 요청하기도 했다.

"아저씨, '이놈!' 해 주세요."

그러면 옆에 계신 어른들이 아이에게 "이놈, 울면 안 되지" 했고 아이는 잠시 눈을 끔벅거리다가 그치곤 했다. 이것이 좋은 방법이라는 말은 아니다. 그러나 예전 엄마들은 염치가 있었다. 아이가 공공장소에서 떼 부리고 울면 다른 사람들에게 미안해서 달래다가 그래도 안 되면 주위에 있는 어른에게 요청한 것이다. 그러면 어른들이 이 사정을 알고 부모 된 마음으로 악역을 맡은 것이고, 때론 자청하기도 했다. 그럼 아이는 낯선 사람이 자신을 보고 엄한 표정을 지으니 멈칫했고, 엄마가 애원을 해도 안 듣던 떼 부리기를 중단했다. 이러한 방법을 아이에게 엄포를 놓는 것이라 해석하거나 공포를 주어 정서적으로 안 좋다고만 생각할 일은 아니다. 부모의 정당한 방법에도 아이가 계속 떼를 부릴 때 잠시 주의를 환기시키거나 주의를 딴 데로 돌리게 하는, 교육적으로 표현하면 '주의 분산 효과'를 노린 방법인 것이다.

아이의 기를 꺾으라는 게 아니다. 아이가 때와 장소도 가리지 않고 기고만장하는 건 기가 살아 있는 게 아니고 천지분간을 못하는 것이다. 이런 아이가 사회성이 원만하게 발달하리라고 기대하는 건 무리다. 아무리 어린 아이라도 상황에 맞는 적절한 행동을 할 줄 알아야 한다. 아이에게 그것을 가르치는 게 부모다. 아이가 식당에서 뛰어다닌들, 은행 의자나 지하철 의자에 올라가 펄쩍 뛴들 부모 말고 누가 말리랴. "애들이 그렇지, 뭐"라고 관대하게 생각할 일만도 아니다.

밖에서 만나는 어른들도 다른 집 귀한 자식에게 "이놈, 그렇게 하면 안 되지" 할 수 있는 자격을 갖춰야 한다. 어른답지 못하게 공공질서도 안 지키던 사람이 아이에게 '바른 소리'를 할 자격은 없으니까 말이다. 나쁜 기운은 온 세상을 나쁘게 물들인다. 어른들의 건강한 기로 세상을 채워야 아이들에게 건강한 기가 전달된다. 모든 어른이 부모다. 아이 기를 살리려면 부모의 기가 좋아야 한다.

진짜 기가 살아 있는 아이에게는 좋은 기가 흐르는 부모가 있다.

아이 기 살리기

1 가슴으로 사랑하라

"너를 보면 행복해" "너는 소중해" 같은 말로 따뜻한 사랑을 표현하라.

2 아이 주변 사람을 사랑하라

우리 아이는 영향력 있는 사람이다. 아이의 모든 것이 다른 사람에게 영향을 미친다는 것을 아이에게 보여 주고 가르쳐라.

우리 아이 주변 친구나 지인들을 존중하고 사랑하라.

3 어른다운 어른들이 모이는 곳에 아이를 데려가라

아이와 함께 가는 모임은 신중하게 가려 가라.

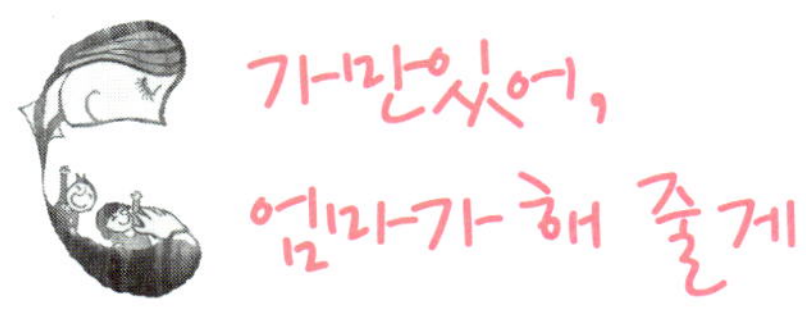

아이의 주도성이 발달하는 시기가 있다. 바로 유아기다. 심리학자 에릭 에릭슨(Erik Erikson)의 인간 발달 8단계를 보면 3세에서 5세에 이르면 아이는 '주도성과 죄책감'이 발달한다고 한다. 이 이론을 요약하면, 이 무렵이 되면 아이가 스스로 계획을 세우고 자신이 하고자 하는 일을 하려고 한다는 것이다. 이때 부모는 아이가 할 일을 대신 해 주는 것이 아니라 아이 스스로 무언가를 해냈을 때 긍정적으로 반응하는 것이 좋다. '칭찬'이 가장 효과를 발휘하는 시기다. 반면 이 시기에는 '죄책감'도 발달한다. 그래서 이 시기에는 아이가 죄책감이 들지 않도록 유의하면서 주도성을 키워 주어야 한다.

이 시기 주도성이 발달단계에 맞게 발달한 아이는 죄의식에 빠지지 않고 자존감을 키우며 성장한다. 아이가 자율적·주도적으로 무언가를 해 나가기 시작하는 시기가 바로 이 무렵이다.

아이를 키우는 부모라면 모르는 사람이 없을 정도로 널리 알려진 이론이지만, 이를 간과하거나 혹은 칭찬을 남발하며 아이의 자신감과 자존감을 키워 주고 있다고 자신하는 부모도 있다. 물론 칭찬으로 아이의 자신감과 자존감을 북돋아 주는 것도 주도성을 기르는 데 도움을 주지만, 주도성을 키워 주는 가장 핵심적인 요소는 '기다려 주기'다. 그러나 아이를 기다려 주는 것이 그리 쉬운 일은 아니다.

유치원 하원 시간에 개별 하원을 위해 아이를 데리러 오는 부모들을 자주 본다. 현관에서 아이와 어떤 상호작용을 나누는지 보면 참으로 다양하다. 팔 벌려 안는 엄마와 아이, 손을 흔들며 상봉하는 모녀, "잘 놀았어?" "재미있었어?" 하며 언어로 상호작용을 하는 엄마, 일에 지친 모습을 여실히 보이며 현관문에 기대어 아이의 하원 준비를 기다리는 엄마. 이러한 모습을 보며 나는 부모교육에서 활용할 솔루션을 많이 얻는다. 그리고 짧은 시간이지만 부모가 아이와 대화를 나누는 방법이라든지 기타 육아 이론을 실천하는 방법 등에 대해서도 귀한 정보를 얻기도 한다.

아이가 신발을 신을 때 부모가 어떤 태도를 보이는지를 보면 그 부모가 아이의 주도성을 키워 주는 부모인지 아닌지를 대략 알 수 있다. 아이를 보살피는 일에서도 '습관'이 보인다. 대부분 엄마들은 하루 종일 혹은 몇 시간 헤어졌다 만나는 아이를 만나는 기쁨과 집에 데려가는 데 골몰한 나머지 널리 알려진 육아 이론을 간과한다.

예를 들면 에릭슨의 발달 이론은 아이와 생활하는 일상에서 자연스럽게 실천하는 것이지, 결코 계획한 시간에 아이를 앉혀 놓고 가르치는 것이 아니다. 유아는 거의 모든 것을 일상생활을 통해 배운다.

아이가 현관에서 신발을 신을 때 부모는 어떻게 하는 것이 좋을지 살펴보자. 이를 통해 우리가 알고는 있었지만 무심히 지나쳤던 여러 육아 이론을 일상생활에서 어떻게 실천해야 할지 힌트를 얻을 수 있을 것이다.

'주도성이라고? 알고 있어!' 라는 함정

다시 유치원 현관으로 돌아가 어떻게 아이의 주도성을 키워 주어야야 하는지 살펴보자. 아울러 아이를 무능하게 만드는 일을 엄마가 얼마나 쉽게 할 수 있는지도 살펴보자.

아이가 신발을 신으려고 앉아서 발을 신발에 넣는 순간 신발을 잡고 신겨 주는 엄마들이 있다. 아이가 저항을 할 때도 있고 온순하게 앉아 엄마에게 발을 내밀 때도 있다. 어떤 때는 아이가 발을 꼼지락하며 스스로 신발을 신으려고 시도하기도 하는데, 이럴 때면 엄마는 이렇게 말한다.

"가만있어. 엄마가 신겨 준댔잖아."

아이가 교실에서 하원 준비를 하는 동안 아이의 신발을 찾아 현관에 가지런히 놓아 주는 엄마도 있지만, 아이가 스스로 하도록 기다려 주는 것이 좋다. 아이가 수십 켤레의 신발 중에서 자신의 신발을 찾아내는 것은 변별력을 키우는 데 도움을 준다. 내 것과 타인의 것을 구분하고, 신발장에서 자신의 이름을 찾아 가지런히 놓는 등 자신의 신발을 찾는 훈련과 연습을 하도록 기다려 주는 것이 좋다.

아이를 사랑하는 마음이야 안다. 어린 것이 엄마랑 하루 종일 떨어져 지냈으니 잘해 주고 싶을 것이다. 신발을 얼른 신겨서 집으로 데려가 맛있는 간식도 만들어 주고, 얼른 목욕도 시켜 주고 싶은 맘 안다. 그러나 이런 사소한 일들이 모여서 아이의 일상이 되고 이 일상들이 모여 자연스런 교육이 되는 것이다.

기다려 주기

기다리기는 생각보다 쉽지 않다. 자발적인 기다리기는 좀체 쉽지 않은 것이다. 그래서 '기다려 주기'라고 표현한다. 어른끼리도 상대의 처지를 이해하고 그에 맞춰 주기가 쉽지 않다. 부부가 외출할 때도 서로의 시간관념과 준비 시간의 차이로 인해 큰소리가 오갈 수 있는데, 하물며 이제 막 발달과 성숙의 진행 단계로 들어선 아이는 어른의 기준에서 보면 답답할 수밖에 없다.

우선 아이는 능숙하지 못하다. 엄마 입장에서 보면 무척 답답하다. 엄마가 해 주면 몇 초면 될 일을 아이가 직접 하면 몇 분이 걸린다. 그래서 나는 유아기에는 아이가 쉽게 신고 벗을 수 있는 편한 신발(일명 찍찍이 운동화)을 신기라고 권한다. 신발을 신고 벗는 사소한 행동이지만, 이런 작은 일을 직접 해내는 것이 '내가 할 수 있다'는 자신감과

‘내가 해냈다’ 는 성취감으로 연결되기 때문에 정서적으로 아이를 안정되게 한다. 엄마의 작은 배려가 아이를 성취감과 자신감 있는 아이, 정서가 안정된 아이로 키우는 것이다. 유아기 교육은 사소한 게 없다. 사소함에서 출발하고 완성되는 것이다.

아이가 돌이 되기 전부터 엄마가 사 준 수많은 장난감과 교구를 떠올려 보라. 처음에는 아이가 즐겁게 갖고 놀지만 고려했지만 이후로는 교육적 효과를 염두에 둔 것이 많았다. 그 교육적 효과라는 것이 알고 보면 ‘소근육 발달’과 ‘대근육 발달’, ‘공간지각능력 발달’ 등 일상생활에서 필요한 능력을 키우는 것이다. 이렇게 정성을 들이고 비용을 투자해 일상생활에서 필요한 능력을 키우려고 교구를 사 줘 놓고는 현관에서 아이 신발을 찾아서 놔 주고, 신겨 주고, 아이 가방을 들어 주다니 얼마나 모순된 일인가.

아이가 하는 걸 지켜보고 있노라면 답답한 마음이 드는 건 사실이다.

“두 살도 되기 전에 ‘내가 할 거야’라고 말하는 아이를 기특한 맘에 지켜보다가 속 터져서 대신 해 주곤 했어요.”

거의 대부분 엄마들이 이 말에 공감할 것이다. 그러나 그 속 터지는 상황을 참고 기다려야 아이의 자율성이 발달하고, 자기 주도성을 기를 수 있다. 이런 사소한 기다려 주기가 아이의 발달을 도와줘 자기주도학습으로 연결되는 것이다. 유아기에는 모든 것이 인생에 영향을 미친다. 그러므로 ‘결정적 시기’라고 하는 것이다.

“가만있어야 엄마가 입히지.”

아이는 부단히 움직이는 존재다. 어찌 가만있으란 말인가. 태어날 때 열 손가락 있어 얼마나 고마웠는지 기억하자. 아이가 꼬무락거리며 엎치고 뒤치고 엉거주춤 일어나 걸었을 때 얼마나 환희로웠던가. 그런 아이가 제 스스로 한단다. 눈물 나게 고마운 일이다. 그런데 말 타면 경마 잡히고 싶은 사람의 본능이 엄마에게 슬슬 작동한다. "네가 할 줄 아는 건 이미 확인했는데 말이야. 그게 문제가 아니라 좀 더 빨리 정확히 입고 신어야 한단 말이야"라는 욕심을 부리지 않아야 한다.

"아이가 고집부리며 제가 입고 신겠다고 꼼지락거리다 약속 시간에 늦거나 하면 할 수 없이 해 주게 돼요."

아이가 스스로 하도록 내버려 두고 싶지만 그러기 힘들다고 호소하는 엄마들에게 이런 제안을 한다.

"그럼 5분만 미리 준비를 시작하세요."

아이가 꼼지락거리며 자기가 한다고 해서 기다려 주다가 아이가 제대로 하지 못하면 이렇게 말하는 엄마들도 있다.

"거봐, 엄마가 한다고 했잖아. 왜 그렇게 고집부려. 정말 속상해. 늦었잖아."

이런 말을 들은 아이는 '죄책감'을 느낀다. 유아기는 '주도성과 죄책감'이 발달하는 시기이므로 최소한 죄책감은 느끼지 않게 해 주어야 한다. 이런 상황 한 번 연출하면 그동안 한 열 번의 칭찬이 무의미해진다. 그리고 이 상황은 아이가 죄책감을 느껴야 할 상황도 아니다. 다른 때는 아이 기 안 죽이려고 애를 쓰는 엄마가 이런 사소한 상황에서 아이 기를 팍팍 꺾고는 게다가 "너 때문에 늦겠다. 큰일 났다"고 말하니, 가뜩이나 엄마 아빠가 싸워도 '나 때문에' 라고 생각하는 유아가 얼마나 큰 죄책감을 느끼겠는가.

엄마의 육아 이론을 차라리 내려놓자. 그리고 아이를 있는 그대로 받아들이자. 아이가 "내가 한다"고 할 때 하게 놔두고 기다려 주자. 아이가 스스로 하다가 못하면 "도와 달라"고 할 것이다. 그리고 아이도 안다. 내가 하고 싶지만 어떤 상황에 그렇게 해야 하고 그렇게 하지 않아야 하는지. 아이가 그걸 알고 판단해 나가도록 엄마가 도와주자.

아이는 부모가 생각하는 것보다 빨리 큰다. 아이를 기다려 주는 일도 잠시다. 그러나 그 기다림이 독립성과 근면성으로 연결되고 올바른 자아 정체감 형성에 도움을 주며 아이의 일생에 영향을 미친다.

이제 그만하자, '대신 해 줄게' '가만있어' 라는 말. 이는 사랑이 아니다. 하고자 하는 아이의 의욕을 박탈하는 일이다. 스스로 할 수 있게 가르쳐 주고 기다려 주자. 방치하라는 말이 아니다. 유아를 둔 부모는 곁에서 도와줄 준비를 해야 한다. 도와줄 준비를 하고 있기 때문에 기다려 주기가 쉽지 않지만 말이다. 기다려 줄 때는 입가에 미소를 짓고 이런 눈길을 보내자. '잘할 수 있지? 잘하는걸! 못하면 언제든 엄마가 도와줄 수 있단다.'

아이 스스로 하도록 기다려 주는 것이 아이의 발달을 도와주는 일이다. 대신 해 주는 사랑이 아이를 무능하게 만든다.

엄마가 알아야 할 유아기의 특징

1 주도성이 발달한다

유아기에는 주도성이 발달하기 시작해, 아이가 스스로 하려는 일이 늘어난다. 아이가 자조 능력을 키우는 중이므로 비록 서툴고 느리게 한다고 하더라도 아이가 스스로 할 수 있도록 지켜봐 주는 것이 좋다.

2 자신감을 키운다

'해 보고 싶어'가 '할 수 있다'는 자신감으로 바뀌도록 도와주자. 아이가 하는 것을 지켜보다 "제대로 하지도 못하면서 왜 한다고 해?"라고 말하는 것은 아이를 아프게 한다. "기다릴게. 잘할 수 있을 거야"라는 말이 아이의 자신감을 키운다.

3 죄책감을 잘 느낀다

유아기에는 죄책감을 잘 느끼므로 "너 때문에 늦었어" 같은 죄책감을 심어 주는 말을 쓰지 않도록 한다. 이런 말을 자주 들은 아이는 나중에 '엄마 때문에'라고 말하며 책임을 전가한다.

4 유능감과 무능감을 키운다

대신 해 주다가 어느 날 정신 번쩍 든 엄마가 하는 위험한 말이 아이의 유능감을 빼앗고 무능감을 키운다.
"몇 살인데 이것도 제대로 못해!"
지켜보다 도와줄 순간에 도와주는 부모가 아이의 유능감을 키운다. 아이

가 스스로 하다가 힘들어하면 부모가 도와주되 아이가 해냈다는 느낌을
줄 수 있는 말을 해 주는 것이 좋다.
"잘하는데! 혼자서도 잘하네."

Part 3

행복한 엄마,
행복한 아이

원망이 아니라 사랑이, 자책감이 아니라 자신감이 있는 부모여야 한다. 누구
와도 바꿀 수 없는 부모의 자리 아닌가. 누구와도 바꿀 수 없는 세상에 하나
밖에 없는 내 아이 아닌가.

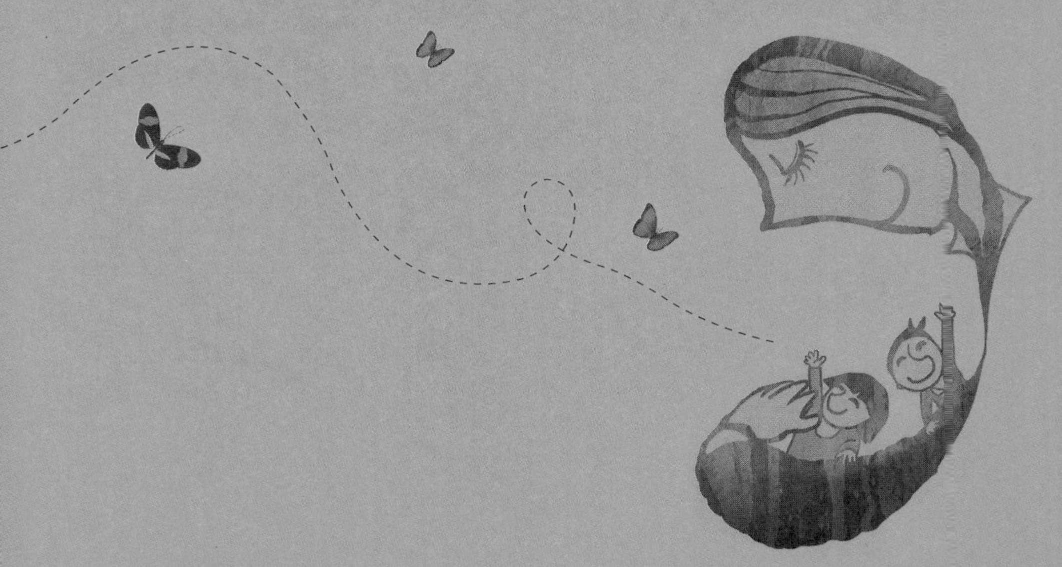

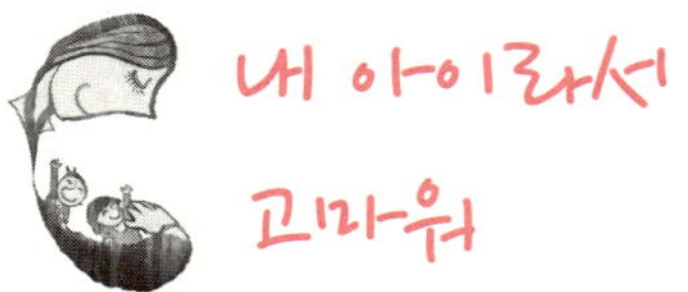

모든게 부모 책임?

"문제아는 없다. 문제 부모가 있을 뿐이다." 이 말은 1980년대부터 지금까지 많은 부모들을 좋은 부모 콤플렉스에 빠지게 했다. 심지어 어떤 부모들은 이 말을 들으며 죄책감을 느끼기도 한다.

부모교육 전문가로서 나 또한 이 말을 인용할 때도 있고 상당 부분 동의하기도 한다. 순백의 도화지 같은 아이들에게 어떤 그림을 그리고 어떤 색깔을 입히는지는 순전히 어른, 부모의 몫이니까. 그래서 부모에게 책임을 물을 수밖에 없다. 아이의 가능성을 계발해 주는 것도, 그것을 훼손하는 것도 부모일 테니까. 아이들은 모든 것을 동원해 배우는 존재 아닌가. 그러니 아이의 모든 행동과 태도는 부모에게 물려받은 것이라고 보는 게 맞는 것도 같다.

　5세반 입학을 앞둔 재준이가 엄마와 어린이집에 온 것은 1월 중순 무렵이었다. 12월에 이사를 와서 입학 대기생으로 있다가 마침 자리가 생겨 들어왔으니 마땅히 기뻐해야 하는데, 아이와 함께 온 재준 엄마는 지치고 힘들어 보였다. 그러나 재준이는 현관에 들어서는 순간부터 존재감을 발산, 엄마를 앞질러 교무실로 뛰어 들어와서는 의자에 풀썩 앉기까지 했다.

　엄마는 재준이 옆에 앉으며 여전히 기운 없는 표정으로 원서를 쓰기 시작했다.

　재준이는 상담 책상 위에 놓인 연필꽂이에서 볼펜과 연필을 다 꺼내 쏟고는 의자에서 내려가 책꽂이의 책을 빼내기 시작했다. 재준이 엄마는 “그러면 안 돼!”라고 할 뿐이었다.

　재준이가 지금까지 단체 생활을 해 본 적이 없지만 낯설어하지 않아 적응은 잘할 거란 말 정도만 하고 재준이 엄마는 일어서려 했다. 그때 재준이가 어느새 밖으로 나갔는지 현관에서 귀가하려던 아이를 밀어 뜨려 울리고 말았다. 그때 재준이 엄마가 갑자기 울음을 터뜨렸다.

　“저렇다고 우리 재준이 안 받아 주시면 안 돼요. 저는 이제 지쳐서 아무것도 할 수 없어요.”

　재준이 엄마는 아이를 데리고 와서 입학 상담을 해야 하는 원의 원칙이 없었다면 아마도 혼자 왔을 거라 했다. 아이를 보면 안 받아 줄 거라는 선입견이 생긴 것은 네 살 때 한 달여의 단체 생활 경험이 실패로 끝났기 때문이란다. 입학 전 단체 생활 경험을 쓰는 난에 ‘없음’이라고 쓴 것은 그러한 사실이 재준이에게 도움이 되지 않을 것이라는 엄마 아빠의 판단에서였다. 재준이는 네 살 때 처음 어린이집에 갔는데 정말 매일마다 문제 상황을 일으켰다고 한다. 친구를 때리고, 물고, 밥을 엎고, 소리를 지르며 교실을 뛰어다니고…….

이유는 있었다. 친구를 때렸을 때는 친구가 자기를 만져서, 친구를 물었을 때는 친구가 장난감을 안 줘서, 교실을 뛰어다녔을 때는 심심해서 그랬다고 했다. 다행히 재준이는 자신의 의사를 분명히 표현할 만큼 언어 표현 능력이 좋았다. 친구를 때린 뒤에도 친구에게 미안하다고 하며 친구를 어루만지기도 하고 금세 다시 어울려 놀기도 했다.

죄책감 느끼지 마라

문제행동을 하는 유아들의 부모와 상담을 하면 두 가지 공통점을 발견할 수 있다. 하나는 방어가 강하다는 점이다. 아이가 어떤 식으로 문제행동을 하는지 자세히 들으려 하기보다 "이유가 있지 않겠느냐"라거나 "아직 어려서 그렇다"는 반응을 보인다. 그리고 교육기관에 불만과 요구 사항이 많다. 아이가 자신의 물건을 챙겨 오지 못해도, 말을 잘못 전해도, 친구와 다퉈도 엄마는 방어기제를 강하게 나타낸다. 엄마도 이미 아이의 문제점을 알고 있는데 그것을 지적하고 정면으로 문제를 보여 주는 것이 싫은 것이다. 그래서 아이의 문제점을 개선하지 못한다. 오히려 주변 상황을 문제 삼고 아이를 다그친다.

여섯 살 민성이 엄마가 바로 그러한 엄마들의 대표적인 예다. 민성이는 등원 차를 자주 놓친다. 엄마는 기다려 주지 않는 유치원 차를 원망한다. 아이를 길가에 세워 두고 휴대폰으로 유치원에 전화를 한다.

"유치원 차는 10분씩 늦을 때도 있는데, 우린 이제 5분도 안 지났는데 어떻게 전화도 안 주고 가 버릴 수 있어요?"

이때 민성이가 "엄마, 나 똥 마려워" 할 때도 있다. 그러면 엄마는 선생님과 통화를 하고 있었다는 것도 잊은 채 소리를 버럭 지르기도 한다.

"너 땜에 못 살아 정말!"

민성이는 가끔 등원 시간을 앞두고 대변을 본다. 화장실에 가는 바람에 차를 놓치고, 옷 투정 부리다 늦기도 한다. 그렇잖아도 아침 등원 시간에 아이와 실랑이하느라 진이 다 빠진 엄마는 가까스로 아이 손을 잡아끌다시피 뛰어나왔는데 유치원 차는 이미 가 버리고 없으니 화가 난다. 잘 따라 주지 않는 아이에게, 기다려 주지 않은 차에게, 전화 한 통화 없는 선생님한테, 이런 상황에 놓인 엄마 자신한테. 그러니 '내가 못 살아' 라는 자조와 한탄 섞인 말이 아무렇지도 않게 나온다.

그러한 말들이 아이 교육에 좋지 않은 건 당연하다. 담임선생님한테 거르지 않은 감정을 보였고, 아이를 세워 두고 아이가 좋아하는 담임선생님한테 화풀이 비슷하게 해서 민성이와 담임, 엄마 모두를 불편하게 만들었다. 그러나 지금 그게 문제가 아니다. 엄마는 모든 상황에 화가 난다. 엄마라는 사실도 힘겹고 짐이다.

아이와 집에 돌아간 민성이 엄마는 제 시간 등원을 포기하고, 아이를 화장실에 보내고 나서야 정신이 퍼뜩 들었다. 왜 참지 못했을까. 담임선생님 잘못도 아니고, 알고 보면 민성이 탓도 아니다. 시어머니 말씀대로 워낙 행동이 느리고 옷 투정 심한 걸 누굴 탓하랴. 타고나기를 그렇게 타고난걸. "너희가 그렇게 낳아 놓고 왜 애를 잡느냐"고 하신 말씀도 맞는다. 내가 그렇게 낳아 놓은 것 아닌가.

'그래도 그렇지, 너무해. 한두 번도 아니고. 애가 왜 이렇게 나를 힘들게 하지? 내가 뭐 잘못한 게 많은 걸까? 태교를 잘못했나? 혼전 임신이라 아이를 낙태하려고 한 것 때문에 아이가 정서불안인가? 아이도 다 안다는데? 그래서 나한테 보복하는 건지도 몰라.'

민성이 엄마는 무슨 일만 생기면 별별 생각이 다 든다. 하지만 결혼한 이후로는 정말 열심히 태교하고 다니던 직장까지 그만두고 민성이를 위해 최선을 다했다. 자손이 귀한 집이라 할아버지 할머니의 사랑은 또 얼마나 많이 받는데……. 그런데 아이가 안 따라 주니 가뜩이나 까다로운 시댁에 체면도 안 선다. 신체적으로나 정신적으로나 늦되고 행동도 굼뜨다. 시어머니의 눈초리는 이렇게 말하는 것만 같다.

'애는 어미 따라간다고 했다.'

아이의 지능은 외탁한다는 얘기다. 그러니 민성이가 늦된 책임이 민성이 엄마에게 있다는 것이다.

민성이 엄마는 피해 의식에 젖어 있다. 민성이가 유치원을 옮긴 것도 민성이의 문제점이 거론되면 참지 못하고 담임선생님을 몰아붙이고 결국에는 사과를 하는 일을 반복하다 그런 것이었다. 민성이 엄마는 일련의 상황들이 못 견디게 힘들었다. '민성이가 왜 그럴까? 모두

나 때문인 건가?'

　그러나 유치원에서 민성이는 그냥 평범한 아이였다. 특별한 문제가 있는 것이 아니라 아이가 보일 법한 몇 가지 발달 특성을 보이는 유아였다. 엄마는 민성이가 자신의 기대만큼 따라 주지 않을 때 힘들어했다. 엄마가 민성이에게 바라는 것은 엄마의 표현을 빌리자면 '별것 아닌 평범한 것'이라 했다. 아침밥 부지런히 잘 먹고, 옷 골라 주는 것 잘 입고, 늑장 부리지 않고 제시간에 등원 차 타는 것. 민성 엄마의 말대로 그다지 욕심이 많은 건 아니다. 그러나 민성이에게는 아직 그게 벅찬 것이다.

　아이들은 저마다 몇 가지 특징이 있다. 음식 투정 안 하고 잘 먹는 아이가 있는가 하면 이렇게 안 먹어서 어떻게 크나 하고 걱정하게 만드는 아이도 있고, 너무 잘 먹어 일찌감치 비만이 걱정인 아이도 있다. 응가도 쑥 잘하는 아이가 있는가 하면 똥 한번 누려면 고래고래 우는 아이, 끝내 관장을 해야 하는 아이도 있다. 한번 자면 푹 자고 아침에 기분 좋게 일어나는 아이가 있고, 밤에도 서너 번 깨어 엄마 아빠를 힘들게 하는 아이도 있고, 아침에는 깨워야 간신히 일어나며 온갖 짜증을 부리는 아이도 있다. "다녀오겠습니다" 하며 신 나게 학교 가는 아이도 있고, 학교 다녀와서 재밌었다는 얘기를 하는 아이가 있는가 하면, 매일같이 친구들과 학교생활에 대한 불평불만을 늘어놓는 아이도 있다.

　같은 상황이라도 아이들마다 다르게 느낀다. 같은 음식도 맛있게 먹는 아이가 있고, 깨작거리는 아이가 있고, "엄마 맛있게 잘 먹었습니다"라고 인사까지 하는 아이가 있는가 하면, 밥 한번 먹는 걸 무슨 유세 부리듯 하는 아이도 있다. 어떻게 다 열거할 수 있을까. 이걸 엄마가 다 책임져야 하는 걸까?

아이를 키우면서 기쁨과 행복을 느낄 때도 많지만 절망과 불행에 빠질 때도 많다. 아이 둘 키우면서 자존감 다 잃어버렸다는 엄마도 있다. 엄마의 말을 요약하면 '아이가 내 맘대로 안 커 주니까' 자신감이 없어졌다는 것이다. 부모가 되어 삶 전체에 자신감이 없어졌다는 엄마를 보며 참으로 안타까웠다. 엄마 잘못이 아니라고 따뜻이 안아 주고 싶었다.

"나는 참 별 볼 일 없는 사람이라고 스스로 낙인찍는데 무슨 자존감이 있겠어요. 아이 자존감 살리는 게 문제가 아니라, 엄마의 자존감을 되찾는 것이 더 큰 문제예요."

내 말에 동석한 엄마들도 모두 공감했다.

엄마들은 말한다.

"나름 아이들 눈높이에 맞추었고 제가 그렇게 욕심이 많은 건 아니에요."

안다. 아이에 대한 욕심이 많은 것이 아니라 '엄마 자신의 욕심'이 많은 것이 문제다. '내 아이인데…… 내 아이라면 이 정도는……'에서 '쟤가 도대체…… 뭐가 잘못된 거지?'로 진행될 때 오는 자존감 상실과 자괴감일 수 있다. 욕심이 과했다고 깨달으면 조절하면 된다. 열 살까지는 아이한테 맞추자. 그런데 이렇게 하다가도 가끔 죄책감을 느끼는 게 문제다. 자꾸 뒤돌아보지 말자. '~ 때문에, 혹시 그래서?' 이런 생각도 하지 말자. 지나간 일을 돌이킬 수는 없다. '엄마 아빠의 불화 때문에?' '아기 때 다른 사람에게 양육을 맡긴 것 때문에?' '고부 갈등 속에서 아이를 키워서?' 같은 생각을 하며 돌이킬 수 없는 과거에서 문제를 찾고 후회한들 아무런 도움이 되질 않는다.

정신분석이든 발달이론이든 아이와 엄마에게 도움이 되는 것이 아니라면 과감히 잊자. 단지 아이의 현재 모습 그대로를 인정하고 사랑하자.

방어기제 말고도 문제행동을 보이는 아이의 엄마들이 갖고 있는 공통적인 특징이 하나 더 있다. 바로 '우울증' 이다. 아이에게 문제가 있다는 생각이 들수록 오히려 부모가 담담해져야 한다. 더 밝고 씩씩해져야 하지만 이건 쉽지 않을 것이므로 최대한 내려놓자. 죄책감과 우울증에 빠지지 않도록 노력해야 한다. 이건 엄마와 아이 나아가 가정 모두를 해치는 일이다. 엄마가 밝고 건강해야 아이가 좋아질 수 있다.

재준이가 ADHD 진단을 받았다고 치자. 아이가 ADHD라고 해서 울 일이 아니고 충격받을 일도 아니다. 우리 아이가 소수에 들어간 것뿐이다. 치료만 잘하면 된다. 부모의 잘못으로 돌려 죄책감 갖지 말자. 그 죄책감으로 아이가 더 위축되고 부부 관계도 소원해진다. 가정이 화목하지 못하면 아이는 정서적으로 더 위축되고 발달이 지체된다. 병원 치료를 받는다 해도 효과가 적을 것이 분명하다.

아이로 인해 부부가 불화하면, 아이는 그대로 악영향을 받는다. 아이가 힘들게 한다고 원망하지 말고 부모가 힘들어하지 않으면 된다.

아이가 힘들게 하는 게 아니다. 그렇게 태어난 거다. 몇 년 전, 닉 부이치치(Nicholas James Vujicic) 동영상을 보고 부모라면 눈시울 붉히지 않는 이가 없었다. 사지가 없는 아이, 그렇게 태어난 아이를 원망하고 부모가 자학했다고 가정해 보라. 부이치치는 세상에 희망을 전하는 희망 전도사가 되기는커녕 심신 모두에 장애가 있는 불행한 사람이 되었을 것이다.

부모라면 내 아이가 행복하길 바라기에 아이의 모든 것에 책임을 지려 한다. 그러나 그럴 이유가 없는 것까지 책임감을 느낄 필요는 없다.

네가 내 아이라서 고마워

아이를 칭찬하거나 아이에게 사랑을 표현할 때 정말 좋은 말이 있다.

"네가 내 아이라서 고마워."

바로 이 말을 육아에 대입해 보는 것은 어떨까?

"네가 늑장을 부려도 네가 내 아이라서 고마워."

"네가 음식을 입에도 안 대고 밥 한 숟갈 입에 물면 엄마 애간장을 녹여도 네가 내 아이라서 고마워."

"응가도 힘들게 누고, 어른 팔뚝만 한 똥을 눠서 변기가 막힐까 봐 비닐장갑 끼고 똥을 으깨야 하지만 네가 내 아이라서 고마워."

"전화 한 번 하려 해도 네가 하도 시끄럽게 떠들고 뛰어서 제대로 전화 통화를 못할 때도 있지만 네가 내 아이라서 고마워."

“아침마다 옷 투정을 하고 늑장을 부려 차를 놓치지만 그래도 엄마 손잡고 뛸 수 있는 건강한 아이라서 고마워. 열심히 뛰었지만 차는 가버렸네. 아쉽다. 그런데 우리가 늦은 거니까 할 수 없지. 참, 선생님이 기다리실 테니까 전화를 드리자.”

“선생님, 우리가 조금 늦게 나와서 차를 놓쳤어요.” 이럴 때 아이가 전화 통화를 하게 해도 좋다.

“내일은 준비 잘해서 버스 탈게요.”

아이 세워 놓고 엄마가 유치원 원망하고 아이에게 화를 낸다고 나아지는 건 하나도 없다. 오히려 나빠지기만 한다. 차 놓치고 아이 탓하고, 차 놓치고 선생님 원망하고, 차 놓치고 집에 들어가 그렇게 행동한 엄마 자신에게 화내지 말고 그냥 그 상황을 받아들이는 거다. 그래야 아이가 큰다.

**아이 비난 말고,
부모 자책하지 않기**

누구 잘못도 아니다. 내 아이의 개성일 뿐이다. 그걸 제대로 인지하지 못하면 아이는 그때부터 정말 문제아가 된다. 부모의 인생도 망가진다.

그러면 재준이 엄마처럼 우울해질 수 있다. 재준이는 산후조리원에서부터 유난히 까다롭게 굴었다. 가뜩이나 몸이 약한 재준 엄마는 남들은 출산 후 몸무게가 줄지 않아 고민인데, 아이 백일도 안 돼 45킬로그램도 안 될 정도로 살이 빠졌다. 외할머니의 도움을 받아야 할 만큼 혼자 힘으로는 감당이 안 되는 아이였다. 친정엄마는 "누굴 닮아 이렇게 까다롭냐"며 안타까워했다. 재준이 아빠는 재준이가 아기일 때는 안아 주면 악을 쓰고, 좀 더 자라 놀아 주려 하면 너무 거칠게 행동하니까 재준이를 멀리했다. 이제 부부가 서로를 탓하게 되었다. 그러나 재준이 입장에서 생각하면 엄마 아빠가 주고받는 그런 말들은 재준이가 자신을 '까다로운 아이, 우는 아이, 소리 지르는 아이, 말 안 듣는 아이, 미운 아이'라고 생각하게 만드는 말이었다. 아이인들 밤에 울고 싶었을 것이며, 소리 질러 부모에게 미움 받고 싶었을까.

아이를 비난하지 말고 부모도 자책하지 말자. 아이가 부모를 괴롭히려고 그러는 게 아니다. 만약 아이가 우리나라 나이로 다섯 살이 되었는데도 정말 평균치에서 너무 벗어난다 싶으면 그때는 전문기관을 찾아 도움을 받으면 된다. 편견 갖지 말고 아이가 편안하게 자라도록 도와주자. 엄마 잘못도 아니고 아빠 잘못도 아니고 조상 탓도 아니다.

원망이 아니라 사랑이, 자책감이 아니라 자신감이 있는 부모여야 한다. 누구와도 바꿀 수 없는 부모의 자리 아닌가. 누구와도 바꿀 수 없는 세상에 하나밖에 없는 아이 아닌가.

아이가 지금 부모를 힘들게 하는 모든 점이 훗날 아이의 강점이 될 수도 있다. 내 아이의 언어 능력이 또래보다 떨어진다면 어렸을 때 말 더듬이였던 잭 웰치(Jack Welch) 전 GE 회장을 떠올리자. 너무 엉뚱하고 단체 생활에서 문제를 일으킨다면 선생님도 포기했고 학교에서 정학까지 당한 에디슨을, 몸이 약하다면 천식 때문에 수영을 시작해 세계적인 수영 선수가 된 박태환을 떠올리자. 아이의 문제점이 오히려 아이의 재능으로 연결될 것이다. 만약 가정이 경제적으로든 혹은 또 다른 문제로든 어려워 아이에게 미안하다면 아이를 대할 때 더 많이 정성 들이고 사랑해 주면 된다. 취약점과 결핍은 인생뿐 아니라 아이를 키우는 데도 오히려 전화위복이 될 수 있다. 그런 믿음도 없고, 위로할 거리도 없다면 우리가 어디로 튈지 모를 이 엉뚱한 녀석들을 어떻게 맘 편히 키우겠는가.

옆구리 찔러 절 받으면 안 될 이유가 없다. 부모는 위대한 사람이다. 이런 자신감과 여유를 가져 보는 건 어떨까.

"내가 너를 낳아 줬잖아. 정말 고맙지? 잘 자랐으면 좋겠다. 있지…… 네가 내 아이라서 정말 고마워."

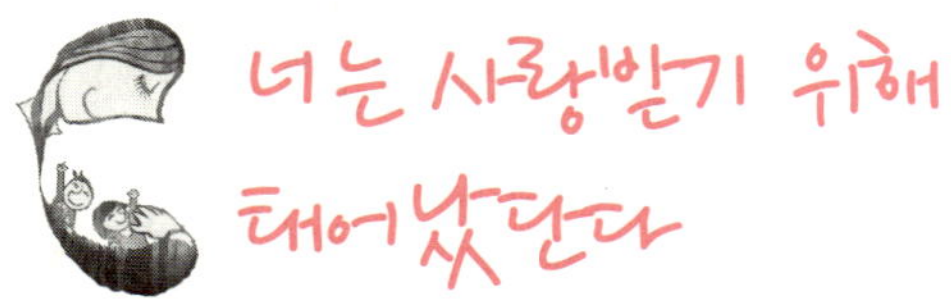

너는 사랑받기 위해 태어났단다

〈당신은 사랑받기 위해 태어난 사람〉이라는 노래가 있다. 애착이 무엇이고 애착 형성이 무엇이기에 그렇게 자주 언급되느냐는 질문을 받으면 나는 이 노랫말을 인용한다. 애착이란 아기와 양육자 간에 형성되는 정서적·정신적인 유대관계다. 이 정의를 보면 일차적으로 애착은 아이가 '나는 사랑받기 위해 태어난 사람임'을 느끼게 하는 것이다. 애착은 아기가 타인과 관계를 형성하고 유지하는 데 가장 중요한 열쇠다. 긍정의 세계로 안내하는 비밀의 문을 여는 열쇠고, 부정의 세계로 안내하는 것이기도 하다.

애착이 건강하게 형성된 사람은 자신이 받은 신뢰로 타인을 신뢰하기에 사회성이 건강하게 발달한다. 또한 자존감과 자신감을 바탕으로 리더십이 발달하며, 낯선 환경과 어려움에도 적응하는 능력이 좋아 코르티솔이 적게 분비되어 스트레스를 덜 받는다.

애착은 아기에게만 해당하는 용어가 아니다. 엄마의 관점에서 보면 애착은 아기에 대한 엄마의 유대감이다. 출산 후 피곤하고 지친 몸으로 아기를 돌보는 엄마의 보살핌, 시도 때도 없이 보채고 요구하는 아기의 욕구에 즉각 반응하는 엄마의 관심과 사랑이다.

또 다른 노랫말을 인용해 표현하면 '엄마를 보면 나도 몰래 뛰어가 안기고 싶은 마음'이라고 할까. 두 노래를 화답의 형식으로 조합하면 애착 형성을 잘 표현할 수 있을 것 같다.

"아가야, 너는 사랑받기 위해 태어났단다."

"엄마, 나는요, 엄마를 보면 뛰어가서 안기고 싶어요."

이것이 엄마와 아기의 '건강한 애착 관계'다. 그렇다면 애착 관계가 이렇게 건강하게만 형성되는 것일까?

애착 유형

영국의 정신분석학자 존 볼비(John Bowlby)는 유아가 애착 대상인 부모와의 관계에서 형성한 개념들을 '내적 작동 모델'로 정의했다. 그리고 아이가 성장하면서 이것이 점차 정교하게 발전해 아이의 건강한 발달, 특히 사회성 발달에 지대한 영향을 미친다고 주장했다. 볼비는 아기가 부모와 안정된 관계를 맺는 것이 '생후 1년간의 주요 발달 과업'이라고 보았다.

애착 관계에는 '안정 애착 관계'가 있고 '불안정 애착 관계'가 있다. 메리 에인스워스(Mary Ainsworth)는 12~18개월 된 유아를 대상으로 낯선 상황에서 아이가 어떻게 반응하는지를 살펴보는 실험을 했다. 에인스워스는 이 실험에서 엄마랑 있으면 낯선 환경에서도 놀 수 있는지(환경 적응), 낯선 사람이 들어오고 엄마가 나가면 아기가 엄마를 찾는지(분리불안 확인), 엄마가 다시 들어왔을 때 아이가 빨리 안정을 찾는지 그렇지 않은지(재결합 반응)를 보고 애착 유형을 나누었다.

안정 애착(secure attachment) 유형의 아기는 엄마가 있으면 낯선 환경에서도 잘 놀고, 엄마가 방 밖으로 나가면 분리불안 증상을 보이지만 엄마가 돌아오면 안심하고 다시 논다.

불안정 저항 애착(insecure resistant attachment) 유형은 엄마와 같은 방에 있어도 엄마 곁을 떠나지 못하고 잘 놀지 못한다. 엄마가 방 밖으로 나가면 많이 불안해하고, 엄마가 다시 돌아오면 화내고 삐치며 금방 진정되지 않는 모습을 보인다.

불안정 회피 애착(insecure avoidant attachment) 유형은 혼자서 잘 논다. 엄마가 방 밖으로 나가도 울지 않고, 엄마가 다시 돌아와도 그다지 반가워하지 않는다.

애착 유형과 엄마의 태도

그렇다면 아이의 애착 유형과 엄마의 양육 태도는 어떤 관계가 있는 걸까.

안정 애착 유형의 엄마는 아이가 보내는 신호에 즉각 반응할 뿐만 아니라 민감하고 일관된 반응을 보이므로, 아이가 엄마와 맺는 관계 속에서 신뢰를 형성한다. 그 결과 아이는 낯선 상황에서도 안정되게 반응하며 엄마가 눈에 안 보이면 불안해하지만 엄마가 돌아오면 다시 안정된다.

불안정 저항 애착형 엄마는 아기의 신호에 초점을 맞추기보다는 자신의 육체적·감정적 상태에 따라 다른 반응을 보이는 일관성이 부족한 양육을 하는 것이 특징이다. 이러한 엄마의 아이는 불안함과 과잉 반응을 보인다.

불안정 회피 애착형 엄마는 아이에게 애정 표현을 자주 하지 않을 뿐 아니라 건강이 좋지 않다거나 시간이 없다는 이유로 아이를 거부하기도 한다. 이러한 엄마의 아이는 엄마가 있든 없든 신경 쓰지 않는다. 아이가 엄마에게 아예 기대를 하지 않는 것이다.

회피형이든 저항형이든 불안정 애착 관계는 아이가 욕구를 표현할 때 양육자가 적절한 반응을 하지 않았거나 아이의 요구에 양육자 자신의 육체적·감정적 상태에 따라 반응했거나 혹은 일관되지 않은 반응을 보였거나 또는 부정적 반응을 보였을 때 형성된다.

양육자에게 제대로 보살핌을 받지 못하면 '반응성 애착 장애'가 나타날 수도 있다. 반응성 애착 장애가 있는 아이는 아무에게나 집착하거나 타인과 접촉을 거부하기도 하는데 무표정하고, 잘 웃지 않으며, 자극에도 느리게 반응한다. 아이의 신체적·정신적 요구를 들어주지 않거나 지나친 훈육, 양육자가 자주 바뀌는 등의 불안한 양육 환경이 원인이 된다. 반응성 애착 장애가 있는 아이는 양육자와 정서적 유대감이 결여되어 있어 사회적 관계를 형성하는 데 심각한 어려움을 겪을 수 있다.

이렇게 애착과 애착 관계에 대해 설명하면 워킹 맘들은 걱정이 앞선다. 아이와 보내는 시간이 많지 않다는 이유에서다. 그러나 중요한 것은 아이와 얼마나 많은 시간을 보내는지가 아니라 아이와 얼마나 충실하게 시간을 보내는지다. 아이와 보내는 시간이 아무리 많아도 엄마가 아이와 눈도 잘 맞추지 않고, 아이를 귀찮아하거나 때로 엄마의 건강 상태가 양호하지 않아 아이를 제대로 돌보지 않는다면 아이의 애착 형성에 도움을 주지 못한다.

애착은 아이가 사랑받는다고 느끼는 것, 엄마가 아이를 사랑하는 것이고, 건강한 애착 관계를 형성하려면 엄마도 심신이 건강해야 하므로 엄마의 건강관리도 중요하다.

안아 줘라, 안아 줘라, 많이 안아 줘라

'아기는 자폐로 태어난다'는 이론이 있다. 0~2개월 동안 아기는 자폐 상태다. 아기가 태어나서 생후 2개월까지는 신체감각만 인식하는 자폐적인 단계로, 이 시기에는 아기가 자신과 대상을 구별하지 못한다. 이 단계를 '절대적인 자기애 단계'라고 한다.

이 시기는 아기가 느끼기에 모든 게 '자기 맘대로' 되는 시기다. 배고프면 먹을 게 제공되어 배부른 상태가 되고, 기저귀가 젖거나 기타 불쾌한 상태가 되었을 때는 울기만 하면 이내 상쾌한 상태가 되고, 응가가 마려우면 때와 장소를 가리지 않고 그냥 맘대로 싸면 된다. 그래서 아기는 자신이 전지전능하다고 느끼며(양육자의 즉각적 반응으로 아기는 전지전능함을 느낌) '절대적 자기애'에 빠진다. 이 시기에 양육자가 해야 할 역할은 아기가 스스로 전지전능하다는 유능감을 느끼도록 도와주는 것이다. 아기 스스로 '전지전능한 나'를 맘껏 느끼게 하는 게 이 시기의 발달을 돕는 것이다.

이후 6개월까지는 '2차 자기애 단계'다. 이때부터 아기는 전지전능한 자기와 엄마의 공생 관계를 인식하기 시작한다. 자신의 신체감각만 인식하다가 주위의 자극을 받아들이고 반응하며 자신과 대상을 인식해 나가는 것이다. 여기에서 그 대상은 주 양육자, 엄마이므로 '엄마와의 공생 관계 시기'라고도 한다. 이 시기에도 아기가 배고파하면 먹을 것을, 불쾌한 표시를 하면 어떤 점이 불편한지 파악해 신체적·심리적 안정을 찾도록 즉시 도와주어야 한다. 엄마는 아기가 전지전능함과 절대적 자기애를 맘껏 느끼도록 도와주는 역할을 해야 한다. 만족감을 느낀 아이는 신뢰와 자존감의 기초를 형성해 나간다. 안아 주고 보살펴 주고 달래 주고 즉시 제공하는 것이 이 시기에 엄마가 할 수 있는 최선의 사랑이다.

2차 자기애 단계 이후부터 10개월까지는 '3차 자기애 단계'다. 자신의 신체를 자각하게 된 아기는 자신과 엄마를 구분하며 그 이외의 타인을 구분한다. 우리가 흔히 말하는 '낯가림이 심해지는' 시기가 되는 것이다. 아이의 낯가림은 심한 울음이나 고개 돌려 외면하기 혹은 방긋 웃어 주기 등의 형태로 나타나 엄마를 당혹스럽게 만들기도 하고 사랑스런 아기로 대접받기도 하는 시기다. 이때 낯가림이 심한 아기에게 "왜 그래? 괜찮아"라는 반응을 보이기보다는 꼭 껴안아 주며 낯가리는 반응 자체를 인정하는 것이 좋다. 발달단계상 낯가림 시기가 된 것을 이해하고 그 반응이 아기마다 다르게 나타나는 것을 이해하면 된다.

"우리 아이는 낯가림이 심해서 밖에 데리고 나가질 못해요"라고 말하는 엄마들도 있는데, 주변 사람에게 양해를 구하면 된다. 이 시기 낯선 사람이 자꾸 말을 걸거나 예뻐하는 것이 아이에게는 불안할 수 있다. 아기는 차츰 자신과 엄마, 타인, 다른 상황들을 경험하고 탐색하며 익숙해진다. 그러면서 타인에게 팔 벌려 다가가기도 하고 신기한 것을 만지고 탐색하기도 한다.

이 시기는 언어적으로 옹알이(babbling) 시기다. 이 시기에는 아기가 끊임없이 옹알거린다. 엄마 역시 언어를 사용해 적극적으로 안아 주어야 한다. "그랬어요?" "오, 우리 아기 배가 고파요?" "기다려요. 엄마가 맘마 만들고 있어요. 금방 줄게요." "우리 아기 잘도 먹네요. 맛있어요?" 같은 말로 끊임없이 관심을 보이며 상호작용하면 된다.

이 시기도 여전히 아기가 엄마와 공생하는 시기이므로 엄마와 맺는 관계가 아기의 세계가 된다. 아기가 자신이 살아가는 세계를 긍정적으로 느끼게 하고 싶다면 안아 주고 또 안아 줘라. 언어로 반응하고 또 반응하라.

10개월 이후에는 아기가 좀 더 넓은 세상을 탐색하게 된다. 누워 있던 아기가 비로소 두 발로 일어서는 시기가 된 것이다. 누워서 천장만 바라보던, 위만 볼 수 있었던 아기가 발아래 세상을 보게 되는 것이니 아기 입장에서는 그야말로 천지가 개벽할 일 아닌가. 세상에 이런 세상이 있다니. 아기가 일어선 것만으로 박수를 쳐 주고 환호하라. 이러한 반응에 아기는 또 한 번 자신의 전지전능함과 유능함을 느끼게 될 것이다.

안정 애착으로 전지전능함을 느끼게 하라

아이를 잘 키우고 싶다면, 아기가 태어나서 3세까지는 전지전능함을 한껏 느끼도록 해 주어라. 기를 살리고 자존감 높은 아이로 자라게 하고 싶다면 태어나 만 3세까지는 아이의 전지전능함을 찬양하면 된다. 이렇게 안정 애착을 형성하면 아이가 커서 친구들에게 인기 있는 아이가 될 수 있다. EBS 다큐멘터리 〈아기성장보고서〉에서 진행한 실험 결과가 이를 뒷받침해 준다.

초등학생 교실, 아이들의 또래 관계가 애착 관계와 관련이 있는지 알아보기 위한 실험이 있었다. 아이들은 자신의 생일에 초대하고 싶은 친구를 적는다. 이 설문조사 전에 8명의 아이를 무작위로 뽑아 부모와의 애착 관계를 검사했다. 검사 결과 5명은 안정 애착, 3명은 불안정 애착이었다. 애착 관계와 생일에 초대되는 것에는 과연 상관관계가 있을까? 부모와 안정 애착을 맺은 안정 애착아 5명은 7명 가운데 4명 이상에게 초대를 받았다. 놀랍게도 불안정 애착아 3명 모두는 단 한 명에게도 초대받지 못했다. 안정 애착아는 엄마와 맺은 긍정적이고 좋은 경험을 바탕으로 다른 사람의 반응에도 긍정적이고 민감하게 반응하므로 또래들과도 좋은 관계를 형성하는 것으로 나타났다. 안정 애착 초등학생들의 학업 성적도 전반적으로 높은 것으로 나타났다. 안정 애착 학생들은 호기심이 많고 탐색 욕구가 강하기 때문이다. 학교생활에 자신감이 있고 선생님과 더 잘 지내고 수업에도 적극적으로 참여하기 때문에 학업 성적이 자연스럽게 좋아진다고 한다.

리더십도 안정 애착의 영향을 받는다. 엄마와 좋은 관계를 경험한 안정 애착아는 다른 사람과도 좋은 관계를 맺는다. 안정적이고 좋은 경험을 한 안정 애착아는 성격도 좋을 뿐 아니라 남도 믿을 만하다고 느끼기 때문이다.

아기는 태어난 직후부터 하나의 신적 존재다. 맘만 먹으면 세상이 다 자신의 것이라고 느끼게 해야 한다. 이 시기에는 아이의 버릇을 들이려고 부모의 의도대로 키우기보다 아이의 의도대로 따라 주는 것이 좋다. 종교를 믿는 신도의 마음으로 아이를 추종해야 한다. '그러면 버릇없어지지 않을까?' 라는 걱정은 하지 말자.

"어느 육아서를 보니까 아이도 부모의 생체리듬에 맞추도록 하는 게 좋다고 쓰여 있던데요. 그래서 밤에 깨어나 울어도 바로 안아 주지 말고 놔두면 아이가 다시 잠든다고 하던데……. 근데 우리 애는 더 악을 쓰고 울어서 참다가 참다가 결국 안아 주었거든요. 그래서 그런지 지금 네 살인데도 잠투정이 심해요. 어머니가 애 잠버릇이 아주 고약하다고 표현할 정도예요. 남편은 제가 애 버릇을 잘못 들여 놔서 그렇다고 하던데요.”

나는 오히려 엄마 아빠가 ‘참다가 참다가’ 안아 주어 아이 잠버릇을 고약하게 만든 게 아닐까 생각했다. 그래서 물었다.

“참다가 안아 주셨을 때 어떻게 하셨는지 재연해 주시겠어요?”

“아휴우~ 왜 그래? 왜 안 자고 그래? 엄마도 졸리거든?”

엄마는 덧붙였다.

“아마 이것보다 좀 더 짜증 난 목소리였을 거예요.”

이야기를 듣던 다른 엄마들도 동감한 건 물론이다. 많은 엄마들이 잠을 설치는 아이 때문에 힘들어한다. 가뜩이나 출산 후 가해지는 많은 스트레스와 아기를 양육하는 어려움으로 심신은 지칠 대로 지치고 잠조차도 제대로 잘 수 없는 최악의 조건에서 아기의 욕구대로 따라 주는 건 아기에 대한 강한 애착이 없이는 불가능하다.

“바로 안아 주셨으면 어땠을까요? 따뜻하게 안아서 진정을 시키고 그다음엔 기저귀를 봐 주고, 어디 몸이 불편한 데는 없는지 체크도 해 주시는 게 아기가 원하는 거였을 텐데요. 아기는 엄마 아빠가 얼마나 피곤한지, 밤에 자야 아침에 일어나 출근도 할 수 있다는 걸 알지 못해요. 오로지 자기만 아는 시기거든요.”

자기만 아는 아기한테 우리는 얼마나 많은 하소연을 하는가. “왜 그래?” “엄마한테 어쩌라고 그래?”……. 그러다 끝내 울음을 터뜨리는 엄마들도 많다. 그런 말 대신 이런 말과 행동이 좋다. “우리 아기 잠이 안 와? 어디 보자. 엄마가 안아 주고, 기저귀도 봐 주고, 어디 몸이 불편한지도 봐 줄게.”

아기는 자신이 전지전능하다고 믿는다. 이러한 믿음을 엄마가 산산조각 내지 말고 지켜 주자. 아기가 알아듣든 그렇지 않든 언어적 반응도 하며 살뜰히 챙겨 주자. 그래야 이후에 아이의 자존감이나 자신감, 기 살리기가 제대로 된다. 뜻대로 다 들어주면 아이 버릇이 나빠질까 걱정하는 것도 너무 앞선 생각이다. 아이는 지금 그런 것에는 관심이 없다. 욕구가 우선이다. 배고픈데 맘마 안 주고 훈계하고 짜증을 내는 부모가 어떻게 아이를 사랑한다고 할 수 있는가.

그러다 애 버릇 나빠질까 걱정도 되겠지만 버릇 들이기엔 아직 이른 나이다. “세 살 버릇 여든까지 간다”고? 그러니까 아이 버릇은 세 살부터 들이면 된다. ‘버릇’은 아이가 세상과 조화로운 관계를 맺게 하기 위해서 들이는 것이다. 그러나 세 살 전까지는 ‘아이의 세상은 아이 자신뿐’이다. 아이에게 맞춰야 한다. 아이는 만 두 돌쯤, 배변 훈련이 가능한 때가 되어야 자율성 훈련과 훈육이 가능하고 욕구를 조절하는 방법을 배울 준비가 된다는 이론도 있다. 세 살부터 좋은 습관 들이기에 공을 들이고 그 이전, 자신만 아는 시기에는 스스로 전지전능하다고 느끼고 좌절하지 않도록 최대한 아이의 욕구에 반응해 주는 것이 안정 애착아로 성장시키는 길이다.

엄마에게 충만하게 ‘자신의 세상을 인정받은 아이’가 또 다른 세상과의 만남도 충만하게 받아들인다. 애착이 안정적으로 형성된 세 살 이후에야 비로소 세상을 배울 준비가 되는 것이다. 이때부터는 세상과 자신의 조화를 꾀하는 아이로 키워야 한다. 자신을 둘러싼 세상의 규칙이 무엇인지 알고, 사람과의 약속이 무엇인지 알고 지키게 해야 한다. 그러기 위해서는 아이가 세상, 즉 엄마를 신뢰하고 자존감을 형성하도록 도와주어야 한다.

세 살 이전까지는 아이가 자신의 세계를 맘껏 조종할 수 있게 도와주자. '내가 마음먹으면 마음대로 된다' 는 유능감을 맘껏 느끼게 해 주자. '배고프면 금방 먹을 것을 주고, 기저귀가 젖으면 금방 뽀송한 기저귀로 바뀌고, 불쾌한 상태가 되면 금방 쾌적한 상태가 되고, 뭔지 모르게 힘들면 금방 기분이 좋아지는구나.' 아기가 이렇게 느끼도록 해 줘야 한다. 물론 그런 것들을 해 주는 것은 부모지만, 아이는 그 자체를 자신의 유능함으로 느낀다.

배가 고파 아무리 울어도 먹을 게 제공되지 않고 기저귀가 젖어 불쾌한데도 여전히 똥 싼 기저귀, 오줌 싼 기저귀를 차고 비비적거리며 울어야 한다면, 그러다 누군가 귀찮은 듯 짜증 내며 안아 주고, 거친 손길로 돌봐 준다면 아이는 세상으로부터 학대받는 느낌이 들 것이다. 자신의 세상이 대단히 불안전하며 불안정하다는 경험을 한 아기에게 형성될 것들은 무엇일까. 불신, 불안, 짜증, 거부, 불쾌함, 그리고 거친 손길과 그에 따르는 부정적인 언어들로 채워질 것이다. 세상으로부터 거부당한 아이가 세상을 어떻게 인식할지는 자명하다. 아이가 간절히 원할 때는 거부하다가 정작 아이가 원치 않는 관심만 들이붓는다면(예를 들면 대여섯 살만 되어도 학습에 관심을 쏟는다든지) 그 부모와 자녀는 최악의 관계를 맺게 될 것이다.

만 18개월까지가 애착 형성에 중대한 영향을 미치는 결정적 시기라고 하지만 이후 만 세 살까지는 아이가 자신의 세상을 맘대로 조종할 수 있도록 도와주어야 한다. 그게 애착 형성의 기초가 되기 때문이다. 아이의 애착 형성이 일생에 걸쳐 중대한 영향을 미친다. 지금 내 아이가 보내는 신호에 최선을 다해 응답하는 엄마, 그런 엄마가 아이에게 필요한 현명한 엄마다.

애착 형성을 도와주는 방법(만 0~3세)

1 신체 반응

안아 주고, 눈 맞춤 하고 마사지해 주고, 아이의 욕구를 맞춰 주는 데 최선을 다한다.

2 언어 반응

아이가 목구멍에서 소리를 만들어내고(cooing) 옹알이(babbling)를 하며 모국어의 자모음을 습득하는 시기이므로, 아기가 소리를 만들어 내면 기뻐하는 표정으로 반응을 보이는 것이 좋다.

3 대상항상성 발달시키기

아기는 눈앞에 있던 사물이 사라지면 없어졌다고 생각해서 불안해한다. 그래서 잠시 아기 곁을 떠날 때는 눈앞에는 없지만 어딘가에 있다는 것을 알려 주는 것이 좋다. 예를 들어 화장실에 갈 때는 "엄마, 응가하고 올게"라고 양해를 구하고 화장실에서 나와서는 아기에게 얼굴을 보여 주면서 "엄마 응가하고 왔어"라고 확인을 해 준다. 기다려줘서 고맙다고 안아 주며 칭찬을 하는 것도 좋다.

대상항상성을 향상시키는 놀이로는 다음과 같은 것들이 있다.

❶ 까꿍놀이 : 엄마가 이불이나 수건으로 얼굴을 가렸다가 다시 얼굴을 보이는 놀이. 아이가 재밌어 할 뿐만 아니라 대상항상성을 향상시키는 데 도움이 되고 엄마가 사라져도 울거나 두려워하는 것을 줄여 준다.

❷ 똑똑똑 놀이 : 엄마가 방에 들어가고 '똑똑똑' 노크한 후 열어서 아이 앞에 나타나는 놀이. 엄마가 한시도 자리를 뜰 수 없을 정도로 아기가

불안해한다면 이 놀이를 해 보자.

❸ 무궁화 꽃이 피었습니다/숨바꼭질 놀이 : 아이가 엄마가 어디에 있는지 궁금해할 때쯤 바로 나타나서 아이를 안심시키는 게 좋다. 이런 놀이를 통해 아이는 '보이지는 않지만 어딘가에 있을 거야' 라는 믿음을 갖게 된다. 또한 낯선 물건이나 상황에 적응하도록 도와주고 세상은 믿을 만하다는 믿음을 준다.

4 엄마의 불안정한 기분대로 반응하지 말고 아이의 기분에 맞춰 주자.

엄마가 우울증이 있다거나 기분에 따라 예뻐했다 무관심했다 하면 아이는 불안해한다. 이런 것들이 애착 형성을 불안정하게 만든다. 부모의 성숙한 감정 조절이 필요하다. 부모의 자아상이 아이의 자아상이 된다.

5 긍정 스트로크(Stroke, 반응)로 아이를 성장시키자.

아이의 눈짓, 표정 등을 통해 감정을 읽으며 따뜻한 스킨십을 하고 미소를 짓고, 칭찬, 격려를 하라. 이러한 것들이 아이의 성장에 밑거름이 된다.

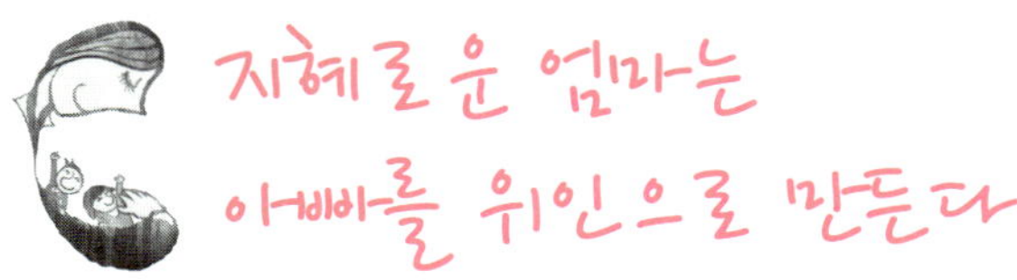

**이럴 때 아빠가
싫어요—
아이가 몰라도 되는 일**

아빠가 술을 병째로 마시고 있다. 양 볼은 빨갛고 눈동자도 빨갛다. 눈동자는 완전히 풀려 있다.

아빠가 달밤에 바깥에서 담배를 피우고 있다. 아빠 옆에는 큰소리치는 여자 그림이 있다. 그 여자는 눈과 입을 찡그리고 있다.

아빠가 담배를 피우고, 옆에는 검은 눈물을 뚝뚝 흘리는 여자아이와 앰뷸런스 그림이 그려져 있다. 그리고 검은색으로 칠한 X 표시. 이 그림을 그린 아이는 그림을 설명하며 이렇게 말했다. "아빠가 담배를 피워 언제 죽을지 모른대요."

● 아이들이 '이럴 때 아빠가 싫어요' 라는 주제로 그린 그림

아이들이 그린 아빠의 모습(그림)을 글로 설명한 것이다.

한동안 아빠교육을 할 때면 이 그림을 보며 ‘아이들이 아빠에게 바라는 것은 무엇일까?’ ‘우리 아이가 아빠의 무엇을 볼까?’ ‘아이는 아빠에게 무엇을 원할까?’ 등을 이야기했다. 강의 부제는 ‘지피지기 백전백승’. 아이를 잘 키우려면 아이를 잘 알아야 하는데, 과연 아이가 바라보는 아빠는 어떤 모습인지, 내 아이가 아빠에게 바라는 것은 무엇인지를 보여 주고 싶어서 아이들이 아빠를 그린 그림을 준비한 것이었다.

사실 그 그림들은 원래 아빠들이 왜 육아에 참여해야 하는지. 육아에서 아빠가 어떤 역할을 해야 하는지를 얘기하고 싶어서 준비한 건데, 진행을 하다 보니 아이의 관심은 온통 부모를 향해 있다는 것을 새삼 확인하게 되었다. 정확히 말하면 ‘아이의 레이더는 엄마를 향해 있었다’. 엄마가 싫어하면 아이도 싫어했다. 그 그림들은 엄마가 아빠를 미워하면 아이도 아빠를 미워한다는 사실을 보여 주는 것들이기도 했다.

‘이럴 때 아빠가 싫어요’ 라는 주제로 아이들이 그린 그림에는 아이 자신이 싫어하는 아빠의 모습이 아니라 엄마가 싫어하는 아빠의 모습이 담겨 있었다. 이 그림은 엄마들을 대상으로 강의할 때도 요긴하게 사용했고, 그해 가장 반응이 좋은 특강이 되었다. 어떤 엄마는 강의를 듣고 강의 느낌을 발표하는 자리에서 “내가 그동안 남편에게 얼마나 독선적이고 가족을 내 맘대로 하려 했는지를 알게 된 강의였다”는 고백을 하기도 했다.

부모가 행복하면 아이도 행복하다는 사실을 우리 모두 알지만, 우리가 정말 아이를 의식하며 행동하는 걸까? 요즘에는 많은 부모들이 아이들의 발달단계를 알고 잘 키우기 위해 '지피(知皮)'에 관심을 쏟는다. 그러나 아직도 부모의 자기 알기, 즉 '지기(知己)'에는 소홀한 것 같다. 아이가 그린 그림을 보는 부모는 스스로를 돌아보게 된다. 아이는 부모의 GPS임을 알게 된다. 아이가 부모가 가야 할 방향을 제시해 주는 것이다.

아이가 정말 아빠가 술을 병째로 마시는 것을 본 적이 있는지 궁금하다. 어떤 아빠가 아이가 있는 데서 그렇게 빨간 눈을 한 채 술을 병째 마시겠는가. 아이들은 그동안 보고 느낀 이미지를 사실이라고 표현하기도 하므로 이 그림만 가지고 아빠의 평소 모습을 판단할 수는 없다. 이 그림을 그린 아이의 아빠는 억울할 수 있다. '그런 모습을 보인 적이 없는데 어디서 병째 술 마시는 걸 보고 이런 걸 그렸지? TV에서 보았나?'

아이들은 아빠들이 그런 행동을 할 때 엄마들이 아빠한테 한 말이나 반응을 듣고 느껴서 그렇다고 생각한 것을 그림으로 표현했을 것이다. 아마 엄마들이 이렇게 말하지 않았을까?

"아예 술을 병째 들이부었네. 저 얼굴 좀 봐. 빨가네 아주 빨개. 눈 좀 봐봐. 세상에 그게 눈이니? 이건 뭐 화산이 폭발한 것 같네. 애, 아빠 좀 봐봐. 어휴 술 냄새. 애한테 참 좋은 거 가르친다."

이런 상황이 발생하면 아이는 엄마에게 '감정이입'이 된다. 이때 엄마가 "정말 속상해 죽겠어. 도대체 매일 술이야. ○○야, 넌 술 입에 도 대지 마! 알았지?" 하며 아이에게 교육까지 한다면 아이는 엄마를 속상하게 한 술에 대한 미움과 아빠에 대한 원망을 동시에 품게 된다. 엄마는 아빠와 술을 미워하라고 한 것은 아니지만, 아이는 엄마의 일거수일투족과 호흡까지 느끼고 받아들이기 때문이다.

엄마의 모든 것이 아이에게 각인된다. 그렇다면 남편이 아내의 마음에 들지 않는 일을 했을 때는 어떻게 하는 것이 좋을까?

남편이 술을 마셨다면, 조용히 안방으로 데려가자. 아이 앞에서는 절대 아빠가 술을 마신 것에 대해 부정적인 이야기를 하지 말자. 좋은 소리가 나오지 않을 것이라면 아이 앞에서는 일단 피하자. 만약 아이와 함께 아빠를 맞이하러 나왔다면 이렇게 말하는 것이 좋다.

"여보, 술 드셨네요. 얼른 쉬어야겠어요. 우선 방에 들어가서 옷부터 갈아입고요."

혹시 아이 들으라는 듯, 혹은 아이를 의식하지 않고 "또 술이야? 왜 아예 들어오지 말지. 술하고 살든지. 애가 만날 술 취한 아빠나 보니 뭘 보고 배우겠느냐고!"라고 한다면 아빠는 물론이고 아이와 엄마 모두 기분이 나빠진다. 비록 원인을 제공한 사람은 술을 마신 아빠지만 정작 아이에게 영향을 미치는 건 '엄마가 보이는 태도'다. 아이에게 교육적으로 더 안 좋은 영향을 미치는 건 술을 마신 아빠가 아니라 엄마가 아빠에게 보이는 반응이라는 사실을 간과한 것이다.

술 마시고 취해서 밤늦게 들어온 남편이 예쁠 리 없지만, 아이 앞에서 표시 내는 것은 아내로서는 정당한 행위일 수 있어도 엄마로서는 부족한 행동이다. 원인이 어쨌든 어른들의 문제다. 아이 앞에서 엄마 아빠가 싸우는 모습을 보이지 말자. 아이는 엄마 아빠가 싸울 때 공포를 느낀다. 어른들의 문제로 아이가 불안과 공포, 소외감을 느끼지 않게 해야 한다.

　　"마음이 아파요. 마음이 안 좋아요."
　　"화나고 속상해요."
　　"시끄러워서 TV 봤어요."
　　"시끄러워서 잠을 잘 수 없어요."
　　"너무너무 무서워요."
　　"숨어 버리고 싶어요."
　　"나를 귀찮아해요."

　일곱 살 아이들이 '부모 싸움'에 대한 느낌을 적은 것이다. 부모에게는 싸움을 하는 타당한 이유가 있지만, 아이에게는 부당할 뿐이다. 아이는 행복이라는 정서를 느껴야 할 권리가 있다. 아무리 정서 발달이 중요하더라도 아직 어린 나이에 희로애락애오욕을 다 느껴야 할 필요는 없다. 즐거움과 기쁨을 많이 느껴야 아이가 자라면서 더 다양한 감정들을 제대로 느낄 수 있다. 그래야 분노를 잘 다스리는 아이, 슬픔을 제대로 느끼고 극복할 수 있는 감정 조절 능력이 발달한 아이로 성장할 수 있다.

　남편이 집 밖에 나가 몰래 담배를 피우고 들어오는 것을 굳이 아이까지 다 알도록 문제 삼을 필요가 있을까.

　"밖에서 피우고 오면 냄새는 어떡할 거니? 어휴 담배 냄새. 그거 하나를 못 끊고……. 그러면서 애한테 무슨 교육을 하겠어!"

엄마가 그렇게 말한들 아빠가 바로 금연할 것도 아닌데 아이가 달밤에 담배 피우는 모습을 그리게 할 건 뭔가. 금연 교육 하려면 안방에서, 아이 없는 데서 하자.

아이들이 '아빠가 싫을 때'라는 주제로 그린 그림에는 '장난감 안 사 주는 아빠' '나랑 안 놀아 주는 아빠' '나를 혼내는 아빠' 등이 나와야 한다. 아이답게 자기중심적으로 생각해서 자기가 싫어하는 아빠의 모습이 나와야 하는 것이다.

아이가 '아빠가 싫을 때'를 그린 그림에 엄마가 싫어하는 아빠의 모습이 나온다면 부모가 아이에게 상처를 주고 있는 것이다. 부모가 아이에게 이렇게 상처를 주면서 감수성이 풍부하고, 인성이 훌륭하고, 사회성이 발달하고, 창의력 있는 아이로 키우려 아무리 노력한들 무슨 소용이 있겠는가. 부모부터 아이가 상처 받지 않게, 기죽지 않게, 공포를 느끼지 않게, 밝고 환한 세상에서 긍정의 마음가짐을 배워 나가게 해야 한다. 부모의 이견과 다툼, 비난이 아이를 망친다. 엄마 아빠의 단점은 굳이 아이가 몰라도 되는 일이다. 아이 앞에서 드러내 망신을 주거나 비난하지 말자.

아이들에게 어떤 때 아빠가 좋은지를 물었다. 아이들이 대답했다.

자전거 고쳐 주실 때

엄마가 모르는 거 가르쳐 주실 때

높은 곳에서 물건 꺼내 주실 때

설거지 도와주실 때

나라를 위해 열심히 일하실 때

책 읽으실 때

힘드신데도 회사 가실 때

서로 듣기 좋은 말 할 때

다정하게 얘기할 때

뽀뽀할 때

아이들이 '이럴 때 아빠가 좋아요' 라는 주제로 쓴 글이다. 이 글을 보면 엄마가 아빠에게 하는 말이 아이에게 얼마나 중요한지를, 아이가 있는 데서 부모가 어떤 말을 해야 하는지를 알 수 있다. 부부의 장점은 큰 소리로 아이가 듣게, 단점은 아이가 없는 데서 둘이 조용하게 이야기해야 한다.

나는 아이에게 아빠는 위인이어야 한다고 말한다. 아빠는 아이에게 존경받아야 한다. 영유아기 자녀, 초등 저학년 아이에게 아빠의 어떤 점이 영웅적으로 보이고 존경할 만한 것일까. 과연 구국의 영웅 이순신처럼, 한글을 창제한 세종대왕처럼, 한국을 빛낸 위인들처럼 대단한 일을 해야 아빠가 위인으로 느껴질까. 아이들이 아빠를 세종대왕보다 더 훌륭한 사람으로 여기게 하는 방법이 있다. 엄마가 아빠를 존중하는 태도를 보이는 것이다.

아이들의 글을 참고로 예를 들어 보자. 남편이 아이의 자전거를 고쳐 주었을 때는 이런 반응을 보이면 어떨까?

"어머, 여보, 당신은 어쩜 그런 것도 잘해요. 누리야, 아빠 정말 멋있다. 자전거도 뚝딱 고쳐 주시고. 아빠 손은 멋진 손."

남편의 손을 어루만지며 자랑스럽게 이야기해 보자. 아이는 아빠를 멋있게 느낄 것이다. 그 말을 하는 엄마의 얼굴을 보며, 그 말을 듣는 아빠의 모습을 보며 아이는 아빠를 자랑스럽게 여길 것이다.

엄마가 아빠에게 무엇인가를 물을 때는 "그것도 몰라?" 하지 말고 다정하게 알려 주자. 그런데 그다음 엄마의 반응이 더 중요하다.

"여보, 어쩜 설명을 그렇게 잘해요. 가르쳐 줘서 고마워요."

아이가 곁에 있다면 조금 과장된 목소리로 이렇게 말하면 좋겠다.

"누리야, 아빠는 척척박사신가 봐. 그렇지?"

자랑스럽게 아빠를 바라보는 엄마의 눈빛을 보며 아이는 아빠뿐 아니라 엄마도 자랑스러워할 것이다.

아내가 초보 운전인데 교습 겸 가족 나들이를 갔다가 부부 싸움을 했는지 아이가 이렇게 말했다.

"아빠가 엄마 운전 가르쳐 주다가요 둘이 싸웠어요."

아이가 덧붙였다.

"엄마는 이상해요. 아빠한테 운전 또 배우면 성을 간다고 해 놓고 아직도 이름 안 바꿨어요."

엄마를 비난하는 아빠, 그런 아빠를 향해 비난으로 맞받아치는 엄마는 모두 아이에게는 '이상한' 사람이다. 존경하는 부모와 이상한 부모는 알고 보면 종이 한 장 차이일지도 모른다. 부모의 말 한마디에 달려 있으니.

만약 남편이 불친절하게 대하더라도 아이 앞에서는 비난을 하지 말자.

"내가 당신한테 운전을 배우면 내가 성을 간다 성을 갈아. 자긴 처음부터 운전 잘했나. 내가 정말 치사해서"라는 말 대신 "내가 운전이 서툴지 여보? 차근차근 잘해 볼게. 조금만 친절하게 가르쳐 줘요"라고 말하자.

이렇게 반응할 자신이 없으면 아이를 태우지도 말고, 남편에게 운전을 배우지도 말자. 부부가 행복하지 않으면 그 불행은 고스란히 아이의 몫이다. 부모가 아이를 불행하게 만들 권리는 없다.

남편이 높은 곳에서 물건 꺼내 주는 것을 왜 아이는 아빠가 좋을 때라고 했을까? 아마 이 아이의 엄마는 지혜로운 엄마일 것이다. 아빠가 높은 곳에서 물건 꺼내 주실 때 아이가 아빠를 특별히 존경스럽게 여길 이유가 없다. 아마도 엄마가 아빠에게 이렇게 말했기에 아이가 그렇게 생각하는 것일 테다.

"고마워요. 여보. 당신이 최고야. 물건 내려 줘서 고마워요."

고맙다는 말, 사랑한다는 말을 자주 하라고 하지만, 많은 부모들이 "일상에서 그런 말을 할 기회가 없다"고 말한다. 하지만 살펴보면 무궁무진하다. 그리고 아이들은 부모가 하는 이런 말을 들으며 '고마워, 미안해, 사랑해'라는 말의 쓰임을 알게 되고 아낌없이 사용하게 된다.

"여보, 회사 출근하느라 힘들죠? 힘들어도 가족을 위해 애써 줘서 고마워요. 운전 조심하고 잘 다녀오세요." 이 말을 들은 아이는 아빠에 대한 고마움과 '할 일은 해야 한다'는 책임감을 배울 것이다.

엄마 아빠가 '서로 다정하게 듣기 좋은 말을 할 때'와 '뽀뽀할 때'가 아이들은 엄마 아빠가 좋을 때라고 표현했다.

아이들이 엄마 아빠에게 바라는 것들 중에 부응하기 힘들거나 부모로서 버거운 것이 있는지 살펴보자. 부모가 서로 사랑하고 행복하길 바라는 아이들의 소박한 바람에 가슴이 뭉클해진다.

아이들이 바라는 것은 거의 엄마 아빠 위주다. 이것을 보면 일곱 살 아이들이 결코 '자기중심적'이 아닌 것 같다. 이 아이들이 진정한 이타주의자 같고 '당신이 행복하면 내가 행복하다'는 타인에 대한 조망 수용 능력이 뛰어난 것 같다.

아이들은 '엄마 아빠가 이럴 때 좋아요'라는 주제로 그린 그림에서도 대부분 부모님 감정 위주로 표현했다.

● 엄마 아빠가 손잡고 산책하는 모습

● 엄마가 아빠한테 맛있는 깍두기를 먹여 주는 장면

● 아빠가 엄마의 머리를 말려 주는 모습

● 엄마 아빠가 나란히 TV를 보는 모습

● 아빠와 엄마가 함께 청소하는 장면

　아빠의 훌륭한 점, 장점은 아이가 알아야 할 것이다. 아이의 맘에 가득 차게 크게 칭찬하라.

● 주말에 TV만 보는 아빠와 아이랑 좀 놀아 주라고 다그치는 엄마

● 늦잠을 자는 아빠와 함께 밖에 나가자고 아빠를 깨우는 엄마

'엄마 아빠가 이럴 때 싫어요' 라는 주제로 그린 그림 역시 아이들은 부모님 감정 위주로 표현했다.

주말에 남편이 늦잠을 자고 싶어 하면 억지로 깨우지 말자. 꼭 아빠와 함께여야 아이가 행복하진 않다. 잠이나 자고 싶은데도 아내의 채

근에 억지로 따라나선 남편이 운전인들 행복하게 하겠는가. 그런 차에 함께 탄 가족이 다정하게 말을 할 리가 없다. 그럴 때 지혜를 발휘하자.

"누리야, 아빠가 오늘은 쉬고 싶어 하시니까 엄마랑 산책할까? 맛있는 것도 사 먹고 오자. 여보, 쉬고 있어요. 우리 다녀올게요."

엄마들의 맘도 알지만 남편 몸이 안 따라 주는데 굳이 억지로 깨우고, 아이 앞에서 아빠의 피곤 본능을 들춰내며 '잠만 자고 TV만 좋아하는 아빠'로 만들지는 말자. 엄마가 아빠에게 하는 비난이 아빠에 대한 부정적인 이미지를 구축하는 데 큰 역할을 한다. 주말이나 일요일엔 TV만 보고 소파에 길게 드러누워 나랑 안 놀아 주는 아빠, 그래서 엄마한테 혼나는 아빠. 아이도 아는 것을 굳이 복습시켜 주지 말자. 비난하는 대신 이렇게 말하면 아이는 TV 보는 아빠가 더 이상 밉지 않다.

"누리 아빠, 일주일 동안 일하시느라 힘들었죠? 힘든데도 회사 나가느라 얼마나 피곤할까. 조금 쉬고 있어요. 우리 다녀올게요."

워킹 맘 엄마도 피곤해서 쉬고 싶긴 마찬가지고, 전업 맘도 주말에 쉬고 싶기는 매한가지다. 그래도 아이를 키우는 데 누군가의 손길이 필요하다면 아빠에게 미루거나 비난하지 말자. 아무리 아빠 육아가 대세여도 열 살까지는 엄마의 손이 아이에게 더 좋다. 그리고 이렇게 지혜롭게 아빠를 비난하지 않고 아이에게 시간을 내준 엄마는 아이가 열 살을 넘어서면 자녀 양육에서 아빠에게 엄청난 도움을 받을 수 있다. 아빠를 존경의 대상으로 남겨 놓아야 이게 가능하다. 불평이라도 해서 스트레스라도 풀고 싶은 마음은 이해하지만, 그러면 더 많은 것을 잃는다는 사실을 잊지 말아야 한다.

엄마도 너무 피곤하다면 그냥 아빠랑 다정히 누워 TV를 보거나 쉬어도 좋다. 아이들의 그림에도 표현되어 있듯, 아이는 엄마 아빠가 다정하게 누워 TV 보는 모습만 봐도 행복할 수 있다. 아이는 부모가 싸우면서 밖에 놀러 나가길 원하는 게 아니다. 서로 맛있는 거 권하며 먹여 주고, 서로 사랑한다고 말하고, 서로 고맙다고 잘한다고 격려하고 칭찬하며 살면 된다. 그러면 여행을 가지 못할 형편이라도, 넉넉지 않은 환경이라도 아이는 행복하게 자란다. 엄마와 아빠가 좋으면 아이도 좋다.

"말로만 '남편이 애'라고 하지 말고, 말로만 '아들 하나 더 키운다'고 하지 말고 아들에게 하듯 간식도 만들어 주고, 아들에게 하듯 칭찬도 해 주면 좋겠다."

아빠교육 특강에서 만난 아빠들이 한 말이다. 내가 "아이 잘 키우고 싶으면 아내에게 잘하라"는 말을 강조하자 아빠들도 '엄마교육'에서 이 말을 전해 달라고 했다.

현명한 엄마는 아이도 잘 키우지만 남편도 격려한다. 격려받은 남편은 아내의 말도 잘 들을 것이다. 자신을 인정하는 사람을 위해 목숨도 바치는 게 남자들 아닌가. 남편을 아내 편으로 만드는 데는 인정과 칭찬, 존경이 최고다. 남편은 아내를 사랑하고, 아내는 남편을 존경하는 그런 부부는 행복하다. 이런 가정에서 자란 아이는 엄마를 사랑하고 아빠를 존경한다. 엄마 아빠가 행복하면 아이도 행복하다.

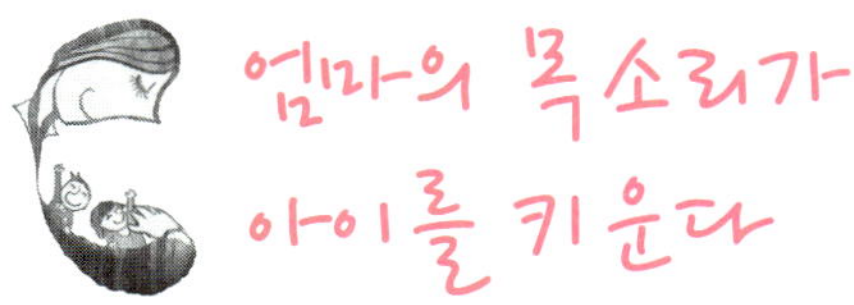

“진짜 짜증 나. 완전 자기 맘대로야.
어떨 땐 다 괜찮은 거처럼 보이다가 어떤 때는 정말 웃겨.”

“어쩔 수 없잖아. 우리 목숨 줄 쥐고 있으니 잘 보여야지.”

“어떤 애들은 자기 엄마 막 욕해요. 뭐 안 사 주면 ○○라고 욕도
하고요. 더 심한 욕을 하는 애들도 많아요. 그러면 엄마가 막 쩔쩔 매
다 결국은 사 줘요.”

“엄마 욕하면서 뭐 아주 대단한 일이라도 하는 것처럼 생각하고, 자
랑하듯이 부모님 욕하는 애들도 많아요.”

우리 아이들의 이야기다. 거리에서, TV 인터뷰에서, 혹은 어디에서
나 아이들은 부모를 탓한다. 부모 욕 안 듣게 하려고, 부모를 봐서라도
자식들이 최선을 다해 행동하던 것은 이미 옛일이 되었나 보다. 나도
“아이들이 예전 아이들 같지 않다”고 쉽게 말한 적이 있었다. 부모교

육 전문가로서 첫발을 내디뎠을 무렵, "부모들이 아이들을 너무 오냐오냐 키워서 아이들이 버릇이 없는 것"이라고 자신 있게 얘기했다. '우리 부모가 잘못 키워서'라고 말했지만 행간에는 잘못 커 준 아이들을 원망하는 마음도 섞여 있었음을 고백한다. 그러나 시간이 지날수록 잘못 커 준 아이들을 원망하는 마음은 줄어들고, 우리 부모의 면면이 더 많이 보인다.

부모가 조금만 더 관심을 기울이면 아이들이 정말 잘 자랄 수 있으리란 생각을 자주 한다. 부모로서 죄책감을 느끼라는 것이 아니다. 부모가 죄책감 느낄 이유는 없다. 부모는 그 자체로 위대하니까. 사람이 사람을 낳아 사람답게 키우는 일이 예삿일인가. 인간이 인간을 창조하고, 어엿한 인격체로 키우는 일은 생각할수록 벅차다. 부모 노릇에도 연출이 필요하다고, 아무나 부모가 될 수는 있어도 아무나 부모 노릇을 잘하는 것은 아니라고 말하는 것은 그런 이유에서다. "아이가 부모의 앞모습, 옆모습, 뒷모습을 보고 자란다고, 아이 앞에서는 숨소리도 골라야 한다"고 말하면서 부모 됨의 어려움을 이야기하며 우리 젊은 부모들에게 미안할 때도 많다.

내가 하는 일은 깔딱고개를 앞에 두고 힘들어하는 옆 사람에게 동반자로서 격려를 하는 일 같기도 하고, 달리고 있는 마라토너에게 갈증을 풀어 주는 물을 건네는 일 같기도 하다. 그러나 정말 필요한 일을 하면서도 아픔을 겪고 있는 당사자인 부모는 못 돼 주는 것이 안타깝기도 하다. 그렇지만 내 아이는 내가 키우는 것이다. 내 아이를 가장 잘 키울 수 있는 사람은 부모다. 누가 대신 해 줄 수 없다. 누구도 대신

할 수 없는 이 중차대한 일을 하면서 우리 아이들이 최소한 부모 욕은 하지 않게 키워야 하지 않을까.

감정과 정서의 문제로 접근해 보자. 아무리 강조해도 지나침이 없는 감정 조절과 정서지수를 돌아봐야 할 때다. 지능지수보다 정서 능력이 더 중요하다는 것은 이미 입증된 사실이다. 세계적인 심리학자인 대니얼 골먼(Daniel Goleman)은 《EQ 감성지능》에서 학창 시절 성적이 높고 지능이 높았던 학생들보다 감성지능이 높았던 학생들이 행복하고 성공적인 삶을 살고 있음을 증명해 보였다.

정서가 아이의 평생을 좌우한다. 그래서 부모들은 감정 코칭, 눈높이 대화 등을 통해 아이의 정서와 공감 능력을 높여 주고자 부단히 노력한다. 그러나 아이의 정서지능을 높이기 위한 모든 노력에 앞서 해야 할 일이 있다. 그것은 부모의 감정과 정서를 먼저 들여다보는 것이다.

나는 부모교육을 할 때 아이들의 감정 조절 능력을 따져 보기 전에 우리 어른들의 감정 조절 능력을 먼저 살펴보자고 말한다. 특히 부모가 평상시에 아이에게 어떤 목소리로 말하는지 돌아보고 그 목소리에 어떤 감정을 담는지를 먼저 살펴보자고 말한다. 늘 그렇듯 부모 자신을 돌아보는 게 먼저다.

"우리 엄마라는 ○, 진짜 웃기지도 않아. 자기가 뭔데 나한테 이랬다저랬다 완전 미친 ○이야. 어떤 때는 '놀아 놀아. 지금 안 놀면 언제 노니?' 이러다가 어떤 때는 '그렇게 놀다 평생 놀겠다' 그런다. 완전 재수 아니니? 자기는 아빠 덕에 평생 놀면서."

중학생으로 보이는 아이가 엄마의 모순을 바닥까지 들어낼 셈인 듯 길을 가며 친구에게 낱낱이 얘기하고 있었다. '저 아이의 엄마 목소리가 저렇구나' 하고 느낄 만큼 섬뜩하게 엄마를 재연하기까지 한다. 엄마의 목소리에 담긴 감정을 무섭도록 정확하게 표현하고 있었다. 평소에 말의 중요성을 강조하는 나는 이 말간 얼굴을 한 중학생이 재연하는 엄마의 목소리에 말 그대로 만감이 교차했다.

2011년 1월, 미국 애리조나 주에서 총기 사건이 일어났다. 미국 대통령 오바마는 이 사건의 희생자를 추모하는 연설을 했다. 그는 연설 시작 후 몇 마디 말하고는 다음 말을 잇지 못했다. 희생자인 아홉 살의 여자아이 크리스티나를 언급하며 "나는 우리 민주주의가 크리스티나가 마음에 그리며 생각했던 것과 같이 좋았으면 한다"고 말한 직후였다. 그는 청중을 애통한 표정으로 둘러보며 51초를 그렇게 침묵했다. 청중들은 이 침묵에 수차례 기립박수를 보냈다.

링컨의 유명한 게티즈버그 연설과 마틴 루서 킹 목사의 연설은 연설 내용도 내용이지만 그들의 진정 어린 표정과 목소리가 그들의 연설이 역사에 남을 명연설로 기록되는 데 더 큰 몫을 했다.

심리학자인 앨버트 메라비언(Albert Mehrabian)은 한 사람이 상대방에게 메시지를 전달하는 데 가장 많은 비중을 차지하는 것이 표정과 태도를 비롯한 몸짓(55퍼센트)이고, 그다음은 목소리(38퍼센트)이며, 본 내용은 7퍼센트밖에 안 된다고 주장했다. 이는 말하는 내용보다 목소리, 음색, 억양, 표정 등이 의사소통에서 더 많은 비중을 차지한다는 것을 의미한다. 이 '메라비언의 법칙'을 상기하면서 엄마들이 아이에게 말할 때 어떤 표정과 목소리, 억양으로 말해 왔는지 돌아봤으면 좋겠다.

초등학교 운동장에서 아이가 공차기를 하고 있다. 아이가 평소에 운동하기를 싫어하는지 엄마가 열심히 공을 맞받아 차며 격려했다. 그러자 아이가 자신이 생겨 재미가 있는지 저녁 식사 준비를 하러 집에 들어가야 한다는 엄마의 말에도 아랑곳 않고 계속 공차기를 하자고 했다. 집에 들어가자는 말을 반복하던 엄마는 슬슬 짜증이 나기 시작했다.

"넌 공 안 찬다고 집에서 안 나오려고 할 때는 언제고 안 들어간다고 하는 건 또 뭐냐~."

"엄마는 내가 안 한다고 할 때는 하자고 떠밀어 나오게 하더니 한참 잘되는데 하지 말라는 건 또 뭐야."

"꼬박꼬박 말대꾸는 잘하네. 엄마 지금 밥해야 하거든."

"싫어. 지금 잘된단 말이야."

"지금 공차기가 중요하니? 밥이 중요하니?"

"공차기!"

“야, 너 장난해? 엄마가 네 친구야? 엄마가 대드는 거 싫어하는 거 몰라?”

“이게 대드는 거야? 말하는 거지? 엄마는 만날 대든대. 순전히 엄마 맘대로야.”

“야, 지금은 네 맘대로 하고 있거든. 얘가 지 맘대로만 하려 들고. 네 맘대로 해. 엄만 들어갈 거니까. 혼자 실컷 놀고 와.”

엄마는 공을 뻥 차고는 돌아서 간다. 아이는 공을 쫓아가 잡더니 울면서 엄마를 따라간다.

“엄마, 엄마 같이 가. 나 무섭단 말이야.”

초등학교 저학년 아들과 엄마의 수준이 별 차이가 없다. 친구 같은 엄마 아빠가 많아지더니 애어른의 구분 없는 대화도 행동도 많아지는 것 같다.

엄마의 급변한 태도에 나도 좀 의아했다. 엄마는 좀 전까지만 해도 아이에게 더없이 좋은 놀이 친구였다. 그런데 저녁때가 되어 식사를 준비해야 하니 들어가자는 제안을 아이가 받아들이지 않자 대뜸 돌변해 버린 것이다. 아이 말마따나 그야말로 ‘엄마 맘대로’ 였다. 뿐만 아니라 엄마는 이해하기 힘들 만큼 화를 냈다. 공을 뻥 찰 때 엄마는 ‘엄마가 뭐 저래?’ 라는 생각이 들만큼 유치하게 감정을 드러내 보였다. 감정을 조절하지 못한 행동을 보이면서 아이에게 뭘 가르치려는 걸까. 갑작스런 분노형 엄마의 본보기라 할 수 있다. 좋을 땐 친구같이 엄청 잘해 주다가도 맘에 안 들면 바로 분노해 버리는 엄마는 아이를 혼란스럽게 만든다.

"벌써 다했다고? 그럴 리가……. 그럼 그렇지, 그럴 줄 알았어."

방에 들어갔다 나온 엄마가 공책을 흔들며 몇 장을 넘기더니 아이를 꾸짖는다.

"그렇게 노는 것만 좋아하다 뭐가 될래? 내가 이럴 줄 알았어. 이렇게 엉터리로 해 놓고 다 했다고. 그럼 그렇지 네가."

이렇게 말하며 엄마는 한 번 더 아이를 훑어본다.

초등학교 3학년 현규는 노는 것을 정말 좋아하는 아이다. 축구, 보드 타기, 자전거 타기 등 밖에서 몸을 움직이는 놀이라면 어떤 것이라도 좋아한다. 현규는 학교에서 돌아오면 엄마의 표현대로라면 '숙제하는 시늉'만 하고 즉시 밖으로 나가서는 배가 고파야 들어온다. 학원도 다니지 않는다. 지금까지 현규가 다닌 학원은 태권도 학원이 유일하다. 그것도 일곱 살 때 어찌어찌 간신히 몇 달 다녔다. 현규는 누군가의 통제를 받는 것을 싫어한다. 몸을 움직이는 것은 좋아해도 자발적으로 하는 것을 좋아하지 누가 이래라저래라 하는 운동은 싫어하는 것이다.

엄마는 그런 현규가 못마땅하다. 어린 시절 자신을 빼다 박은 것 같다. 초등학교 동창인 남편의 한마디가 결정적인 역할을 했다.

"현규 쟤는 어쩌면 당신 어렸을 때랑 똑같냐. 잠시도 못 앉아 있네. 당신도 그랬잖아? 수업 시간에도 그래서 엄청 혼났지? 기억나?"

남편의 이 말이 비난처럼 들렸다. 어린 시절 자신과 남편은 대조되는 학생이었다. 초등학교 동창들이 둘이 부부가 된 것이 기네스북감이라고 말할 정도로 둘은 완전 딴판이었다. 현재 연구원인 남편은 초등학생 시절부터 학구파에 바른생활 사나이였다. 반면 현규 엄마는 걸핏하면 교무실로 불려 가 꾸중을 들었다. 가만 앉아 있지 못하고 집중을 안 해서, 숙제 안 해 와서, 놀기만 좋아한다고……. 그런 현규 엄마가 두각을 나타낸 유일한 과목이 있었으니, 바로 체육이었다. 담임선생님도 격려인지 비난인지 모를 말투로 이렇게 말한 적이 있다.

"넌 올림픽 나가 금메달 따는 방법밖에 없다. 그렇게 노는 걸 좋아하니 공부는 체질상 안 맞는 거 같고. 아니면 남편 잘 만나는 방법도 있긴 하지만."

현규 엄마는 자신이 좋아하는 체육이 자신의 약점을 드러낼 때 자주 언급되는 게 억울했다. 더구나 당시는 공부가 인생의 행복을 가늠하는 유일한 잣대이던 시절이다. 그래서 현규 엄마는 무의식적으로 '운동 잘하는 것'을 '공부 못하는 것'과 동일시했고, 자신과 달리 공부를 잘하는 남편에게 늘 열등감을 느꼈다. 그런데 남편이 운동 잘하는 아들 현규의 장점을 오히려 비아냥거리며 '엄마를 빼다 박았다'고 말하니 순간 울컥했다.

"요즘이 옛날인 줄 알아? 운동 잘하는 게 얼마나 좋은 건 줄 아느냐고. 당신은 달리기를 할 때마다 항상 꼴찌였지? 운동신경이 그 모양이니 골프 실력도 5년 전이나 지금이나 똑같지."

'아차, 이건 아니다. 남편의 아킬레스건을 건드리는 게 아닌데……' 싶었지만 이미 내뱉은 말이니 어쩔 수 없었다. 어쨌든 이런 마당에 현규가 공부하는 척이라도 해서 고마웠던 어느 날, 책상 앞에 앉은 지 10분도 안 돼 방 밖으로 나와 자전거를 찾는 순간 속이 뒤집혔다.

그래서 나온 말이 "그럼 그렇지, 그럴 줄 알았어"였고, "그럼 그렇지 네가"라는 비꼬는 말이 이어서 나왔다.

"그럴 줄 알았다고 하실 줄 알았어요."

현규는 기분 나쁜 티를 내며 문을 꽝 닫고 나가 버렸다. 현규 엄마는 현규의 뒤통수에 대고 소리를 질렀다.

"야, 알았으면 다야! 너 이제 3학년이라고. 지금 공부 안 하면 넌 이제 끝이야."

엄마의 목소리로 아이 키우기— 부드럽고 온화한 목소리

어떻게 하면 엄마의 진심을 아이에게 온전히 전달할 수 있을까?

"야, 지금은 네 맘대로 하고 있거든. 이기적이야. 얘가 지 맘대로만 하려 들고. 네 맘대로 해. 난 들어갈 거니까. 혼자 실컷 놀고 와."

"그럼 그렇지. 그럴 줄 알았어."

두 엄마의 말이 아이에게 어떻게 전달되었을까? 말하는 내용도 바람직하지 않았지만, '비난하고 경멸하는 태도'가 전달되었을 것이다. 말하는 내용(비난, 경멸, 분노)도 건강하지 않고, 형식(목소리, 태도)도 바람직하지 않았다.

엄마의 진심을 아이에게 전달하려면 먼저 엄마의 목소리가 건강해야 한다. 정상적인 사람이라면 행복과 기쁨, 감사를 전하는 말을 하면서 찡그린 얼굴이나 화난 표정을 짓지 않는다. 웃으며, 미소 지으며 행복한 표정으로 말한다. 비난하고 짜증 내는 말을 할 때 생글생글 웃으며 말하는 사람도 없다. 말하는 내용과 태도, 즉 내용과 형식이 일치하는 것이다. 그런 의미에서 나는 '엄마의 목소리가 아이를 키운다' 고 말한다. 부드럽고 온화한 목소리로 말하는 엄마가 아이를 잘 키운다는 뜻이다.

사람은 정신적인 동물이다. 그래서 잘 키우기가 어려운 것이다. 가축은 잘 먹이고 잘 재우면 되지만 아이들은 육체적 · 정신적으로 돌봐야 하는 것이다. 엄마의 숨소리에도 영향을 받는 아이들에게 비난하고 경멸하는 목소리로 말하는 것은 "제대로 자라지 말라"고 말하는 것과 다를 바 없다.

아이 : 엄마, 조금만 더 하면 안 돼요?

엄마 : 우리 아들, 더 하고 싶구나.

아이 : 네, 더 하고 싶어요.

엄마 : 그렇구나. 그런데 지금은 저녁 식사 준비해야 하는데 어쩌지?

아이 : 그럼, 정말 조금만 더 할게요.

엄마 : 조금이면 몇 번이나 더 하면 될까?

아이 : 다섯 번만요. 다섯 번만 차고 들어가요. 네?

저녁 식사를 준비해야 해서 공차기를 끝내야 한다면 그 상황을 아이에게 말하고 아이가 상황을 생각하고 판단할 시간을 주는 것이 좋다. 다섯 번도 더 허용 못할 만큼 긴박한 상황이라면 몰라도 웬만하면 아이의 의견을 어느 정도 들어주는 것이 좋다. 만약 아이가 다섯 번만 더 한다는 약속을 지키지 않는다면 아이가 스스로 한 '약속'을 거론하면 된다. 엄마가 판단, 결정해서 강요할 것이 아니라 아이 스스로 판단할 수 있도록 온화한 목소리로 아이와 대화하자.

그리고 아이가 스스로 한 약속을 반드시 지키도록 해야 한다. 아이가 약속을 지키지 않을 때는 평소와는 달리 단호한 목소리로 말해야 한다. 이때도 신경질적인 목소리나 짜증 섞인 목소리가 아니라 감정을 가라앉힌 목소리로 말해야 한다.

평소에는 온화하고 부드러운 목소리로 말해야 한다. 그래야 훈육할 때 엄하고 단호한 목소리가 효과를 발휘한다. 아이들 말처럼 엄마 기분 내키는 대로 하면 아이들이 오히려 엄마를 들었다 놨다 할 것이며, 엄마가 있는 대로 목소리를 높여도 엄마가 '화났다'는 것만 전달될 뿐 그 내용은 전달이 안 된다.

현규 엄마가 목소리를 조절하려면 먼저 자신의 내면에 있는 트라우마와 초감정을 내려놓아야 한다. 엄마가 아빠한테 느끼는 열등감은 사실 지금은 아무 의미가 없다. 엄마가 학교 다닐 때 노느라고, 운동하느라고 아빠보다 성적이 안 좋았어도, 그게 지금 무슨 문제가 되는가. 오히려 그것을 빌미로 두 사람이 서로 인신공격하며 깎아내리는 것이 문제가 될 뿐이다.

요즘 청소년들은 '시간이 없어서, 움직이기 싫어서' 운동을 못하고,

안 한다. 그런 면에서 현규는 지금 무척 건강하게 성장하고 있는 것이다. 현규 엄마는 운동을 좋아하는 현규를 비난하고 경멸하고 싶은 것인지, 아니면 공부를 안 하는 현규를 위하는 마음에 걱정하는 것인지 자신의 감정을 정확히 인식해야 한다. 달을 보라는 것인지 달을 가리키는 손가락 끝을 보라는 것인지 모호하게 말하지 말자. 아이가 달을 보길 원한다면 달을 보라고 말해 준 후 가리키자. 그래야 엄마의 생각이 아이에게 제대로 전달되고 아이도 혼란스럽지 않다. 그런 후에 엄마의 마음을 온화한 목소리에 담아 전하면 비난과 경멸이 아니라 엄마의 마음이 정확하게 전달될 것이다. 엄마들 말대로 어느 엄마가 자신이 사랑하는 아이를 비난하고 경멸하고 싶겠는가. 그러나 엄마의 마음만 중요한 게 아니다. 그 마음을 담은 엄마의 목소리, 어투도 중요하다.

"'대화'가 뭔지 아세요? 대놓고 화내는 거예요. 부모님이 대화하자면 우린 다 알아요. 뻔하거든요. 결국 얼마 안 가서 대놓고 화내시잖아요."

늘 엇나가는 것이 문제다. 엄마는 말했으나 아이는 말을 들은 적이 없다. 화난 목소리, 비난하는 목소리, 경멸하는 목소리, 무슨 소린 줄도 모르는 큰(목)소리만 들었을 뿐이다.

화내는 목소리, 비난하는 목소리가 아이의 뇌 발달에 해로운 영향을 미친다는 이론이 있다. 이 이론에 따르면 비난, 비아냥거림, 경멸을 담은 무섭고 큰 목소리를 들으면 아이의 뇌는 생존을 위한 뇌 작동을 하기 시작한다고 한다. 공포가 아이의 전두엽을 마비시키는 탓에 아이는 생존을 위해 '파충류의 뇌'를 작동할 수밖에 없다는 것이다.

아이에게 화를 내거나 추궁하면 궁지에 몰린 아이가 "제가 언제 그랬어요?"라고 대들거나 "엄마가 뭘 안다고 그러세요. 아무것도 모르면서"라고 화를 내며 제 방으로 휙 들어가는 것은 이런 이유 때문이다. 아이는 자신을 보호할 방어기제를 작동시키는 것이다. 그 모습을 본 부모는 "엄마를 무시한다"며, "저 태도 좀 보라"며 더 큰 소리로 따지고 화낸다. 그러면 아이는 엄마에게 등을 보이고 감정의 벽을 쌓기 시작한다.

엄마의 따스한 목소리가 아이의 감정뇌, 전두엽을 발달시킨다. 그럼 어떻게 따뜻한 목소리와 이성적인 목소리를 낼 수 있을까. 아이가 파충류의 뇌로 대들더라도 '감정의 뇌'와 '이성의 뇌'로 가다듬어 말하자. 아이의 전두엽은 아직 미완성이고 평균적으로 20대 후반에야 완성된다고 하니 "네가 생각이 있는 거니 없는 거니?", "앞으로 뭐가 되려고 그러니?" 같은 얘기를 하며 따지는 것은 무의미하다. 아이는 아직 이성의 뇌를 발달시키고 있는 중이며 그것을 위해 현재 감정뇌를 잘 발달시켜야 한다.

잘 발달하고 있는 아이의 감정뇌를 격한 목소리, 비난하는 목소리, 경멸로 망치지 마라. 감정뇌는 아이를 성공과 행복으로 이끄는 보물 창고다. 보물을 채워 주기는커녕 분노와 경멸로 채워 아이를 망치지 말아야 한다.

지난 60년간 하버드 대학 졸업생들을 추적 조사한 결과, 성적이 우수한 사람이 아니라 유머 감각이 풍부한 사람, 남을 배려하는 사람, 친절한 사람, 옳고 그름을 잘 판단하는 사람 등 도덕성이 높은 사람이 사회적으로 성공했다고 한다. 결국 아이가 유초등기에 부모에게 어떤 말을 듣고 자랐는지가 인생의 성패를 가르는 관건이다. 경멸하고 비난하는 목소리를 듣고 자란 아이가 유머 감각이 발달할 리 없고, 비난받으며 자란 아이가 배려심 많은 사람이 되기 어려우며, 생존을 위해 방어기제만 발달시킨 아이가 옳고 그름을 잘 판단하는 도덕성 높은 사람이 되기는 어렵다.

아이의 뇌를 발달시키고 싶다면, 아이의 인성과 사회성이 뛰어나기를 바란다면 목소리부터 온화하게 바꾸자. 엄마의 목소리가 아이를 키운다. 엄마의 목소리가 아이를 아프게 한다.

우리 아이, 엄마의 목소리에 달렸다.

아이를 건강하게 키우는 현명한 엄마들의 대화법

1 상황에 따라 목소리를 조절한다

평소엔 부드러운 목소리, 따뜻한 목소리로 말한다.

훈육할 때는 큰 목소리가 아닌 엄하고 단호한 목소리로 말한다.

나쁜 감정을 목소리나 태도에 담지 않도록 노력한다.

2 아이를 존중한다

말 한마디를 할 때도, 표정을 지을 때도 아이를 존중하는 마음으로 한다.

아이를 나와 동등한 인격체로 대한다.

3 어떤 상황에서든 큰소리를 내지 않는다

아이에게 하고 싶은 말을 온전히 전달하려면 아이의 방어기제를 건드리면 안 된다. 큰 목소리는 아이를 긴장하게 만들어서 아이가 내용을 받아들이는 것을 오히려 방해한다.

4 진심을 담아 사과한다

부모도 실수할 때가 있다. 실수를 깨달은 순간 그냥 넘어가지 말고 정식으로 사과한다. "미안해, 미안하다고. 이제 됐지?" 같은 상황을 모면하기 위한 억지 사과가 아니라 "엄마가 잘못 생각했어. 미안해. 다음에는 좀 더 주의할게" 같는 진심이 담긴 사과를 해야 한다. 부모의 진심 어린 사과를 받은 아이는 자신을 인격적으로 대한다는 느낌을 받으며 부모를 더욱 존중한다.

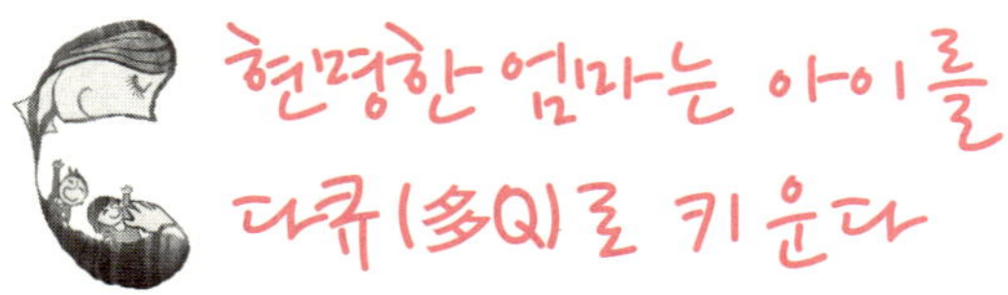

백년의 화두, IQ에서 多Q로

IQ는 지난 백 년 동안 인간의 지능을 대변해 왔다. 그만큼 중요한 지표임은 분명하다. 그러나 우리가 IQ의 틀에 갇히면 더 중요한 것들을 놓쳐 버릴 수도 있다. 인간에게는 지능지수 말고도 수많은 지수, 즉 Q(quotient)가 있다. EQ(Emotional Quotient, 감성지수), PQ(Passion Quotient, 열정지수), CQ(Creativity Quotient, 창의성 지수), MQ(Moral Quotient, 도덕성 지수), SQ(Social Quotient or Sports Quotient, 사회성 지수 또는 스포츠 지수), HQ(Human Quotient or Humor Quotient, 인성 지수 또는 유머지수), LQ(Learning Quotient, 학습지수) 등의 다큐(多Q)다.

IQ는 1905년 학습 불능, 정신지체 식별용으로 알프레드 비네(Alfred Binet)가 고안한 이래 학습 능력뿐 아니라 인간을 전반적으로 평가하는 척도처럼 여겨져 왔다. 특히 교육열이 높은 부모일수록 IQ에 대한 집착이 강하다. 물론 IQ도 중요하다. 그러나 이제 IQ와 더불어 또 다른 많은 Q를 갖추어야 하는 시대가 되었다.

부모들에게 "아이에게 바라는 것이 무엇인가?" "아이가 어떻게 살았으면 좋겠는가?"라고 물으면 대부분 "아이가 행복하게 살았으면 좋겠다"고 대답한다. 아이들이 이 이야기를 들으면 고마워할까? 그렇기는커녕 이 말을 믿을 아이가 있을까 싶다. 아이들이 부모님을 떠올리면 "숙제는? 공부는? 학원은?" 하며 속사포처럼 다그치는 소리만 귓가에 맴돈다는데…….

"오늘 어떤 일이 좋았니?"

"너를 행복하게 한 일이 무엇이니?"

"점심 식사는 어땠어?"

"친구들과는 어떻게 지냈어?"

정말 아이가 행복하길 바란다면 이런 질문을 하는 횟수가 더 많아야 하지 않을까?

내 아이가 행복하게 살길 바란다면 다큐를 발달시킬 수 있도록 도와주자. 내 아이의 건강한 신체를 위해 먹을거리에 관심을 기울이고 편식하지 말고 골고루 먹으라고 권유하는 것처럼, 내 아이의 행복한 삶을 위해 IQ로만 편식시키지 말고 심신의 조화로운 발달을 돕는 다큐로 키우자.

IQ도 중요하지만 그게 다가 아니다. 독일 사람들은 어느 나라 사람들보다도 성적에 관심이 많았다. 민족적 자부심이 강한 독일 사람들은 '머리', 즉 IQ를 굉장히 중요시했다. 그러나 IQ에 지나치게 치중한 나머지 다른 부분을 간과하는 우를 범하고 말았다. 히틀러도 그러한 결과물 가운데 하나였다. 머리가 아무리 좋다 한들 제대로 쓰이지 않으면 사회와 국가, 나아가 세상에 오히려 해를 끼친다. 모든 것은 쓰임이 좋아야 하는 것이다.

우리나라는 OECD 국가 중 자살률 1위로, 청소년들이 매일 한 명씩 자살을 하고 있다(2012년 통계). 청소년이 자살을 생각하는 이유 1위는 성적과 진학 문제였고, 실제로 자살한 학생들의 자살 이유 1위는 '가정불화와 가정 문제'였다. 성적 때문에 자살을 생각하더라도 부모와 문제가 없다면 실행에 옮기지는 않는다. 따뜻한 표정으로 보아 주고 대화를 나눌 수 있는 존경하는 부모가 있다면 극단적인 행동을 하지 않는다. 부모가 최후의 보루다. 그런데 대다수 부모가 가장 관심을 기울이는 것이 '공부(IQ)'다. 가뜩이나 성적 때문에 자살을 고민할 지경인데 부모는 아이와 눈도 마주치지 않은 채 성적만 강조한다.

우리나라 청소년들의 행복지수는 OECD 25개국 가운데 최하위다. 청소년 술 소비량과 흡연율도 세계 1위다. 우리나라 청소년들은 불행하다. 아이들은 말한다. 부모가 성적으로만 자신을 평가하고 공부, 성적 이야기만 한다고 말이다. 아이들이 죽고 싶어 하는 이유다. 부모는 아이의 성적을 올리기 위해 사교육비를 대며 끊임없이 희생했으나 이런 부모의 헌신적 사랑과 희생이 아이들을 희생시키는 결과를 나은 것이다.

부모교육 이론이 넘치는 시대에, '머리(이론)'로 사랑하는 부모는 아이의 '머리(성적)'에만 관심을 둔다. 이런 부모의 자녀가 받는 것은 사랑이 아니라 스트레스다.

당신도 혹시 아이에게 '성적' 스트레스를 주고 있지는 않은가? 그렇다면 지금은 '적성'의 시대임을 깨달아야 한다. '머리만 좋으면 먹고살 수 있다'는 부모 세대의 고정관념을 버려야 우리 아이가 제대로 산다. 부모가 아이를 키우고, 아이의 생명은 부모가 쥐고 있다. 부모의 가치관이 아이를 살리고 부모의 가치관에 아이가 어이없는 희생을 당하기도 한다.

이렇게 이야기해도 많은 부모들이 "아무리 적성이 중요해도 성적이 밑받침되어야 적성대로 살 수 있지 않을까요?"라고 반문한다. 맞는다. 그러나 성적(IQ)만이 아니라 다큐를 살피면서 공부에도 관심을 기울여야 한다. 그래야 내 소중한 아이가 현실이 어렵다고 포기하지 않고, 원망하지 않으며, 긍정적인 마음가짐으로 마주치는 현실을 극복하며 헤쳐 나갈 수 있다. 그게 다큐의 힘이다.

잊지 말아야 할 점은 아이의 다큐는 오직 부모만이 개발할 수 있다는 것이다. 어떤 학교도 학습지도 사교육도 대신 해 줄 수 없다. 따뜻한 부모와 건전하고 화목한 가정환경, 관심과 대화, 그리고 부모라는 역할 모델을 통해서 발달하는 것이 다큐다.

감성이 풍부하다, 창의성이 뛰어나다, 잘 웃는다, 표정이 참 밝다, 배려심이 많다, 열심히 한다(논다), 남을 잘 도와준다……. 아이들은 자신의 이런 점에 부모가 관심을 기울이길 바란다. 아이를 제대로 보면 인정하고 칭찬할 일이 얼마나 많은가. 이런 인정을 받은 아이가 어떻게 행복하지 않을까. 아이가 가진 다양한 Q를 다듬어 주고 격려하는 것이 아이를 잘 키우는 비법이다. 그래야 아이가 행복하다. 다큐로 행복을 일깨워 주자.

'적성을 성공으로' 이끄는 것도 다큐다

아이돌 그룹이 노래 잘하고 춤만 잘 추면 성공할 수 있을까? 그렇지 않다. 음악적 능력과 신체 운동 능력도 있어야 하지만 고된 연습을 견뎌 낼 수 있는 참을성, 할 수 있을 때까지 해 보려는 열정과 지구력, 그리고 그룹 생활을 원만하게 할 수 있는 사회성이 있어야 성공할 수 있다. 열정지수(PQ), 감성지수(EQ), 인성지수(HQ), 유머지수(HQ), 도덕성 지수(MQ), 운동지수(SQ), 사회성 지수(SQ) 인간관계 지수(NQ) 등이 높아야 하는 것이다.

다큐가 발달한 사람이라면 어떤 일을 해도 행복할 수 있다. 그가 선생님이라면 학생을 대할 때도 소명감으로 대하고, 연구에도 열정적·창의적으로 임하고, 동료들과 좋은 관계를 맺을 테니 행복할 것이다. 우리 아이가 '성공한 직업인으로서 행복한 삶'을 누리게 하고 싶은 욕심이 있다면 더더욱 다큐에 주목해야 한다.

EQ(Emotional Quotient)는 감성지수 혹은 정서지수다. 정서지수는 감정 조절뿐 아니라 인간 삶의 다양한 영역에 고루 영향을 미친다. 앞서 언급했듯 정서지수는 학습 능력과도 긴밀한 연관성이 있다. 뇌 발달 과정을 살펴봐도 정서와 사회성을 담당하는 부위가 먼저 발달한 후, 인지 기능을 담당하는 대뇌피질이 발달한다고 한다. 아이의 인지 기능에 관심 있는 엄마라면 먼저 아이의 정서에 주목해야 한다. 아이의 정서지수는 부모의 감정 표현에 영향을 받으며, 사랑한다는 느낌을 받을 때 더더욱 발달한다. 아이와 손잡고 걸어 보자. 따뜻한 교감을 나누는 스킨십이야말로 정서지능을 높이는 데 필수다. 정서지수는 이 시대를 살아가는 힘이다. 공감의 힘, 나와 너의 마음을 알아차리고 제대로 헤아리는 것은 냉철한 학문의 세계에서도 필요한 덕목이다,

MQ(Moral Quotient, Mental Quotient)는 도덕성 지수다. 양심이 있는 사람, 자신이 하는 일에 책임감을 갖는 사람을 필요로 하는 시대다. 그렇기에 아이가 사회에서 인정받길 바란다면 누가 보든 안 보든 자신의 양심에 비추어 제대로 판단하고 행동할 수 있는 사람으로 키워야 한다. 이런 아이는 훗날 어떤 일이 맡겨져도 멋지게 해낼 것이다.

HQ(Humor Quotient, Human Quotient)는 유머 지수 또는 인성지수다. 유머 지수를 이야기할 때면 자주 언급하는 사람이 있다. 바로 유재석이다. 그는 남을 깎아내리며 웃기지 않는다. 남을 존중하며 재미를 이끌어 낸다. 타인을 받아들이는 여유가 있고, 자신감과 자존감이 강하고, 거기에 언어 구사 능력이 뛰어나야 남도 웃기고 자신도 웃을 수

있다. 마음의 여유도 없고 자신감과 자존감이 낮은 사람은 '웃자고 하
는 얘기에 죽자고 달려든다'. 웃어 줄 수 있는 여유와, 웃기려는 사람
의 마음을 읽어 주는 능력이 뛰어난 사람은 인성지수도 높다. 타인에
게 따뜻한 배려를 하는 인간성 있는 사람, 이것이 HQ가 발달한 사람
이다. HQ를 발달시키려면 아이가 하는 말에 귀 기울여 주고, 반응하
며 크게 웃어 주는 것이 좋다. 아이가 무슨 말을 하더라도 존중하라.
아이가 들려주는 작은 유머에도 크게 반응하라. 그러면 아이는 부모가
자신을 존중한다는 느낌이 들어서 자존감이 향상될 것이다. 그리고 아
이에게 알려 줘라. 타인의 신체적 약점을 지적하거나 단점을 비틀어서
웃기는 것은 안 된다는 것을. 유머는 인간성에 바탕을 두어야 한다는
것을 알고 자란 아이들은 사람을 즐겁고 행복하게 하는 일을 하려고
할 것이다. 우리 아이들이 밝고 행복하게 살기를 원한다면 가정에서
인간적인 따뜻함과 미소로 아이들을 대하자.

CQ(Creativity Quotient, 창의성 지수)를 높이려면 어떻게 해야 할까?
세계적인 교수법 전문가인 조벽 교수는 아이는 창의성을 쥐고 태어난
다고 했다. 부모가 해 줄 일은 타고난 창의성을 없애지 않는 것이다.
아이가 하는 질문을 소중히 여기고, 엉뚱하다고 무안 주지 말아야 한
다. 아이가 사과를 간장에 찍어 먹는다고 한다면 한번 찍어 먹게 하라.
전을 간장에 찍어 먹는 것은 되지만 사과를 찍어 먹는 것은 '짜서 안
된다'는 고정관념을 잣대로 들이대지 말자. 창의성은 아이의 호기심
과 긴밀하게 연결된다. 아이의 왕성한 호기심을 '주의력 결핍'으로 돌
리는 건 아닌지 살펴봐야 한다. 아이의 호기심은 부모의 배려가 있어

야 자란다. 아이와 함께 들여다보고 신기해하고 반응하라.

SQ(Social Quotient, Sports Quotient)는 사회성 지수, 스포츠 지수다. 나는 정정당당한 스포츠맨십은 사회성과도 통한다고 본다. 이긴 사람에게 축하의 박수를 보내는 사람은 사회성이 발달한 사람이다. 진 것에 억울해하지 않고 남 탓을 하지 않는 사람 또한 사회성이 발달한 사람이다. 아이는 부모를 보며 사회성을 기른다. 그러니 아이 앞에서 남의 좋은 점을 찾아 말하고, 불평불만을 늘어놓기보다는 이 세상이 살 만한 곳임을 자주 이야기하자. 다른 사람을 대하는 태도도 일관되어야 한다. 이른바 '치사한 뒷담화'를 삼가야 한다. 이웃의 이야기도 좋게 하라. 누군가의 뒤에서, 전화를 끊으면서 상대의 험담을 하지 마라. 아이가 보고 들으며 배운다. 아이 친구의 장점을 자주 얘기해 주고, 아이 또한 친구의 좋은 점을 본받도록 격려하라. '사교성'과 '사회성'은 다르다는 것도 기억했으면 한다. 학교에서 손을 번쩍번쩍 들고 남 앞에서 큰 소리로 발표를 한다고 사회성이 발달한 것은 아니다. 비록 남 앞에 서는 것을 즐기지는 않으나 남이 이야기할 때 방해하지 않고(배려), 남의 이야기를 경청(존중)하며, 상황에 맞는 태도로 적절한 행동을 하는 아이가 '진짜 사회성'이 발달한 아이다. 사회성이 발달한 아이가 학습 태도가 좋은 것은 당연한 일이다. 선생님이 말씀하실 때 선생님을 존중해 열심히 들을 테고, 다른 친구들을 배려하기에 시끄럽게 하거나 왔다 갔다 하지 않을 것이며, 부모님의 기대에 부응하고자(타인 배려) 학업에 더 매진할 것이기 때문이다.

NQ(Network Quotient)는 인맥지수다. 여기에서 말하는 인맥은 어떤 의도를 가지고 관리하는 인맥이 아니라 서로 행복한 얽힘을 의미한다. NQ를 발달시키고 싶다면 자녀와 함께 '자신과 타인을 행복하게 하는 꿈 이상의 꿈(beyond dream)'에 대해 자주 이야기를 나누자. 자신뿐 아니라 남까지도 행복하게 하는 꿈을 품고 나아갈 때 내 아이 곁에 그에 상응하는 멋진 사람들이 함께할 것이다. 흔한 예를 든다면 '의사가 되어 돈 많이 벌고 싶다'가 아니라 '아픈 사람을 치료해 주고 그 일에서 보람을 찾겠다'가 바로 꿈 이상의 꿈이다.

IQ를 끌어올리는 데 지나치게 집중한 나머지 아이의 균형 잡힌 성장을 방해하고 있는 것은 아닌지 다큐를 짚어 보며 찬찬히 들여다보자. 분명 우리 아이를 균형 있는 인간으로, 행복한 사람으로 잘 키우는 데 도움이 될 것이다.

아이의 다큐를 키워 주는 것도 부모다. 그래서 자문이 필요하다. '나는 어떤 Q가 발달한 부모인가?' 다큐는 가르치는 것이 아니라 부모가 일상생활에서 모범을 보임으로써 가장 잘 계발할 수 있기 때문이다. 하늘을 바라보며 계절의 변화에 감동하고 감탄하는 표현을 할 수 있는 부모, 아이의 말에 귀 기울여 주면서도 해야 할 일과 하지 않아야 할 일을 제대로 알려 주는 부모, 타인을 따뜻이 이해하고 배려하며 세상을 아름답다고 느끼는 다큐가 발달한 부모에게, 부모를 닮은 아이가 있다.

부모의 다큐 지수가 아이의 다큐 지수를 결정한다

다큐를 길러 주는 학원은 없다. 다큐는 가르칠 수 있는 게 아니라 일상생활을 통해 보고 배우는 것이기 때문이다. 살펴본 바처럼 다큐를 키워 주는 일은 그리 거창하지도 어렵지도 않다. 부모가 전하는 분위기로 전달되고 아이는 모방을 통해 배운다.

아이의 도덕성 발달을 도우려면 부모가 도덕적이어야 한다. 공중도덕을 잘 지키고 남이 어떠하든 상식을 가지고 행동하는 부모의 아이는 도덕성의 중요성을 몸으로 체득하며 자란다.

아이의 사회성 지수도 부모에 의해 결정된다. 남의 말을 좋게 하고 타인을 존중하는 모습을 보고 자란 아이는 다른 사람을 존중하며 자기애를 바탕으로 이타심을 실천하며 산다.

부모가 자녀의 다큐에 영향을 미칠 수 있는 시기는 열 살까지, 초등 저학년까지라고 할 수 있다. 초등 고학년이면 이미 아이는 사춘기에 돌입한다. 사춘기 자녀는 '비판 능력'이 서서히 싹트기 시작한다. 그 비판 대상 1호가 공교롭게도 부모다. 이때 아이 눈에 모순된 행동과 태도를 보이는 부모는 바로 '비판'의 대상이 된다. 이때가 되면 아이 눈에 부모가 비로소 제대로 보인다. 예전에는 하늘 같았던 엄마의 말씀에서 모순되는 점이 발견되고, 예전에는 이 세상 최고의 사람이었던 엄마가 비로소 객관적으로 보이기 시작한다. 예전에는 엄마가 하는 말과 행동을 모두 믿고 따랐지만 이제 인지능력이 발달함에 따라 엄마를 객관적으로 살피게 된 것이다.

아이의 세상이 엄마의 품속에서 벗어나 좀 더 넓어진다. 엄마는 아이의 넓어진 세상에서도 제대로 된, 신뢰할 만한 세상으로 존재해야 한다. 그러려면 아이가 납득할 수 있는 말과 행동을 하고, 아이가 수긍할 수 있는 태도를 보여야 한다.

아이에게는 친구들과 잘 지내라고 하면서 엄마가 사사건건 세상과 불협화음을 일으키면 아이는 엄마를 더는 믿지 않는다. 그뿐 아니라 엄마를 기피하고 창피해 한다. 게다가 이 무렵(초등학교 4학년 전후)은 엄마들이 아이의 공부에 점점 더 관심을 갖기 시작하는 시기다. 가뜩이나 못 믿을 엄마가 끔찍하게 싫은 공부 얘기만 한다면 어떻게 될까? 엄마와의 신뢰가 무너진 자리에 또 다른 엄마, 공부 타령이나 하는 엄마가 자리 잡으니 아이는 진저리를 낸다. 이게 열 살을 전후해서 일어나는 변화다.

불신으로 멀어진 엄마가 아이에게 '똑바로 걸으라' 면서 정작 자신은 옆으로 걷는다면 아이는 엄마를 불신하고 무시한다. 무시당하는 엄마가 아이에게 많이 듣는 소리가 "왜 그래요?" "엄마는 아무것도 모르면서……" "아, 알았다고요~" 같은 말이다.

아이에게 이런 말을 들어 속이 상한 엄마들이 하는 얘기는 대개 비슷비슷하다.

"애가 3학년까지는 말도 잘 듣고 공부도 제법 잘했거든요. 그런데 고학년이 되면서 공부에도 흥미를 보이지 않고 사사건건 반항만 하려 들어요."

그러면서 엄마들은 스스로를 위로하는 한마디를 덧붙인다.

"애가 사춘기라 그런가?"

이런 말 속에는 '사춘기는 내 아이뿐 아니라 모든 아이가 거치는 과정이니 나와 내 아이의 문제만은 아닐 것'이라는, 스스로 위로하는 심리가 숨어 있다. 그러나 사춘기가 오기 전 유초등기에 아이의 다큐에 관심을 기울인 엄마들은 사춘기 자녀와도 말이 통한다.

다큐는 열 살 이전에 발달시켜야 한다. 그래야 공부 수준이 갑자기 높아지는 초등 고학년 때 공부를 잘한다. 자신의 감정을 받아 주는 엄마와 적절한 정서적 교류를 경험하며 정서가 발달한 아이, EQ가 발달한 아이는 안정된 정서를 바탕으로 몰입의 기쁨도 즐길 수 있다. 정서가 발달한 아이는 엄마의 마음도 헤아릴 수 있다. 엄마의 바람을 부모의 욕심이라 여기지 않고 진심으로 엄마의 마음을 공감한다. 그것이 '공부를 잘했으면' 하는 열망일지라도 아이는 '엄마 때문에'라는 원망을 하는 대신 '나와 엄마를 위해서라도……' 공부를 잘하고 싶어 할 것이다.

호기심을 인정받고 존중받으며 자라 PQ가 발달한 아이는 공부에도 호기심을 보이고 공부의 효용성을 인정하며 자기 안에서 꿈틀대는 학문적 호기심을 채워 가기 위해서 세상과 끊임없이 상호작용한다.

자신뿐 아니라 타인을 존중하며 타인 조망 능력을 키운 아이, 이웃에게 친절히 대하는 태도를 보며 자란 SQ가 발달한 아이는 교실에서 함부로 떠들지 않으며 분위기를 흐리는 행동을 하지 않는다. 자신의 태도가 자신과 선생님을 비롯한 다른 사람에게 어떤 영향을 미치는지 알기 때문이다. 또한 공부를 왜 하는지 알기에 집중과 몰입이 가능하다.

정서가 발달하고 사회성이 발달한 아이는 도덕성과 HQ가 높아서 더더욱 친구 관계가 원만하다. 이런 아이들은 혹여 왕따를 당하더라도 왕따 시키는 친구들만 원망하지 않고 왜 왕따를 당하는지 자신을 돌아보는 능력도 있어 피해 의식에만 사로잡히지 않을 것이다. 이런 아이는 내면세계가 건강하고 회복 탄력성도 갖췄기에 끝내는 좋은 인간관계(NQ)를 맺어 나갈 수 있다. 또한 어려움에 직면하더라도 원망보다는 극복을 하는 데 초점을 맞추기에 더 나은 상황을 만들 수 있을 것이다.

사실, 공부에 관심을 쏟는 것은 비판할 거리가 아니다. 공부와 관련된 IQ도 중요하다. 그것만이 중요한 게 아니라는 이야기다. 분명 공부와 학문은 인류를 발전시켜 온 소중한 덕목이다. 그러나 지적인 능력만이 아니라 그 밖의 능력이 함께해야 한다는 것이다. 하나만 알고 둘 셋은 모르는 불균형한 아이가 아니라 균형 있는 아이로 키워야 한다.

EQ, MQ, HQ, CQ, SQ, NQ 등을 개별적으로 설명했지만, 알고 보면 이러한 재능들은 동떨어진 것이 아니라 유기적으로 연관되어 있다. 다큐는 총체적 인간성이며 부모가 물려주는 제2의 유전자다.

지혜로운 부모는 아이를 다큐로 키운다.

부모의 다큐를
높이는 방법

아이의 다큐를 키워 주고 싶다면 먼저 부모의 다큐를 높여야 한다. 다음에 소개하는 일상생활에서 다큐를 높이는 방법을 실천해 보자.

_ 매사에 감사하는 태도를 보인다.(HQ, EQ)

_ 음식을 먹을 때도 감사함을 표현하고 맛있다는 칭찬을 한다.(HQ, EQ)

_ 기분 좋게 만드는 우스갯소리를 자주 한다.(HQ, NQ, SQ)

_ 긍정적인 시선으로 세상을 바라본다.(HQ)

_ 남의 단점을 지적하기보다는 장점을 찾아 칭찬한다.(HQ, NQ, SQ)

_ 하늘을 바라보며 계절의 변화에 감동하고 감탄하는 표현을 한다.(EQ)

_ 사물과 자연을 관찰하고 남과 다르게 표현해 본다.(CQ)

_ 예술을 감상하고 책을 읽으며 인생을 관조한다.(EQ, CQ, NQ)

_ 아이를 부드러운 시선으로 바라본다.(HQ, SQ)

_ 다른 사람을 대할 때 존중하는 태도를 보인다.(HQ, NQ, SQ, MQ)

_ 규칙과 질서를 존중한다.(MQ, SQ)

_ 사람과의 관계를 소중히 여긴다.(SQ, NQ)

_ 어려운 이들을 따뜻하게 대하고 도와준다.(HQ, EQ)

_ 건강한 심신의 중요성을 알고 운동과 신체활동을 열심히 한다.(EQ, SQ)

_ 책임감 있게 행동하고 약속을 소중히 여긴다.(MQ, SQ)

_ 아이의 자립심을 격려한다.(SQ, MQ)

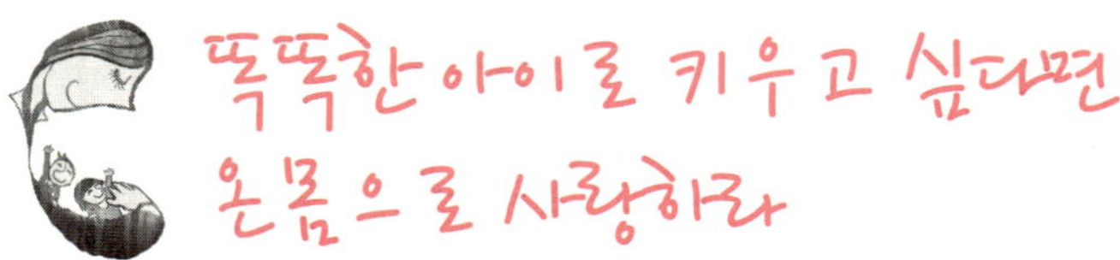

아기 침팬지를 어미와 격리해 놓았다. 아기 침팬지는 어미를 만질 수도 볼 수도 없었다. 아기 침팬지는 일주일을 넘기지 못하고 죽었다. 사망 원인은 뇌경색이었다.

다른 아기 침팬지는 유리문을 사이에 두고 어미와 격리해 놓았다. 어미를 볼 수는 있지만 만질 수는 없는 환경이었다. 아기 침팬지는 두 달을 넘기지 못하고 죽었다. 사망 원인은 뇌경색이었다.

또 다른 아기 침팬지는 어미를 만질 수 있도록 칸막이에 구멍을 만들어 놓았다. 어미를 볼 수는 없었지만 접촉할 수는 있었다. 아기 침팬지는 6개월 만에 죽었다. 체격은 또래 원숭이의 절반 정도였고 정서장애가 있는 것으로 나타났다.

영유아기 두뇌 발달을 원한다면, 안아 줘라

실험 대상인 모든 아기 침팬지는 영양을 충분히 공급받았고, 위생 등 양육 환경도 좋았다. 단지 어미와의 접촉과 시각적 교류를 차단당했을 뿐이다. 실험 결과는 뇌 발달과 접촉이 밀접한 상관성이 있음을 시사한다. 아이와 양육자의 스킨십이 정서 발달과 애착 형성에 중요하다는 것은 널리 알려진 사실이지만, 실험 결과는 스킨십이 뇌 발달에 직접적으로 관여한다는 것을 보여 주는 것이어서 상당히 놀라웠다.

이 실험에 대한 이야기를 부모교육 특강에서 하면 아기를 안고 특강을 들으러 온 엄마들은 아이를 더 꼭 껴안는다. 나는 참석한 청중들에게 이렇게 강조한다.

"스킨십은 아무리 많이 해도 지나치지 않습니다. 특히 부모 품에 있는 영유아기에 일생 동안 안아 줄 몫을 다 안아 주세요."

침팬지 실험을 통해 알 수 있는 것이 하나 더 있다. 시각적인 교류 역시 스킨십 못지않게 중요하다는 점이다. 두 번째 침팬지 실험에서 알 수 있듯 엄마를 만질 수 있었지만 볼 수 없었던 아기 침팬지는 결국 두 달을 넘기지 못했다. '눈길을 주고받는 것'이 얼마나 중요한지 알 수 있는 대목이다. 사랑의 눈길로 어루만져 주고, 따뜻한 마음으로 아이의 손을 잡아 주고, 틈만 나면 안아 주어라.

스킨십과 눈길은 아이의 두뇌 발달에도 영향을 미친다. 내 아이의 두뇌 발달을 원한다면 안아 줘라. 안아 줘도 안아 줘도 부족한 듯 안아 주고 또 안아 줘라. 내 아이의 정서 발달을 위한다면 안아 주고 입 맞쳐라. 아이의 '안정 애착 형성'을 위한다면 사랑스런 눈길로 바라보고 그 눈길로 온몸을 어루만져라. 아이의 발가락을, 손가락을, 머리카락을, 얼굴을 보드랍게 만지고 또 어루만져라.

건강하게 키우려면 물고 빨아라

여성학자 박혜란의 《다시 아이를 키운다면》을 읽으며 할머니가 된 여성학자의 지혜에 감탄했다. 아이들을 키울 당시 박혜란은 TV를 볼 때도 온 가족이 좁은 소파에 모여 앉아 몸을 밀착하고 서로 발가락 하나라도 걸쳤다고 한다. 그리고 그의 책을 본 독자들 또한 그 말에 감동했다는 이야기를 읽으며 나는 안도했다. 엄마들이 아이를 그렇게 사랑하며 키우는 것에 동감한다는 것은 이 땅의 아이들이 그런 사랑을 받고 있다는 이야기일 테니까 말이다.

르네 스피츠(Rene Spitz) 박사는 버려진 아이들을 돌보는 과정에서 이상한 점을 발견했다. 영양을 충분히 공급하고 위생 상태가 좋은데도 아이들의 사망률이 높았다. 스피츠는 휴양 차 방문한 멕시코에서 그러한 고민에 대한 답을 얻을 수 있었다. 그곳의 고아원 아이들은 영양을 충분히 공급받지도 못했고 양육 환경이 좋지 않은데도 건강하게 잘 자라고 있었다. 이후 스피츠는 이웃 여자들이 고아원 아이들을 안아 주고 놀아 주며 언어적·신체적 접촉을 해 준 것이 이 아이들을 건강하게 자라게 했음을 알게 되었다.

스피츠 박사는 영양을 충분히 공급받은 아이들이 시름시름 죽어간 것은 접촉결핍증 때문이며, 아이에게는 영양 공급보다 심리적 안정과 사랑이 더 중요하다는 것을 알아냈다. 이러한 결론은 아기 침팬지를 대상으로 한 실험 결과와 유사한 것으로서, 엄마(사람)와 접촉이 부족하면 결국 영아사망에 이른다는 사실은 스킨십이 목숨과 관련된 일이며 뇌 발달과 연결된다는 것을 시사한다.

아이를 살리고 싶다면 안아 줘라. 아이를 건강하게 잘 자라게 하고 싶다면 아이에게 노래를 들려줘라. 잘 웃고 활달한 아이로 자라게 하고 싶다면 놀아 주고, 안아 주고, 노래를 불러 주고, 이야기를 들려줘라. 아이가 신체적·정서적으로 건강하게 자라기를 바란다면, 똑똑한 아이로 키우고 싶다면 접촉하라. 온몸으로 접촉하라. 그리고 사랑의 언어로 아이의 온몸을 감미롭게 감싸며 사랑한다고 속삭여라.

엄마라고 다 같은 엄마일까?

예비 유아교사들을 대상으로 강의를 할 때는 해리 할로(Harry Harlow)의 원숭이 실험을 영상으로 보여 준다. '사랑'이 어떤 것인지, 유아들을 어떤 마음으로 대해야 하는지를 잘 알려 주는 영상이기 때문이다. 유아교사들은 제2의 엄마다. 교사는 '엄마 같아야' 하고, '엄마처럼 해야 한다'. 안아 주되 그냥 안는 게 아니라 마음으로 안아야 한다. 영상을 보고 토의를 한 후 학생들끼리 서로 안아 보라고 한다. 처음에는 서로 어색해 하며 안다가 "느낌을 담아"라고 말하면 점점 더 진지해진다. 안는다고 해서 다 따뜻한 느낌이 전해지는 것은 아니다. 그래서 안는 느낌, 안기는 느낌을 서로 느껴 보는 것이 정말 중요하다. 스킨십도 제대로 해야 한다. 스킨십의 중요성이야 유아교육과 학생이라면 모르는 사람이 없을 테니 그 중요성을 언급하려는 것이 아니었다. '어떻게' 해야 하는지를 알려 주고 느끼게 하고 싶었던 것이다. 말이라고 해서 다 말이 아니듯 스킨십이라고 해서 다 따뜻한 게 아니다. 부드럽게, 사랑스럽게, 소중하게, 따뜻하게 안아야 한다.

다음 실험은 느낌의 중요성을 극명하게 보여 준다.

철사로 만든 어미 원숭이와 헝겊으로 만든 어미 원숭이가 각각의 칸에 들어 있다. 아기 원숭이는 언제든 이 칸을 자유롭게 왕래할 수 있다. '철사 어미'에게는 우유를 설치해 놓아 아기 원숭이가 배가 고프면 철사 어미에게 가서 우유를 먹는다. 헝겊 어미는 아기 원숭이에게 아무것도 제공하지 않는다. 그냥 그곳에 존재할 뿐이다. 아기 원숭이에게 일용할 양식을 주는 어미와 아무것도 주지 않는 어미가 있는 것이다. 차이는 촉감, 느낌이다.

아기 원숭이는 누구를 더 필요로 할까. 물론 아기 원숭이는 배가 고프면 철사 어미에게 가서 우유를 먹는다. 그뿐이다. 아기 원숭이는 배가 부르면 얼른 헝겊 어미에게 가서 몸을 비비며 논다.

여기에서 또 하나의 실험이 이루어진다. 바로 아기 원숭이를 놀라게 하는 것이다. 그러면 아기 원숭이는 소리를 지르며 당황하다 재빠르게 헝겊 어미에게 달려가 부둥켜안는다. 헝겊 어미가 평소에 준 것은 아무것도 없었다. 자신에게 우유를 공급하며 목숨을 유지하게 해 준 철사 어미는 마다하고 아무것도 주지 않은 헝겊 어미에게 간 이유는 무엇일까? 아기 원숭이는 헝겊 어미에게 무엇인가를 받았음이 틀림없다. 바로 부드러운 접촉을 통한 '따스함'과 '부드러움'이다.

할로의 원숭이 실험은 '접촉의 중요성'과 '감촉의 중요성'을 우리에게 시사한다. 침팬지 실험이 엄마와 나누는 눈길과 접촉의 중요성을 보여 준다면, 원숭이 실험은 '부드럽고 따뜻한 접촉의 중요성'을 보여 준다. 엄마만 있다고 모든 게 해결되는 게 아니다. 먹여 주고 함께 있어 준다고 엄마 노릇을 다하는 게 아닌 것이다. '부드럽고 따뜻한 느낌이 있는' 엄마여야 엄마로서 의미가 있는 것이다.

유아교육과 학생들은 제2의 엄마 역할을 해야 하기에 안는 연습, 눈길 연습, 손을 부드럽게 잡는 연습을 해야 한다. 그렇다면 실제 엄마들은 연습하지 않아도 괜찮을까? 이렇게 생각할 수도 있을 것이다. '내 아이 내가 안으니 당연히 따뜻할 거고, 사랑하는 내 아이 손잡는 데 연습은 무슨.' 그러나 정말 그럴까? 횡단보도를 건너면서 아이의 손을 잡아끌 때도 아이는 엄마의 손길을 부드럽게 느낄까? 같은 말도 어조, 억양, 강세에 따라 느낌이 완전히 달라지듯이 스킨십도 강도와 분위기에 따라 느낌이 달라진다. 그러니 혹시라도 내가 철사 어미 같은 엄마는 아닌지 아이에게 물어볼 필요가 있다.

"엄마가 안을 때 어떤 느낌이 드니?"

"엄마가 손잡을 때 기분이 어때?"

"엄마가 쳐다볼 때 엄마가 널 사랑하는 거 느껴?"

철사 엄마의 아이는 언제든 엄마에게서 도망칠 준비를 하고 있다. 그러나 원숭이에게는 '철사 어미' 또는 '헝겊 어미'를 선택할 기회라도 있지만, 내 아이에게는 선택의 여지가 없다. 아이에게 엄마는 하나밖에 없는 존재이니까.

볼 비비며, 안아 주며, 뽀뽀하며, 쓰다듬으며 온몸으로 아이를 사랑하자. 그러나 원숭이와 침팬지도 새끼에게 이 정도의 사랑은 줄 수 있다. 여기에 정신적 접촉도 더하자. 인정하고 칭찬하며 아이가 정신적으로 행복하게 느끼게 하는 것이다. 어떻게 하면 내 아이가 온몸으로 사랑을 느끼고 정신적으로 충만한 사랑을 온전하게 느끼게 할지는 엄마가 가장 잘 알고 잘할 수 있다. 바로 다음과 같은 말을 통해서다.

"잘했어."

"잘 먹네."

"웃기도 잘하네."

"보기만 해도 행복해."

"사랑해, 사랑해."

잊지 마라. 이 모든 말들은 '미소'와 함께 전달해야 한다. 영유아에게 이런 것들 말고 무엇이 더 필요하랴.

현명한 엄마는 아이를 온몸으로 따뜻이 접촉하고 온 마음으로 정성을 다해 사랑한다. 그런 아이가 두뇌가 잘 발달해서 똑똑한 아이로 자라는 것은 물론이다.

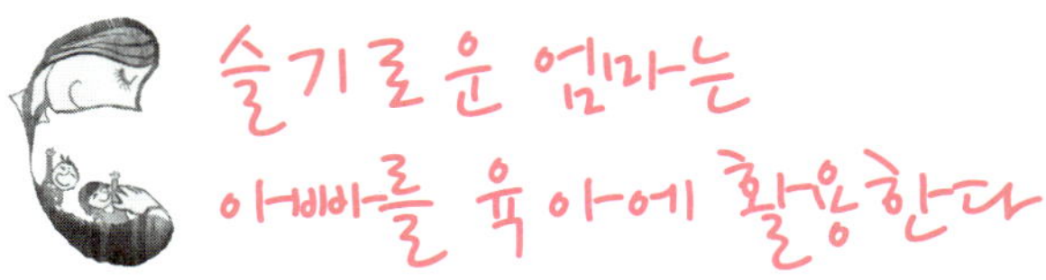

아이를 키우는 데 정답은 없지만, 그래도 일반적으로 통용되는 몇 가지 원칙은 있다. 일관성이 있어야 한다, 합리적이어야 한다, 반복의 원리를 활용하라, 융통성을 가져라 등이다. 이 중에서 모순된 개념으로 느껴지는 것이 '일관성'과 '융통성'이다. 어떻게 보면 이 둘은 이율배반적인 원칙 같기도 해서, 첫아이를 키우는 엄마들은 헷갈린다고 말하기도 한다.

"어떨 때 일관성을 고수하고 어떨 때는 봐주어야(융통성 발휘) 하는지 감이 안 잡힙니다. 그리고 그러다 보면 아이가 오히려 혼란스럽지 않을까요?"

이런 질문을 받으면 나는 "일관성은 '꼭 해야 할 것', '절대 해서는 안 되는 것', '위험한 것' 등에 적용하고, 융통성은 아이의 특성과 발달 정도, 개성에 따라 적용하시면 좋습니다"라고 대답한다.

아이마다 타고난 기질이 다르다. 하물며 일란성쌍둥이도 식성이 다르고, 좋아하는 게 다르다. 그래서 아무리 좋은 육아 원칙도 모든 아이들에게 일률적으로 적용할 수는 없는 일이다. 그런 만능의 원칙이 있다면 우리가 이렇게 고심할 이유도, '부모 노릇' 하기 어렵다고 하소연할 일도 없을 것이다.

많은 부모들이 이런저런 육아 이론과 전문가들의 이야기에 귀 기울이며 우리 아이에게 맞는 육아 방법을 모색한다. 아이에 따라, 부모의 가치관과 육아관에 따라 육아 방법이 달라질 수밖에 없다. 그러나 두 사람의 마음이 일치해야 하는 사이가 있다. 바로 아이의 부모다. 부모는 마음도 통해야 하고 사랑도 통해야 하지만, 아이를 키우는 데 의견이 맞아야 한다. 부모가 의견이 맞지 않아 티격태격하면 아이를 잘 키우려는 노력이 모두 헛수고로 돌아간다. 아이는 어른이 아니다. 아이의 눈으로 보면 부모의 사소한 갈등도 '싸움'이고 의견 불일치를 조정할 때 목소리를 높이면 그 또한 '싸움'으로 비친다. 아이에게 부모는 세계다. 세계가 싸움으로 불안정하고 무서운데, 아이가 어떻게 즐거울 수 있으며 집중할 수 있겠는가.

민율 : 나는 어제 아빠가 게임기 사 줬다.

주민 : 나는 옛날에 아빠가 자전거 사 줬다.

민율 : 근데 나는 어쩌면 그 게임기 못 가질지도 모른다.

주민 : 왜? 나는 자전거 진짜 내 건데?

민율 : 아니, 가질지도 모르고 아닐지도 몰라.

아이들이 등원을 해서 겉옷을 정리하며 이야기를 나누고 있다.

만 5세반 유아들답게 '평행선 대화'는 아니지만, 아직도 남의 얘기를 듣기보다는 내 얘기를 더 하고 싶은 연령이라 '나는'이라는 말을 많이 사용한다.

선생님이 겉옷 정리를 도와주러 오자 민율이가 선생님께 말한다.

민율 : 선생님, 아빠가 게임기 사 줬어요. 그런데요, 오늘 집에 가면 없을지도 몰라요.

민율이 얼굴이 시무룩해진다. 좀 전에 주민이에게 한껏 자랑하던 모습과는 사뭇 다르다.

선생님 : 민율아, 왜 그런 생각을 했어요?

민율 : 사실은요, 아빠가 게임기 사 갖고 와서 엄마하고 싸웠다요. 엄마가 갖다 버릴지도 몰라요. 엄마가 그랬다요. 갖다 버릴 거라고요.

민율이는 그날 내내 게임기 걱정으로 활동 중간중간 선생님께 묻고 또 물었다.

민율 : 선생님, 엄마가 진짜 게임기 버렸을까요? 싸울 때 엄마가 진짜 그랬다니까요. 버린다고요.

엄마가 게임기를 버렸을까 걱정하는 아이, 엄마 아빠가 그 게임기 때문에 싸웠다고 믿는 아이는 '이야기 나누기' 시간에도 '동화 듣기' 시간에도 집중을 하지 못했다. 민율이의 마음을 아는 선생님은 수업 중간에 엄마와 잠시 통화를 했다.

선생님 : 민율아, 엄마가 게임기 버리지 않으셨대. 이따 민율이하고 아빠하고 엄마하고 셋이 의논해서 결정하신대.

민율 : 선생님, 그럼 아빠 오늘 집에 들어오신대요?

육아관 차이를 싸움으로?

선생님이 민율이 엄마와 통화를 했을 때 민율이 엄마는 깜짝 놀랐다. 수업 중에 선생님이 전화하는 일이 좀처럼 없었기 때문이다. 어쨌든 민율이 엄마와의 통화 내용을 요약하면 이렇다.

민율이 엄마는 남편이 바빠서 아이와 놀아 주는 시간이 부족한 게 늘 불만이었다. 그래서 아이와 좀 더 놀아 달라고 요청했는데 민율이 아빠가 생각해 낸 것이 게임기였다는 것. 그런데 게임기가 든 상자를 풀며 부자가 환호하는 모습을 보자 엄마는 화가 났다고 한다. 가뜩이나 남편이 게임을 좋아하는 게 마뜩치 않았기에 과민반응을 보였다는 것이다. 게다가 아빠는 "게임기 하나 사 줬을 뿐인데 지나치게 교육적인 척한다"는 반응을 아내에게 보였고, 그 바람에 둘은 지나간 일들까지 꺼내며 다투다 급기야 육아관 차이를 놓고 언쟁을 벌인 것이다.

"선생님, 게임기를 왜 버려요. 민율 아빠가 제 교육 방향과 맞지 않게 해서 아이 교육의 일관성이 무너질까 봐 그런 거고요. 이따 저녁에 게임 약속표 만들어서 시간을 지켜 하게 할 생각이에요. 지나치게만 하지 않으면 마침 부자가 함께 놀 거리가 생겨 잘됐다고 생각하는데요."

엄마는 민율이가 혹시 아프거나 특별한 일이 생겨서 선생님이 전화를 건 것이 아니라는 데 안심했는지 웃으며 말했지만, 민율이는 아침부터 세 시간 넘게 그야말로 좌불안석이었던 것이다. 엄마는 전화를 끊기 전 덧붙였다.

"민율이는 맘이 여려서 그런지 우리 둘이 목소리만 좀 높이면 '싸웠다'고 표현해요."

민율이는 엄마 말대로 맘이 여린 친구다. 엄마도 아이의 기질적 특성을 이미 알고 있었다. 그러나 맘이 여리지 않은 아이들도 엄마 아빠의 다툼을 '싸움'으로 알고 두려워한다. 선생님은 민율이가 "선생님, 그럼 아빠 오늘 집에 들어오신대요?"라고 걱정했다는 말은 차마 하지 못했다.

아이들이 그린 그림을 보면 아이의 마음이 잘 드러난다. 나는 그림을 보며 아이들의 심리를 분석하려고 하기보다는 아이들이 바라보는 부모의 모습이라든지 부모가 일상에서 어떤 말을 주고받는지 등을 읽는다. 그리고 아이들이 그림을 설명하는 모습을 보며 부모는 아이의 거울이라는 점을 새삼 확인한다.

"1번채 이야기, 부부 싸움, 흥, 빨레 헷더니만 가출할레요"라는 제목의 그림을 부모교육 특강 시간에 보여 주면 부모들은 민망한 웃음을 짓는다. 쓰기를 익혀 나가는 나이라서 철자가 정확하지 않으니 바르게 표기하면 '첫 번째 이야기, 부부 싸움, 흥, 빨래하려고 했는데 싸워서 가출할래요' 라는 엄마의 말을 적은 것이다. 그런 제목을 붙인 그림에는 아빠가 입에서 빨간 불이 나오는 모습으로, 엄마는 등에서 빨간 불이 나오는 모습으로 표현되어 있었다.

육아관 차이를 장점으로!– 아빠를 활용하라

아빠와 엄마의 의견이 항상 일치할 수는 없다. 특히 육아를 놓고 둘의 의견이 일치하기란 여간해선 쉽지 않다. 그러나 다행히 두 사람의 공통점이 있다. '아이 잘 키우자' 는 마음이다.

육아에 동참하는 아빠들이 늘어나면서 오히려 '육아관 차이' 때문에 고민하는 젊은 엄마 아빠를 많이 만나게 된다. 남편이 "일곱 살에는 유치원을 보내라"고 해서 어린이집에 잘 다니던 아이를 전학시킨 엄마는 "아이가 어린이집에 잘 다니는데 옮기게 해서 속상하다"며 울었다. 그러면서 "아이가 낯선 환경에 적응하려면 얼마나 힘들겠냐"며 안타까워했다. 남편은 그런 경험도 해야 초등학교에 입학해서도 잘 적응한다고 말했다고 한다. 엄마는 말했다. "남편이랑 말이 안 통해요. 고집도 세고요."

엄마가 남편과 말이 안 통한다고 생각할 정도라면 아이 앞에서 의견 차이로 언쟁을 벌였을 것이다. 나는 아이의 입장을 떠올리며 아이는 얼마나 불안했을지 생각했다. 안타까운 건, 젊은 부부는 아이를 '위해서' 언쟁을 벌였지만, 결과적으로는 오히려 아이에게 '위해'를 끼쳤다는 점이다.

"아빠의 무관심이 아이를 성공적으로 키우는 열쇠"란 말이 한동안 엄마들 사이에서 회자되었다. 아빠의 무관심이 아이를 키우는 데 도움이 된다는 말은 시대착오적인 말이겠지만, 육아관의 차이 때문에 사사건건 부딪치는 상황 때문에 생겨난 말이라서 의미심장하다. 부부가 가장 심하게 의견 불일치를 보이는 문제는 아이의 학습과 관련된 것이다. 아이의 학습을 위해 고군분투하는 엄마들이 아무것도 모르면서 잔소리(이를테면 "뭐하러 그런 비싼 학원에 보내" 같은 말)를 하는 물정 모르는 남편들을 비꼬아서 하는 말이다. 또한 부부간의 육아관 차이가 얼마나 큰지를 보여 주는 말이기도 하다.

그러나 부부는 육아에 대한 의견이 일치해야 한다. 육아 고수인 엄마가 아빠를 활용하는 지혜를 발휘해 보는 것도 좋다. 그렇게 한다면 육아관 차이는 오히려 장점이 된다. 엄마가 가지지 못한 점을 아빠가 가진 것이고, 한 사람이 미처 생각하지 못한 것을 다른 한 사람이 염두에 둘 수 있으니 육아의 세계가 더 넓고 풍부해질 것이다.

이제 처음 엄마 아빠가 된 사람들은 혼란기를 겪을 수밖에 없다. 아이를 돌보는 게 얼마나 힘든 일인가. 육체적 · 정신적으로 시달리다 보니 고되고 괴로울 때가 많다. 그래서인가. 결혼 4년차 미만 부부의 이

혼율이 높다는 통계가 있다. 결혼해서 서로 살아온 환경의 차이를 겨우 극복했을 무렵 아이가 태어나고 부모가 되었으니 이제 새로운 환경에 또다시 적응해야 하고 서로 다른 점을 또다시 경험하게 되는 것이다. 이런 지경에 육아에 동참하는 남편의 성의 없음(사실 남편 딴에는 최선을 다했어도)에 맞닥뜨리면 아내는 날로 실망하고 포기하고픈 마음이 든다고 한다. 그러니 가뜩이나 지친 심신과 실망이 맞물려 최악의 선택을 내리기도 하는 것이다.

《아이의 사회성 아빠가 키운다》는 책을 쓴 것도 바로 아빠들이 제대로 육아에 참여하고 육아관 차이를 극복해야 아이를 제대로 키울 수 있다는 것을 얘기하기 위해서였다. 사랑만으로는 극복하기 어려운 몇 가지가 아이 키우기에는 있다.

"남편이 돈 벌어 오고 내가 아이만 키웠으면 좋겠어요."

이런 말을 한 워킹 맘이 자아실현 욕구가 낮아서, 또는 정말 집에서 아이만 키우고 싶어서 이 말을 한 건 아닐 것이다.

"차라리 남편이 육아 안 도와줘도 좋으니 남자가 하는 일, 여자가 하는 일이 옛날처럼 분명했으면 좋겠어요. 내가 일을 안 해도 남편이 넉넉히 벌어 오면 집안일 잘하고 아이를 잘 키울 수 있잖아요."

이렇게 말한 엄마가 남녀 간의 역할 구분이 뚜렷했던 옛날이 정말 그리워서, 남편이 육아에 동참하는 것이 싫어서 이런 말을 한 것은 아닐 것이다. 남편과 아내가 육아관 차이를 좁히는 것이 얼마나 쉽지 않은지를 보여 주는 말일 수도 있다. 남편을 육아 고수로 만들 지혜를 모아야 한다. 그래야 아이를 잘 키울 수 있다.

먼저 서로의 역할에 대해 진지하게 이야기 나누자. 이때는 서로 상대방의 성격과 기질을 인정해 주어야 한다. 기질은 쉽게 말해 타고난 성품이라, 타인이 바꾸려고 하기보다는 인정하는 것이 좋다. 아이도 기질을 알아야 잘 키울 수 있듯 부부도 서로 기질을 알고 인정해야 각자의 역할을 잘 해낼 수 있다.

부모가 되기 전 서로 상대방의 성격과 기질을 파악했다면 더 좋은 일이다. '당신은 이거 해라'가 아니라 '내가 이렇게 할게' 하고 먼저 이야기를 나눠야 책임을 전가하는 일이 생기지 않는다. 이때는 서로의 기질에 맞게 역할을 맡는다. 예를 들면 엄부자모를 택하든 엄모자부를 택하든 부부의 성격에 맞게 맡자. 아이를 키울 때는 사랑과 엄격함이 모두 필요하기 때문이다.

그러나 이 모든 것을 뛰어넘는 특징을 활용해야 한다. 엄마가 아무리 남성적인 기질이 있다 하더라도 아이에게 남자(아빠)로 보이지는 않는다. 아이에게 아빠가 주는 느낌은 크고, 강하고, 신 나고, 목소리가 굵고, 위엄이 있다는 것이다. 아빠의 한마디가 때론 엄마의 열 마디 이상의 느낌으로 전달될 때가 있다. 아빠의 육아를 엄마의 육아를 대신하는 것으로 여기지 말고 엄마, 아빠의 역할을 하되 서로의 역할에 의미를 부여하자는 말이다.

현명한 엄마는 아빠를 육아에 활용한다

앞서 언급한 민율이 가족의 사례를 예로 들어 '아빠를 활용하는 방법'을 살펴보자.

아빠가 게임기를 사 왔다. 아내가 평소에 아이와 놀아 주라고 하는데 아빠는 도무지 시간을 내기도 어렵고, 어쩌다 시간이 나면 피곤해서 쉬고 싶을 뿐 아니라 아이와 어떻게 놀아야 할지 몰라 난감했던 경험도 있다. 그렇다 보니 아빠는 아이에게 좋은 아빠이고 싶지만 아이와 서먹하기만 하다. 퇴근 후 아이에게 스마트폰을 주었더니 아이가 아빠를 기다리더라는 동료 직원의 이야기에 동감도 되었다. 동료 직원은 아이가 기다린 건 아빠가 아니라 스마트폰임을 알면서도 초인종을 누르면 아이가 쪼르르 달려 나와 맞이해 주는 것이 정말 좋더라고 말했다. 그 말에서 힌트를 얻어 게임기를 사 온 것이다. 아이에게 환영받는 아빠, 인기 있는 아빠가 되고 싶었기 때문이다. 엄마도 이러한 사정을 알고는 있지만, 아이랑 놀라고 했더니 겨우 게임기를 사 온 게 못마땅했다. 가뜩이나 아이가 일곱 살이 되면서 컴퓨터게임에 호기심을 보이기 시작해 은근히 걱정스러웠는데 남편이 하필이면 게임기를 사 오자 화가 치밀었다. 그런 걱정이 앞선 엄마는 기껏 시간 내고 비용 들여 게임기를 사 온 아빠를 비난했다. 그리고 자신을 비난하는 말을 들은 아빠 역시 화가 났으며, 그런 엄마 아빠를 보며 민율이는 공포를 느꼈다. 아빠는 이런 상황에 화가 나서 그만 아이 앞에서 "집에 안 들어온다"고 말해 버렸다.

이 일이 있기 전에도 이 부부는 육아관 차이로 종종 의견 충돌을 벌였을 테고, 그러니 자칫하면 걷잡을 수 없는 싸움으로 번질 수도 있다.

그러면 어떻게 하는 것이 좋을까. 이미 게임기에 아들은 환호하고 있고, 그 모습을 보는 아빠는 흐뭇해하고 있는데…….

엄마는 먼저 남편의 호의를 인정하는 것이 좋다.

"우리 민율이를 위해 아빠가 게임기를 사 오셨네."

그리고 민율이가 느낄 기쁨도 함께 공감한다.

"민율이는 좋겠다. 아빠가 민율이를 엄청 사랑하시는구나."

이제부터 중요한 순서가 남았다. "그런데……"로 시작해 엄마의 의견을 본격적으로 말해야 하는 순간이 온 것이다. 게임기를 언제, 어떻게 사용할 것인지를 아빠와 민율이가 생각해 계획하게 한다. 먼저 아빠와 민율이의 마음에 공감을 해 준 다음에 엄마가 무엇을 걱정하는지를 말해야 그 말이 효율적으로 전달될 것이다.

외국에서 일찍이 시작된 '토론 수업'이 요즘에는 우리나라 교실에서도 많이 이뤄진다고 한다. 토론 기술을 가르치는 학원도 있다. 토론이 무엇인가. 서로 다른 의견을 듣고, 내 의견도 말하는 것이다. 의견이 항상 일치하면 토론이 필요 없다. 서로 다름이 토론을 가능하게 한다. 토론을 통해 더 발전적인 방향을 모색하는 것이다. 토론이 논쟁의 형식을 띠지만 절대로 남을 비난하는 데 목적을 두면 안 된다. 논쟁은 건전한 발전을 위한 것이어야지 상대방을 비난하고 심지어 상대방 집안까지 끄집어내 모멸감을 준다면 그건 논쟁이 아니다. 엄마와 아빠가 다름을 조정하는 과정에서 아이에게 토론의 기술을 보여 주자. 이때 특히 목소리를 높인다든지 큰소리친다든지 상대방을 비난하지 않는 것이 중요하다.

다행히 민율이 엄마는 저녁 시간에 아빠와 민율이, 엄마 셋이 게임기를 언제 어떻게 사용할지 의논할 거라고 했지만 순서를 바꾸었다면 더 좋았을 것이다. 자신의 육아관에 맞지 않는다고 아이 앞에서 아빠에게 일관성의 기준을 두고 따지거나 화내는 대신 먼저 상황을 좀 더 객관적으로 이해하고 공감한 다음에 시시비비를 가렸다면 아마 남편과 아이 모두 엄마의 열혈 팬이 되지 않았을까? 덧붙인다면 아빠는 남자다. 남자는 먼저 인정받아야 더 잘한다. 아이 앞에서 아빠를 맘껏 치켜세워 주자. 아이가 아빠를 우러르고 존경할 수 있는 분위기를 만들어 주는 것은 대단히 중요하다. 그런 아빠를 보며 자라는 아이가 사회성이 더 발달한다.

현명한 엄마는 아빠를 육아에 제대로 활용한다. 현명한 엄마의 조언을 받은 아빠와 함께한 아이는 엄마와 아빠의 영향을 균형 있게 받아 조화롭게 자란다.

육아관 차이를 지혜롭게 활용하는 방법

1 아이 앞에서 육아관 차이를 조정하려 하지 말자. 다툼이나 싸움으로 보일 수 있다.

"당신이 그렇게 오냐오냐하니까 애가 떼만 쓰잖아. 그건 사랑이 아니야. 저것 봐, 그 맛을 알아서 당신 앞에서는 내 말을 안 들어."

"이제 세 살짜리가 뭘 안다고 그래? 그냥 놔둬. 제가 그렇게 먹고 싶다는데 이가 썩으면 얼마나 썩는다고. 우리 정인이 이거 먹고 양치질할 거지?"

이렇게 의견 충돌을 빚을 때 아이의 눈동자를 살펴보라. 엄마와 아빠를 번갈 아 보느라 눈이 떼굴떼굴, 눈치꾸러기 같은 표정을 짓고 있을 것이다. 그리고 아이에게 한쪽은 좋은 사람, 한쪽은 나쁜 사람이 된다.

❶ 해결 방안

아빠 : 여보, 우리 정인이가 사탕을 먹고 싶어 하는데 어떻게 할까?

엄마 : 그래요? 정인아, 사탕 먹고 싶어?(아이에게 한 번 더 생각할 기회를 준다)

아빠 : 어떻게 하지? 우리 정인이가 이렇게 먹고 싶어 하는데(엄마, 아빠, 아이 모두 협의) 그럼 여보, 우리 정인이에게 물어보고 결정하기로 해요. (이때 아이는 부모의 대화를 들으며 생각하고 바람직한 결정을 내리려 할 것 이다)

아이 : 그럼 한 개만 먹고요. 양치도 할게요.

❷ 장점

_ 부부가 의견이 엇갈렸을 때 대화로 생각을 나누며 갈등을 해결하는 모습
을 보여 줄 수 있다.

_ 부부가 서로 존중하는 모습을 아이에게 보여 줄 수 있다.

_ 아이도 의견을 제시하고 결정을 내리는 과정에 참여하며 자신이 존중받는
다는 느낌이 든다.

_ 아이가 스스로 해결책을 생각하고 결정할 시간을 줌으로써 기다리기를 교
육적으로 실천할 수 있다.

2 아이 앞에서 배우자를 아낌없이 칭찬하자.

❶ 엄마 아빠가 상대방의 장점을 수시로 말한다.

❷ 아이를 사랑한다는 것을 서로의 입을 빌려 알려 준다.

남편이 "여보, 정인 엄마, 당신은 정말 정인이를 사랑하는 것 같아"라고 말
하는 것이 엄마가 직접 "정인아, 엄마는 정인이를 사랑해"라고 말하는 것
보다 더 진솔하게 느껴질 수 있다.

"정인아, 아빠가 우리 정인이를 정말 사랑하시더라. 지난번에 네 뒷모습을
보더니 '난, 우리 정인이 뒷모습만 봐도 행복해' 그러시던걸! 우리 정인이
는 정말 좋겠다." 이런 말은 아이에게 아빠의 사랑을 전하고 엄마가 아빠
를 사랑하는 마음을 아이에게 보이는 효과도 있다.

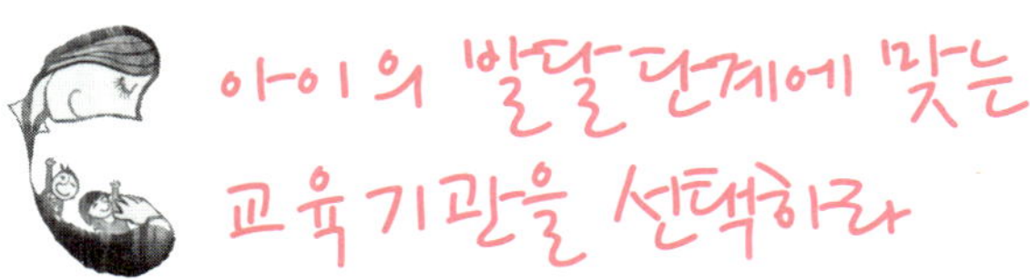

아이들은 유아교육기관, 즉 어린이 집과 유치원에서 평균 5시간, 많게는 12시간까지 지낸다. 아침 10시 쯤 원에 와서 오후 2~3시에 귀가하는 유아도 있고 엄마 아빠의 형편에 따라 아침 7시 반에 등원해서 저녁 7시 반까지 지내는 아이들도 있다.

이렇게 많은 시간을 지내는 내 아이의 유아교육기관, 어떻게 정해야 할까?

찬바람 불어오는 늦가을이면 우리나라 나이로 네 살 아이를 둔 엄마들은 촉각이 곤두선다. 네 살 때부터 어린이집에 보낸 유아라고 해도 만 3세, 우리나이로 다섯 살이 되면 왠지 유치원에 보내야 할 것도 같다. 여기에 아빠들의 한마디가 더해지면 더 신경이 쓰인다. "어린이집은 어린 애들이나 다니는 것 아니야? 이제 다섯 살이면 정식 교육기관에 보내야지." 어린이집은 아무래도 교육을 하는 곳이라기보다는 애들 돌봐 주는 곳으로 느껴진다는 아빠들의 말에 엄마도 솔깃해진다.

　그때부터 엄마들은 아이가 다섯 살이 되면 보낼 유치원을 순례하기 시작한다. 요즘은 부부가 다정하게 교육기관을 알아보러 다니는 모습도 낯설지 않다. 유치원을 둘러보던 아빠가 입학 절차도 번거롭고 아이가 환경이 바뀌어 적응하기 힘들지 않을까 걱정하며 엄마한테 묻는다.

　"근데 도대체 유치원하고 어린이집하고 뭐가 다른 거지? 지난번 아빠 참여수업 때 가 보니까 우리 애 다니는 어린이집에 여섯 살 반 일곱 살 반도 있는 거 같던데?"

　"응, 네 살부터 일곱 살까지 있어. 아파트 단지 내 어린이집에는 다섯 살 반 미만만 있는 거 같고."

　"그러니까 유치원이나 어린이집에 다섯 살 반이 다 있다는 거네. 그럼 다섯 살 이하는 어린이집에 보내고, 다섯 살 이상은 유치원과 어린이집 중에서 고르는 거야? 근데 당신은 왜 성진이를 지금 다니는 어린이집에 계속 안 보내고 유치원을 보내려고 해? 그냥 지금 다니는 어린이집에 보내면 안 돼? 진급 신청서 왔다면서?"

　"자기가 유치원 보내라며?"

　"어린이집엔 어린 애들만 있는 줄 알았지. 지금 성진이 어린이집에 잘 다니지?"

　"응!"

　"참 헷갈리네. 회사 동료들이 다섯 살부터는 유치원 다니는 거라고 하던데……."

아빠는 도무지 헷갈린다. 엄마도 아빠한테 명확하게 설명하기가 힘들다. 정말 어디가 좋을까? 어린이집과 유치원의 차이는 뭐지?

우리나라는 유아교육과 보육이 이원화된 탓에 부모들이 혼란스러워한다. 현장에서 만난 부모들은 내가 유아교육기관에서 자문을 맡고 있다고 하면 이런 질문을 종종 한다.

"그런데 유치원하고 어린이집은 정말 뭐가 다르고, 어디가 좋은 거예요?"

성진이네처럼 다섯 살 이하일 때는 선택의 여지없이 어린이집에 보내면 되지만 다섯 살이 될 때부터 헷갈리기 시작하는 것이다. 유치원이나 어린이집 중에서 선택을 해야 하기에 고민이 시작되는 것이다. 유치원에 보내는 것이 좋을까, 어린이집에 보내는 것이 좋을까?

결론은 집에서 가까운, 아이가 등하원 버스에 시달리지 않아도 되는 어린이집이나 유치원이 좋다. 국공립도 아니고, 유명하다고 소문난 유치원도 아니며, 일명 영어유치원이라고 하는 영어학원 유치부도 아닌, 우리 아이가 불필요한 체력 소모 없이 다닐 수 있는 곳이 좋다.

우리나라에는 현재 어린이집과 유치원이라는 유보육기관이 있다. '유보(幼保) 통합'이라는 말이 지금도 나오곤 있지만, 유아교육기관인 '유치원'과 보육기관인 '어린이집'을 통합하는 일은 그리 간단치 않은 문제라서 많은 진통을 겪고 있고, 그 시기가 언제가 될지 예측하기도 쉽지 않다. 유치원은 만 3세반(우리 나이 5세)부터 만 5세(우리 나이 7세)가 입학 가능하다. 어린이집은 12개월부터 만 5세반까지 설치되어 있고 보건복지부에서 관할하고 있다.

어린이집은 설립 형태에 따라 국가나 지자체에서 운영하는 국공립 어린이집, 민간 어린이집, 직장 어린이집, 마음 맞는 부모들이 만든 공동체 어린이집으로 분류한다. 가끔 뉴스를 장식하곤 하는, 아이가 배 속에 있을 때 예약을 해서 대기해야 한다는 곳은 국공립 어린이집이다. 민간 어린이집은 '사립' 형태로 국가나 지자체가 아닌 민간인이 자신의 돈을 투자해서 설립한 곳이다. 민간 어린이집에는 법인 어린이집과 민간 개인 어린이집(가정 어린이집 포함)이 있다.

대체로 영아라고 불리는 만 2세가 될 때까지는 가정 어린이집을 많이 보낸다. 아파트 단지 내에도 많아 아이를 맡기기에 편하고 가정환경과 유사하다는 장점이 있으며 주로 보육에 초점을 두고 운영한다.

독립건물 형태로 운영되는 민간 어린이집은 대체로 놀이터가 있고 만 5세반까지 운영하며 보육과 교육을 담당한다. 이 점이 부모들을 혼란스럽게 하는 부분이기도 하다. 유치원도 만 3세반부터 만 5세반까지 있기 때문이다.

유치원은 현재 만 3세부터 만 5세까지 유아를 대상으로 교육을 담당한다. 유치원은 국공립 유치원과 사립 유치원이 있다. 국공립은 대체로 초등학교 병설 혹은 대학 부설 유치원 형태로 운영되며, 사립 유치원은 일반인이 투자해서 설립한 곳으로 어린이집에 비교하면 '민간 어린이집'에 해당한다. 유치원은 교육과학기술부가 관리 감독한다. 어린이집은 보건복지부, 유치원은 교육과학기술부가 관리 감독하기 때문에 '유보 이원화'라고도 표현한다.

2012년까지는 어린이집이 '보육과정'으로, 유치원이 '유아교육과정'으로 보육과 교육을 해 오다가 2013년부터 '누리과정'으로 유보육기관의 교육과정이 일원화되었다. 물론 만 3~5세까지가 누리과정이고 유치원과 어린이집 연령과 겹치지 않는 만 3세 미만의 영유아는 지금도 '보육과정'에 의한 프로그램에 따라 보육하고 있다.

그럼 어디를 보내면 좋을까?

사실 유치원과 어린이집만 부모를 혼란스럽게 하는 건 아니다. 놀이학교는 무엇인지 영어유치원이라는 곳은 뭐하는 덴지 헷갈린다.

비싼 사교육비로 종종 매스컴에 거론되는 곳은 '유치원'이 아니라 일명 영어유치원과 놀이학교 등이다. 영어유치원은 원어민이 영어를 가르친다고 하면서 영어에 목마른 부모를 대리 만족시키기에 그 유혹이 만만찮다.

"제 아이는 세 살 때부터 영어유치원에 보냈는데 달마다 백 몇십만 원이 들었어요. 근데 여섯 살 때는 일반 유치원에 보냈어요. 아무래도 초등학교에 보내려면 그게 낫다는 말도 있어서 그랬는데 오후엔 영어학원을 보내야 하니 교육비가 만만찮기는 마찬가지예요."

만만찮은, 백 몇십만 원의 교육비가 들어간다며 한숨을 쉬면서도 그 얘기를 하는 엄마의 표정에서는 뿌듯함이 배어 나왔다. 그러나 영어유치원은 엄밀히 따지면 '유치원'이 아니다. 유아들을 모아 놓고 가르치는 영어학원 유치부인 것이다.

우리나라 유치원에서는 유치원이라는 명칭 앞에 외국어 이름을 붙일 수 없다. 예를 들면 '중국어유치원' '영어유치원' 같은 이름을 붙일 수 없다. 주위를 둘러보면 우리가 영어유치원이라고 부르는 곳 중에 어느 곳도 '유치원'이라는 명칭을 붙이지 않은 것을 알 수 있다.

외국에서 도입한 프로그램으로 아이들을 교육한다고 홍보하는 놀이학교도 부모를 사로잡는다. 유아기는 '놀이'가 학습이라니 놀이학교를 보내는 부모의 마음도 이해가 가지만, 이곳 또한 교육비가 만만치 않다.

"교육비가 높은 건 그만큼 프로그램이 좋다는 뜻 아닌가요?"라는 질문에 나는 사실대로 말할 수밖에 없다. 교육비에 따라 교육의 품질이 다른 게 아니라 부모의 선택일 뿐이라고.

유치원과 어린이집은 영어학원 유치부나 놀이학교에 비해 교육비가 저렴하다. 특히 어린이집 보육료는 전국적으로 비슷하게 국가가 정해 놓았다. 국공립 유치원 교육비도 다른 기관에 비해 저렴하다. 그럼 어린이집과 국공립 유치원의 교육 품질이 제일 낮을까? 그렇지 않다,. 즉 교육비와 교육 품질은 비례하지 않는다. 유치원과 어린이집의 교육 품질은 누리과정 도입으로 이미 비슷해지고 있다.

1990년대까지만 해도 유치원에 방문한 부모들은 선생님들이 '교사' 자격을 갖췄는지 궁금해했다. 지금은 전혀 궁금해하지 않는다. 자격을 갖춘 교사가 아니면 아예 근무를 할 수 없기 때문이다.

유아교육과와 보육과는 대학 3년 과정이며 일정 학점을 이수해야 '유아교사 자격증'과 '보육교사 자격증'을 취득한다. 유치원이나 어린이집에서 유아들을 가르치려면 유아교육개론, 아동발달, 유아발달, 영어, 아동문학, 유아언어교육, 아동생활지도, 아동미술, 유아음악, 음률, 유아동작교육, 보육개론, 보육과정 등을 공부해야 한다. 3년 동안에 이론과 실기를 이수하고 현장실습을 하며 일정 학점을 취득해야 한다.

게다가 우리나라 유치원과 어린이집은 국가의 엄격한 지도, 감독을 받기 때문에 무자격 교사는 근무할 수 없다. 그것을 알기에 부모들은 교사 자격 소지 유무가 아니라 얼마나 잘 가르치는지, 환경이 얼마나 적합한지, 우리 아이와 잘 맞는 곳인지에 관심을 기울이는 것이다.

초등학교에는 초등교사 자격증을 가진 교사가, 중고등학교에는 중등교사 자격증을 가진 교사가 근무하듯, 어린이집과 유치원에서는 영유아 발달 과정을 공부하고 그들의 전인교육을 도와줄 교육과정을 이수, 일정 학점을 받아 국가로부터 자격증을 받은 교사들만이 근무할 수 있다.

어린이집은 유아교사 자격증 또는 보육교사 자격증이 있는 교사가,

유치원은 유아교사 자격증이 있는 교사가 근무한다. 대학에는 아동복지, 유아교육, 아동보육학과 등의 형태로 학과가 설치되어 있어 교사를 양성한다.

또한 교사들도 경력을 쌓기 위해 어린이집과 유치원에서 근무하기를 원한다. 그래야 원감이 되고 원장이 될 경력을 쌓을 수 있기 때문이다. 초중등학교에서 교감이 되고 교장이 되려면 해당 기관에서 경력을 쌓는 것이 기본이듯 말이다.

기타 놀이학교나 영어학원 유치부 교사들의 자격이 궁금하다면 그것은 부모들이 확인하면 된다. 일률적으로 어떤 곳이 좋고 나쁘다고 할 수는 없다. 내 아이와 부모의 형편에 맞춰 선택하면 될 것이다.

우리 아이가 유보육 교육과정을 받기를 원한다면 유치원과 어린이집이 알맞을 것이다. 유보육을 엄마가 대신하고 그 밖에 영어 교육이나나 기타 프로그램을 원한다면 그에 맞는 곳을 선택하면 된다.

현명한 엄마는 아이 발달에 맞는 기관을 선택한다

정리하면 우리나라 영유아들이 다닐 수 있는 기관으로는 교육기관인 유치원, 보육기관인 어린이집, 그리고 놀이학교와 학원 유치부가 있다. 어떤 곳을 선택하든 부모의 몫이다. 아무리 아이를 데리고 순례를 하더라도 유아가 선택하기엔 역부족이므로 나는 유아교육기관 선택은 온전히 부모의 몫이라 말한다. 그래서 부모가 현명해야 한다.

현명한 선택을 하기 위해 반드시 알아야 할 것이 있다. 아이의 발달 단계를 정확히 파악해야 한다는 것이다. 상위 몇 프로 자녀로 키우고 픈 마음에 무작정 아이를 비싼 곳에 보낼 것이 아니라 그 시기에 어떤 교육이 필요한지를 알고 선택해야 하는 것이다. 부모가 아이의 발달단계를 정확히 파악하고 여러 가지 사정을 고려해 선택한 곳이 우리 아이에게 가장 좋은 유아교육기관이다.

이렇게 말해도 부모들은 또 질문한다.

"어디가 좋은지 잘 알고 계실 테니 좀 더 도움을 주세요."

그럼 나는 이렇게 대답한다.

집에서 가까운 곳에 보내되, 부모 형편을 고려해 정하라. 단 '누리과정'을 경험하게 하려면 유치원이나 어린이집을 보내고, 기타 교육을 원한다면 그에 따라 정하면 된다. 초등학교 보낼 때가 되면 초등학교를 보내고 중고등학교에 보낼 때가 되면 중고등학교를 보내듯 영유아를 위한 기본적인 교육기관은 유치원과 어린이집이다. 그곳에서 가르치는 '누리과정'이 대한민국 국가 표준 교육과정이라고 보면 되는 것이다. 유아교육과 교수들과 보육과 교수들, 또 연구진이 대한민국 유아들에게 적합한 교육을 위해 연구해서 만든 과정을 우리 아이가 받게 하려면 당연히 유치원과 어린이집을 선택해야 한다.

이렇게 대답해도 부모들은 그 많은 유치원과 어린이집 중에서 좋은 곳을 고르는 기준이 있지 않겠느냐고 물으며 좀 더 정확한 정보를 알고 싶어 한다. 그래서 몇 가지 조언만 덧붙이고자 한다.

유아기는 마음껏 놀아야 하는 시기다. 그러므로 특별한 이유가 없다면 이런저런 프로그램으로 현혹하는 곳보다 누리과정을 경험하게 하는 것이 좋다. 일단 어린이집과 유치원 등은 기본이 탄탄히 갖춰진 곳이다. 유치원과 어린이집은 교실 규격, 교구 종류, 화장실 개수까지도 국가가 정한 엄격한 기준을 통과하고 인정을 받아야 한다.

그 밖에 교사의 인성과 교육 환경 등을 판단하는 것은 부모의 몫이다. 아이를 둔 부모라도 제각각이듯 각각의 유치원과 어린이집 교사들도 저마다 개성이 있을 것이다. 분명한 건 좋은 엄마는 아이를 긍정적인 눈으로 바라보고 아이에게 맞춰 주는 따뜻한 엄마이듯, 유보육교사도 표정이 환하고 아이를 사랑할 만한 인성을 갖춘 교사가 좋다. 현관을 들어서면서 느껴지는 분위기 등을 꼼꼼히 살펴보고 결정하자.

좋은 유아교육기관을 선택하는 것도 중요하지만 결정한 후에가 더 중요하다. 결정한 후에는 엄마가 이제 내 아이가 다니는 곳을 좋은 기관으로 만들어야 한다. 교사를 믿고 그 기관을 믿는 것이 좋다. 현명한 엄마가 현명하게 선택한 곳이니 충분히 그럴 만한 가치가 있을 것이다. 엄마가 기관을 신뢰하는 만큼 아이가 잘 적응한다. 엄마의 믿음이 아이에게 전해지기 때문이다.

내 아이가 다니는 곳을 세상에서 제일 좋은 유아교육기관으로 만들기

1 선택은 깐깐하게, 선택 후에는 유연하게 받아들이는 지혜가 필요하다.

아이를 어떤 곳에 보낼지 결정했다면 그 기관을 전폭적으로 신뢰하라. 신뢰는 모든 교육을 가능케 한다. 아울러 복장 규정이나 등하원 원칙 등 기관에서 요청하는 사항들은 웬만하면 따라 주는 것이 좋다. 그게 아이를 위하는 길이다.

2 담임을 존경하고, 아이가 선생님을 좋아하게 하라.

담임을 존경하면 아이에 대한 사랑으로 되돌아온다. 아이는 좋아하는 사람에게서 가장 잘 배운다. 그러므로 아이가 선생님을 좋아하고 사랑해야 잘 배우고 행복하다. 아이 앞에서 선생님의 장점을 거론하며 많이 칭찬하라. 아이 앞에서 아이가 다니는 원과 선생님을 비난해서는 절대 안 된다.

3 이 세상에서 제일 좋은 유아교육기관은 현재 아이가 다니는 곳임을 아이에게 자주 얘기해 줘라.

"엄마도 우리 딸이 다니는 유치원에 다니고 싶어. 정말 좋겠다!"

4 불만스럽거나 이해하기 힘든 점이 있다면 다른 사람과 의논하지 말고 원과 직접 상담하라.

원에 대한 궁금증과 불만이 있다면 아이가 없는 곳에서, 듣지 않는 곳에서 상담하라. 원과 맞지 않는 점이 있다 해도 아이 앞에서 표 내지 마라. 아이가 불안해한다.

부모가 최선의 노력을 기울이고 원장 선생님이나 담임선생님과 상담을 했는데도 문제점이 개선되지 않는다면 아이를 위해 다른 원으로 옮기는 것도 괜찮다. 마음에 들지 않는데도 '1년만 참아야지' 하고 마지못해 원에 보낸다면 엄마의 힘든 마음이 아이에게 전해져 아이도 힘들다.

열 살까지의 사랑

고마워, 고마워.
열 손가락, 열 발가락.
너무 고마워

옹알옹알
어, 그래. 내가 네 엄마야.
여보, 우리 아기가 '아빠'라고 했어.
아가, 다시 아빠라고 해 봐.
옹알옹알
우리 아기가 말도 하네.
아가, 고마워. 정말 고마워.

여보 여보, 우리 아기 봐.
일어섰어, 일어섰다고.
아가, 여기, 여기야.
한 발짝만. 옳지 옳지.

네가 드디어 첫걸음마를 떼었어.
고마워, 고마워. 정말 고마워!

우유? 물?
그래그래.
어디 가자고?
그래그래.
우리 아기가 드디어
한 단어, 두 단어.
이제 말도 정말 잘하네.
아무 말이라도 괜찮아. 뭐든 말하렴.
다 들어 줄게.
고맙다. 엄마는 정말 행복해.

아가, 너는 우리 기쁨이야.
넌 어디서 왔니?
넌 누굴 닮아 이렇게 사랑스러운 거니?

                                      · · ·

뛰면 안 돼.
가만있으라니까.
그것 봐 엄마 말 안 들으니까 또 넘어지지.

안 해? 뭘 안 해?

아냐? 뭐가 아냐?

입만 열면 ‘안 해! 아냐!’ 라고 하네.

그런 말 하지 말랬지.

왜 이렇게 말을 안 들어!

가만있어 봐. 엄마가 해 준다니까.

잘하지도 못하면서 왜 혼자 한다고 그래. 가만 좀 있어 보라고.

그러니까 자꾸 늦어지잖아.

고집이 왜 이렇게 세!

이건 무슨 글자야?

또 까먹었어? 도대체 왜 그러니?

다른 애들은 동화책도 술술 읽는다는데.

어쩌려고 그래, 도대체 넌!

자, 불러 주는 대로 받아써 봐. 어디 보자. 이거 틀렸잖아. 어제도 가르쳐 줬지? 큰일 났어 정말. 너 몇 달 후면 초등학생이야. 입학하자마자 받아쓰기를 한다는데, 너 어쩌려고 그래. 애가 5분도 제대로 앉아 있지 못하니 정말 큰일이야. 너 어쩌려고 그래. 도대체!

숙제했어? 학원은? 단원 평가가 얼마 안 남았잖아. 도대체 어쩌려고 그래? 저 땀 좀 봐. 어쩌면 그렇게 노는 걸 좋아하니? 컴퓨터 끄지 못해! 이

게 숙제 다 한 거야? 여기 좀 앉아 봐, 아무래도 안 되겠어. 엄마랑 같이
해! 도대체 넌 왜 그러니! 집중 좀 해 봐, 집중 좀! 누굴 닮아 그러니. 도대
체 어쩌려고 그래!(못 살겠다 너 땜에!)

. . .

엄마, 다 잊어버리신 거죠?
뭐든 고맙고, 뭐든 신기하고, 뭐든 좋다고 하시던 때.
차라리 저는 더 이상 자라고 싶지 않아요. 엄마.
엄마, 나 옛날이 좋아요. 몇 해 전 옛날이요.
뭐든 잘한다고 하던 그때.
제가 무슨 소리만 내도 기특해하고 신기해하던 그때.
제 모든 것이 엄마의 기쁨이던 그때가 정말 좋아요.

요즘 엄마가 제일 많이 하는 말이 뭔 줄 아세요?
어쩌려고 그래!
제 귀에 윙윙거리는 말, '어쩌려고 그래! 도대체! 큰일이야!'
저는 매번 큰일 내는 애죠?
'못 살겠다 너 땜에!' 라는 말은 생략하신 건가요?

그냥 많이 안아 주세요.
그냥 따뜻한 눈길로 바라봐 주세요.
잘한 것 보시면 바로 칭찬해 주시고

　꾸중을 하시려면 제가 알아듣게, 제 눈을 바라보고 정확하게 말씀해 주세요. 저는 이해 못할 때도 있어요.

　그냥 많이 놀게 해 주세요.
　엄마가 함께 놀아 주시면 더 좋지만 바쁘시면 제 가까이에만 계셔 주어도 저는 좋아요. 많이 논 만큼 더 건강한 몸과 맘으로 뭐든 잘할게요.
　학원에 보내실 때도 제 맘을 먼저 알아주세요. 엄마, 제가 열 살까지는 '아직 어리구나…… 아직 엄마 품이 필요하구나……'만 알아주세요.
　저는 그냥…… 따뜻한 엄마가 필요해요.

　열 살까지. 열 살까지!
　엄마, 열 살까지는 그래 주세요.
　그 후로는 엄마가 뭘 원하시든 잘할 수 있어요.
　엄마가 잘 키워 주셨으니까요.
　저는 정말 좋은, 엄마의 아이니까요.
　엄마
　엄마를 많이 사랑해요.

엄마의 별에서 온
엄마의 사랑스런 아이 드림